競争優位を実現する
ファイブ・ウェイ・ポジショニング戦略

フレッド・クロフォード／ライアン・マシューズ 著

星野リゾート社長　星野佳路 監修

イースト・プレス

THE MYTH OF EXCELLENCE

Why Great Companies Never Try to Be the Best at Everything
by Fred Crawford & Ryan Mathews

This translation published by arrangement with Crown Business, an imprint of the Crown Publishing Group, a division of Random House, Inc.
through Japan UNI Agency, Inc., Tokyo.

監修者まえがき

この本が私の教科書である2つの理由

マーケティングの神様、フィリップ・コトラーが2000年代前半に来日した際、こう発言した。

「マーケティングの4Pを実践していますと誇らしげに言う人がいたので、『あれはもう古くて使いものにならない』と伝えたんだ。マーケティングを取り巻く環境が大きく変化する中で、新しく興味深いポジショニング理論が沢山生まれている。**ファイブ・ウェイ・ポジショニング**も注目すべき理論の一つだ」

私は、すぐにその理論書を探し読んでみることにした。そしてそれは私に大きな影響を与えるものであった。

「コトラーが薦めた」

この言葉だけでも「一読に値する」と読者に思わせる十分な惹句になるのだが、本書に入る前のイントロダクションとしてファイブ・ウェイ・ポジショニングが実践的で良いといえる理由を2つ、本理論の実践者として説明したい。

第1は、コモディティ化という経営課題へのアプローチという側面だ。

かつては、商品やサービスの機能や質が他社より優れていれば競争に勝てた。しかし今、機能上の差別化がますます難しくなってきている。私は出張先でよくレンタカーを利用するが、どの車に乗っても素晴らしくよく走る。レストランでは、〝美味しい〟ということが競争力になっていたが、今は美味しくないレストランを探す方が難しくなった。スーパーの棚に並んでいる洗剤はどれも同じくらい素晴らしく汚れを落とすものだから、私たちは洗浄機能以外の要素で洗剤を選んでいる。

このように、商品やサービスにおいてメーカーごとの機能や質などの差が不明瞭化あるいは均質化することをコモディティ化といい、それはなぜ起こっているのだろうか。マイケル・E・ポーターが「生産性のフロンティア」という概念でこれを解説している。必要な経営ノウハウは今では誰にでも容易に手に入るようになり、どの会社もみな最適な生産性に達してしまう。これがコモディティ化を生み、かつては優位なポジションにいた誠実でまじめな経営者たちが「どうしていいのかわからない」と嘆く状況を生み出しているというのである。

脱コモディティ化を説き、その方法を提示する書籍は多数存在するが、コモディティ化という経営課題への対処法を論じているケースが多い。一方で本書は、コモディティ化にそもそも陥っていない、埋没していない企業の事例研究から、その経営戦略の中に法則性を見い出している点が興味深い。

分かりやすく言えば、風邪にかかった場合の対処療法を紹介するのが前者で、そもそも風邪にかからない健康体のつくり方を説くのが後者・本書であり、この点で本書が優れていると言えるのだ。

第2は、多くのケースで、使用可能な**経営資源は限られている**という現実があり、本理論は経営における〝**選択と集中**〟へのアプローチを紹介している点だ。

ファイブ・ウェイ・ポジショニングを説く本書では、経営に関わる要素として、**価格・サービス・アクセス・経験価値・商品の5つ**をあげ、さらにそのポジションをレベルⅠ（業界水準）・レベルⅡ（差別化）・レベルⅢ（市場支配）と区分している。見い出した法則とは、コモディティ化に陥らない企業は、5つの要素全てでレベルを高めようとはしていない、むしろ意図的にそうしないことが大切だということだ。

消費者の要求に全て答えようとし、あらゆる面でレベルⅢにしようとする試みは、そもそも難しいしコストもかかり過ぎる。本書では、**5つ**のうち**1つでレベルⅢを、別の1つでレ**

ベルⅡを、残り3つで業界水準であるレベルⅠを維持することが最適と説いている。限られた資源で何を達成すれば持続可能な競争優位性を保てるのかを把握できるし、そのコンビネーションは数多く想定できるので、各企業の個性や強みを反映することが可能だ。
経営者であれば誰もが直面する〝資源の有限性〟という困難に、**「5つのうち3つは業界水準でいい」**というメッセージはとてもポジティブで勇気づけられるものだ。

2010年に刊行された『星野リゾートの教科書　サービスと利益 両立の法則』〔日経BP社〕にて、私が経営をするうえで教科書としてきた書籍を30冊紹介した。その内、本書は邦訳が存在していなかった教科書であり、そういう意味で今回日本版が出版されることを大変嬉しく感じている。

読者の皆さんには、まずは第2章まで読み進めてほしい。本書の良さといえる理論とエッセンスが第2章目にまとまっているからだ。そして、そのエッセンスを理解したうえで、皆さん自身の教科書とするかどうかを決めてほしい。これは私の持論であるが、教科書になるかならないかは理論の内容とともに、今読者が抱えている経営課題の内容と深く関わっている。商品やサービスのコモディティ化という課題に直面した時、本理論は、教科書通りにやってみる価値が十分にあると私は考えている。

星野リゾート社長　星野佳路

CONTENTS

CHAPTER 3

価格で市場を支配する

CHAPTER 4

サービスで市場を支配する

CHAPTER 7

経験価値で市場を支配する

CHAPTER 8

ファイブ・ウェイ・ポジショニングを実践するには？

CHAPTER 9

供給プロセス《サプライチェーン》の現実

CHAPTER 10

ファイブ・ウェイ・ポジショニングは未来にも通用するのか？

"It's not what
you don't know
that hurts you,
it's what
you know that
ain't so."

Mark Twain

知らなかったことのせいで、

痛い目に遭うのではない。

君を痛い目に遭わせるのは、知っているという

思い込みだ

マーク・トウェイン

マーク・トウェインの言葉が、これほど当てはまる時代があっただろうか。とくに、現代のビジネス戦略と実践に、ぴったりな一言だ。私たちは、3年間かけて実施した調査のおかげで、ビジネスの本質についての独りよがりな思い込みから抜け出ることができた。それまではビジネスについて知っているつもりだったせいで、刻々と変化する商売の現実からずっと目をそらしていたのだ。

私たちはビジネスの本質をがっちり掴んでいると信じていたし、顧客が企業に求めているものもよく知っていると思っていた。何が商売を動かすかについて、よそよりも心得ていると自負していた。そう思えるだけの根拠が山ほどあった。だから、顧客に価格の話を振れば、当然「安ければ安いほどいい」という答えが返ってくると思い込んでいたが、実際はそうではなかった。

それに顧客は、選べるならば間違いなく、「最高品質の商品がほしい」と答えるものだと思っていたが、それも違っていた。さらに、おそらくこれが一番大きな間違いだったと思うのだが、すべての企業は、あらゆる面で「ベスト」になることを目指すべきだ、と私たちは信じていた。正直なところ、これ以上の勘違いもなかったわけで、私たちの経験がみなさんへの警鐘になればと願っている。

私たちが気づいたのは、世界中のあらゆる業界において、企業は何十億ドルも費やして、的外れな、場合によっては不快なメッセージを顧客に送り、損を積み重ねている、ということ。顧客が理解できて、意味深いと感じる言葉で語りかける代わりに、ほとんどの企業が顧客に対して敬意を持っていず、本当は顧客がどんな人間なのか知らないのだ。それは、広告、マーケティング、マーチャンダイジング、商品の選択や品ぞろえ、取引の条件、サービスのレベル、といったビジネスに関わるすべての面で起こっているのだ。

「英国とアメリカは、使う言語こそ同じだが、まるで別物だ」と言ったのは、英国の劇作家、ジョージ・バーナード・ショーだった。それをもじって言うなら、「企業と顧客は、使う言語こそ同じだが、ますます溝を深めている」。どちらも同じ言葉を使っているのに、意味がまるで違っている。

大企業も中小企業も、顧客にあらゆるものを提供しているのに、顧客が心底求めているものだけは差し出せていない。何千という企業が、日々グループインタビューや調査、コールセンターの報告書の分析に、何百億ドルも費やしているが、それほど効果を生んでいない。ほぼすべての業界で、大手を含むあらゆる企業が、思わぬライバルにいつ出し抜かれてもおかしくない状況で営業している。

考えてみてほしい。スーパーやスポーツ用品店から宝石店、金物店に至るまで、どれほど多くの地元企業が長年にわたって胸を張っていたことだろう。顧客のことも、顧客が重視しているものも心得ていると。日々どれほど能天気に、うちは安泰だと油断していたか。それが、顧客と顧客ニーズを真に理解した、ウォルマートが町に進出してきた途端、こぞって廃業に追い込まれてしまった。

あるいは、IBMや、ゼロックスでさえ「コンピューター・ユーザーのニーズなら把握しているさ」とどれほど自信たっぷりだったか、考えてみてほしい。それが、マイクロソフトやデル、ゲートウェイ、アップルといった「新興企業」にさっさと市場を奪われてしまった。そして、アップル自身も同じ罠《わな》にはまったことにも、思いをはせてほしい。

つまり、グローバル企業も、あなたの企業だって、知らず知らずのうちに、そして避けようもなくこういった深刻な事態に向かっているのだ。

1つよくないお知らせをしよう。今日、あらゆる業界の大手企業は、危険にさらされている。世の中は今や、顧客による革命が起こるかどうかの瀬戸際なのだ。革命軍の要求が、今ほど明確に口にされたこともなかった。「私たちを1人の人間として認め、敬意を払いなさい。今後は私たちが求めるやり方でビジネスをやるように」

では、よいお知らせもしておこう。私たちが学び、これから伝える教訓に耳を傾ける企業は、この危機を防げるだけでなく、空前の成長のチャンスに活かすこともできる。

たしかに、新たなビジネスのやり方を求められた企業の多くは、じりじりと危機へ追い込まれている。だが、商品の品質も、提供する商品やサービスもますます似通ったものになり、サービスのレベルも標準化され、価格設定もある程度正常化された世の中で、顧客心理を解読し、従来のやり方を手放せる企業は、ライバルより相当優位に立つことができる。

本書の使命は、どんな要素があなたの会社を脅かしているのかを説明し、あなたの会社の今後の成功に向けて、計画を練ることだ。

経済がどれほど好調でも不調でも、売上や利益がどれほど増えても減っても、企業の成功は、砂上の楼閣のように危ういものだ。顧客は企業とのやり取りにかなり憤慨し、不満を抱いているからだ。史上初めて、企業は商売以外のことをするよう、求められている。人生の経験にフラストレーションを募らせている顧客は、企業に商品価値だけでなく、人間的な価値を補ってくれることも求めている。取引の条件は変化した。新たな条件で営業するすべを見出せない企業は、破綻してしまうだろう。

顧客が望んでいるものも、それに応える一番の方法も取り違えた結果、世界有数の企業でさえ、「一流の神話」と私たちが呼んでいるものを、信じ込んでいる。それは、企業はすべてにおいて一流を目指さなくてはいけない、という思い込みだ。問題が何なのかを見あやまれば、ほぼ確実に、誤った解決策を選んでしまうのだ。

企業は、長きにわたる関係を育んだり、取引に関わる顧客の価値観に気をもむよりも、商品やサービス自体の価値を上げることで頭をいっぱいにしている。そのため、取引のあらゆる要素で一流を目指す戦略を、何も考えずに選んでしまっている。その結果、何を重視しているかわからない企業になって、結果的に顧客を混乱させ、遠ざけてしまうのだ。

私たちは、何十人もの世界的なビジネスリーダーにインタビューをした結果、繰り返し同じ言葉を耳にすることになった。

「うちの会社は、最低価格で最高品質の商品をお客さまにお届けしています」

「楽しさと最高のサービスにあふれた売り場への、とびきり簡単なアクセスを提供しています」

彼らは、顧客から「聞いた」話を元に、文字通り莫大な金をつぎ込んで、商品やサービスを改良していた。だが、彼らはいつだって、顧客が本当は何と言っているかを聞けてはいない。私たちが聞いてみると、顧客はまったく違う話をしてくれる。

CEOが「うちはターゲット市場に合わせて、商品もサービスも改良しました」と得意げに語るのを何度も耳にしたが、結局、その後何カ月にもわたって、売上を落としていく姿を目にすることになるのだ。本書のリサーチの一環として、インタビューした企業の中には、最終原稿ができ上がる前に、倒産してしまったところもある。繰り返し目にしたのは、一見利益が出そうなら、何にでも散財してしまう企業の姿だった。彼らの失敗が、本書の土台を成している。ビジネスは、ギリシャ悲劇ではない。他者の過ちから学ぶことが、きっと運命を変える力になってくれる。


分析をする都合上、私たちは、すべての取引を5つの要素――価格、サービス、アクセス、商品、経験価値――に分類している。この5つの要素を選んだのは、対消費者ビジネスでも、企業間ビジネスでも、取引をする際には必ず、これらの要素が関わってくるからだ。私たちは、企業の5つの要素に点数をつけていった。ある要素で市場を支配しているなら5点、ある要素で差別化に成功しているなら4点、ある要素で市場競争に首尾よく参加できてはいるが、ライバルをしのげていない場合は3点を与えた。

顧客の目からビジネスを見て、顧客1人ひとりが意義を見出せるような条件でビジネスを行い、さらに利益につなげる戦略を、私たちはファイブ・ウェイ・ポジショニングと呼んでいる。

ファイブ・ウェイ・ポジショニングのレンズを通して世の中を見ると、とびきり優れた企業が、どんな戦略を取っているかが見えてくる。彼らは、価格、サービス、アクセス、商品、経験価値の5つの要素のうち1つで「市場を支配」し（世界で通用するレベルに達している）、もう1つの要素で「差別化」に成功し、残り3つの要素で「業界の標準」（平均）レベルを保っている。5段階評価で言えば、5点が世界レベル、4点が差別化レベル、3点が業界標準レベル、そして1点は受け入れがたいレベルだ。理想的なスコアは、5、4、3、3、3である。

ここに、さらに2つの「ルール」を適用した。1つは、5つの要素を通して、企業は、業界標準レベルからすべり落ちてはいけない。もう1つは、2つ以上の要素で5点や4点を目指してはいけない、ということ。

5つの要素のどれか1つでも業界の標準を下回っていると、長くは生き残れない。消費者が、その企業の提案する価値を、いずれ拒絶することになるからだ。一方、2つ以上の要素で5点や4点を獲得している企業は、無用な差別化をして金を失っている。

取引のコンテンツ（商品やサービスの価値）とコンテクスト（ビジネスにまつわる価値観）のギャップは、広がる一方だ。私たちは、的外れな企業を次から次へと目にしてきた。彼らは、商品価値が価値観の代わりを務めてくれると信じていたし、商売が成立すれば、顧客が求めている関係をつくったことになる、と思い込んでいた。

すべてにおいて一流を目指している企業が、こうした勘違いに陥ると、商品やサービスの価値が、知らず知らずのうちに大きく損なわれていく。いまいちな企業の場合は、そんな勘違いをきっかけに、最悪の事態へ向かっていく。

顧客は企業に、1人の人間としてより深いレベルで認めてほしい、価値観をはっきりと打ち出してほしい、と求めているが、彼らの訴えは、ほとんど無視されている。企業が消費者と関わるコンテクストは重要度を増し、今や商品やサービスといったコンテンツをしのぐほどになった。ほとんどの企業は、創業以来、商品やサービスの向上に努めているが、コンテクストについては、つけ足しのような扱いだ。ひたすら差別化を目指して突っ走る際の必要悪、といったところだ。今や現代ビジネスの通貨は、商品価値ではなく、人としての価値観だというのに。

では、ウォルマートについて、具体的な話をしよう。ウォルマートは、価格設定のリーダー《プライスリーダー》として知られているが、同社の価格が常に、業界一安いわけではない。そんなウォルマートが価格で市場を支配（5点を獲得）しているのは、消費者がこう信じているからだ。ウォルマートの「エブリデー・ロー・プライス《毎日安く》」の哲学が、ひそかな策略などなしに、あらゆる商品カテゴリーで、妥当な価格を提示してくれる、と。

ウォルマートの公正さと、消費者が評価しているものへの真の理解が、同社の価値観や顧客への対応に反映されている。ウォルマートは、商品で差別化に成功（4点を獲得）しているので、商品の品質は高いが、主要なライバルであるターゲットほど高くはない。そして、サービス、アクセス、経験価値の3要素については、業界の標準レベルを保っている（3点を獲得）。

どの企業も同じだなんて、私たちは思っていない。むしろ、同じ企業は2つとない、と信じている。だが私たちは、近所の理髪店からマイクロソフトに至るまで、ありとあらゆる企業が自己診断するにあたって、活用しカスタマイズ可能な手法を発見した。

その手法とは、まず、その企業の利害関係者全員が、企業をどう見ているかを図にマッピングする。次に、競合他社の分析に移る。そして最後に、自社の未来を詳細に計画する、というものだ。さらに、自社の現状を把握しさえすれば、市場には大きなチャンスがあることも、説明していきたいと思う。それは、経費を削減し、さらに売上と利益を最大限に伸ばすチャンスなのだ。

本書を読むべき理由はほかにもある。ビジネスとは、企業と顧客の相互的な関係で、ビル・ゲイツから英国女王に至るまで、みんなが誰かの顧客だ。本書は、取引する両者に理解力をもたらすだろう。企業は顧客の目で、顧客は企業の目で、ビジネスを見ることがきっとできるようになる。

CHAPTER 1

Field Notes from the Commercial Wilderness

今、消費者が
企業に求めているものとは？

消費者が望んでいるのは、割引じゃない

本書は実のところ、ある旅の記録である。ビジネスの世界の未開拓地を探検している間に書いた、観察ノートと呼んでもいい。この旅は、ある調査をきっかけに始まった。この調査はスケールこそ大きかったが、コンセプトとしては相当ぬるかった。つまるところ、私たちは、消費者の気持ちくらいわかっている、と思い込んでいたのだ。

消費者の動き方を理解すること、現実《リアル》とネットの両方の市場を分析すること、技術革新がビジネスと消費者にどんな影響を与えるかを予測すること、そして未来に目を向けていること、これらはすべて、日々のビジネスにも個人の生活にも重要な要素だ。今にして思えば、当時の私たちはこういったことについて、信じられないほど甘かった。だが実は、ほかのビジネスパーソンだって、同じくらい甘いのだ。

調査の結果が出る前から、私たちは頭の中に答えを持っていた。だから調査に求めていたのは、その完ぺきな見通しを裏づけてくれるようなデータだった。企業というのは、せっかくお客さまの意見を聞いておきながら、ネガティブな意見をすべて自分たちに都合のよいように解釈してしまうことがある。私たちも、調査の結果は当然、かねてからの想定を裏づけてくれるはず、と期待していた。

たとえば、消費者が望んでいるのは、激安価格に最高品質の商品、それに付加価値が山ほ

どついたサービスだと信じていたし、「買い物は楽しくなくちゃ」という答えが返ってくると決め込んでいた。だからこそ、ショックは大きかった。

本当の旅が始まったのは、調査データが戻ってきたときだ。場所はコネティカット州ウェストポート。修復済みのヴィクトリア様式の家にしつらえた会議室に座って、私たちはしきりと首をかしげていた。5000人ものアメリカ人が、なぜこうも的外れな回答をしたのだろう、と。

最初の調査には、4000人を超える消費者への電話調査と、1000人を対象としたインターネット調査が盛り込まれていた。さらには、何百人もの消費者に、一対一でのインタビューも行った。幅広い領域にわたった質問は、消費者と企業の多面的な関わり方について、そして「平均的な」購買経験について知ることが目的だった。

私たちはわりあいシンプルな種類の売り買いについて、基本的な質問をしただけ(のつもり)だったが、まったく想定外の答えが返ってきていた。消費者に質問の意味が伝わらなかったようだ。何をきいているのだと思われたのだろう。だがゆっくりと、私たちは厳しい現実を理解し始めた。消費者が間違っていたのではない。間違っていたのは、私たちのほうなのだ。

調査結果が告げていたのは、消費者が求めているのは、商品やサービスの価値だけでなく、「価値観」だということ。彼らは単に「3割引」を望んでいるのではなく、1人の人間として認められたがっていた。

たとえば、小売店に関しての回答によって気が付いたのだが、小売店は消費者にとって、もっと大きな何かを象徴している。初回調査の回答者たちにとって、生活はどうやらあまり満足いくものではないらしい。誰か、もしくは何か——おそらくは企業——が、それを正してくれると期待していた。

私たちは、今回の調査プロジェクトを徹底的に分析し始めた。私たちが開発した調査システムは、あらゆるビジネスについて調査できる優れた診断ツールだった。しかし、この結果は何を意味しているのだろう?

私たちはそれまで、ビジネスというものをただ商品やサービスを首尾よく提供すること、つまり基本的な売り買いとして考えていた。それが突如として「敬意」や「信頼」といった形のないものと格闘する、ソーシャルワーカーの気分になった。

まずは調査システムの理解に専念し、それを微調整しながら、実際の企業において部分的なテストを行うことにした。次々と生まれる新たな見通しが正しいと確信できるまで、テストを続けた。それから1年かけて、詳細な分析と社内協議を行い、何千人もの消費者にマンツーマンでインタビューをし、何十人ものビジネスリーダーにも話を聞いた。

次第に状況が、はっきりと見えてきた。最初の5000人が示したのとまったく同じ反応が、繰り返しこだまのように返ってきたからだ。対消費者ビジネスにしろ、企業間ビジネスにしろ、取引の決定的な要素は、資本や商品やサービスそのものではなかった。重要なのは、これらの要素をやり取りする個人個人、もしくは会社の「人間的な価値観」だったのだ。

それは、どんな業種にも言えることのようだった。私たちが小売の世界で最初に学んだ教訓は、航空会社、銀行、自動車メーカー、ハイテク企業、保険会社、エンターテインメント企業など、ありとあらゆるビジネスに当てはまった。消費者の期待はどんどん変化していたのに、残念ながら、それに気づいているビジネスパーソンは少なかった。もちろん、気づいている人もいたけれど――そう、成功者はいつだって気づいているものだ。

とはいえ、成功している企業でも、大枚を投じたものの目標の一部しか達成できていない、なんてことはざらにある。

一流にこだわるのは、的外れ

私たちは調査を通じて、あらゆる商売は――ごく単純な商品の販売から、極めて複雑なサービスの提供に至るまで――次の5つの要素で構成される、と考えるようになった。それは、価格、サービス、アクセス、商品、経験価値の5つである。

多くの企業は、この5分野すべてにおいて「一流」であろうとしている、と私たちは気がついた。この的外れな戦略――私たちはこれを「一流の神話」と呼んでいる――には、いくつかの欠点がある。

まず1つ目は、一企業がすべてに秀でるのは、不可能だということ。史上最も成功している小売業者と言えばおそらくウォルマートだが、そのウォルマートでさえ、すべての点でライバルに勝っているわけではない。

2つ目は、たとえ5分野すべてに秀でた企業があったとしても、その企業は「わが社が提供できる価値」を消費者にうまく伝えられない、ということ。考えてみてほしい。ティファニーが突然、激安エメラルドの広告を始めたり、マクドナルドが放し飼いで育てたチキンや豆腐を提供しだしたら、みんな混乱しないだろうか？

5つの要素のどれを選ぶかによって、その会社の競争分野（市場支配を目指す分野）が決定される。成功している企業はみな、ターゲットとなる顧客が最も高く評価している要素に磨きをかけている。

こんな事は当たり前だと思うかもしれないが、顧客が望まない分野で1位を目指そうとした例は驚くほど多い。

たとえば何年か前、ディスカウントストアのKマートが、衣料品のグレードアップを大々的に宣伝しだしたことがあった。キャンペーンの一環として、Kマートは、いつもの商品より高額なジターノのデザイナージーンズを売り出した。この戦略は当然ながら、大失敗に終わった。Kマートの顧客は、Kマート価格で売られている服がデザイナーズブランドであるはずがない、と考えた。同時に、ジターノのほうも、本業で痛手を負った。裕福な顧客が、Kマートで売られるようなブランドは、もはや高級ブランドではない、と考えたからだ。

一方で、Kマートで大成功を収めているのがマーサ・スチュワートのブランドだ。Kマートの顧客からすれば、野生のひょうたんで燭台《しょくだい》をつくれるマーサとなら、価値観を共有できると思えるのだろう。高級ファッションにはそっぽを向いた顧客も、高級雑貨になら、手を伸ばしやすいのかもしれない。何もジターノのジーンズに価値がなかったわけではない。ただ、Kマートの顧客は、「高級ブランドを安く売るなんて、その分、質を落としているんでしょ」と考えたのだ。

結局のところ、大成功を収めている企業ですら、たまたま的を射た行動を取っているにすぎない、と私たちは気がついた。彼らは、私たちが理解するに至った事実に、あまり注意を払っていない。その事実とは、「人としての基本的な価値観」が今、切実に求められている、ということ。ますますはっきりと見えてきたのは、そんな「わかっていない」状況が、「一流の神話」のベースにあるということだ。

しかし、「すべてにおいて一流」など神話にすぎない、というのなら、現実的な戦略とは、一体どのようなものだろう？　その答えは、最初の調査で得た消費者データの中にあった。そこには、価値観を求める消費者に対して、企業が、消費者にわかりやすい形で応える方法、お客さまの言葉で語りかける方法が記されていた。私たちはこれをファイブ・ウェイ・ポジショニングと呼んでいる。つまり、お客さまにとってより価値の高い形で、商品やサービスを構築するための方法のことだ。

だが私たちは再び、はたと立ち止まった。人々が満たされていない、という分析が正しいのなら、途切れることなく続いてきた、人類史上最長のこの繁栄の時代をどう説明すればよいのだろう？　繁栄しているのだから、問題はないのでは？　いや、相当ある――というのが、私たちの答えだった。

消費者は、満たされていない

世界中の先進工業社会は、どこかおかしい、ゆがんでいる。とはいえ歴史を振り返れば、現代ほどよい時代もないだろう。だが、物質的な繁栄に恵まれながらも、私たちは最悪のプライベートタイムを過ごしている。経済的に繁栄しても幸せを実感できず、物質的な豊かさを手に入れても心は満たされず、裕福な環境で暮らしても周りとの絆は感じられない。

私たちは、不満を覚えつつ人生を送り、ビジネスを営んでいる。身の回りには、これまで成し遂げてきたこと、つくってきたもの、手に入れたものが並んでいる。しかし、すべてに目を向けてみても、どういうわけかどれもこれも、思っていたような価値を放ってはいない。

何かが、大切な何かが、私たちの生活には欠けている。私たちは毎日そう感じているし、あなたも感じているはずだ。たいていの場合、食べものやスケジュールやストレスのせいにしているけれど、誰もが本能的に気づいている。何かがおかしい。そして、その何かは、食生活を改めても、何日か休みを取っても、ジムで何時間か過ごしても、よくなりはしない、と。

私たちは私たちの親の世代が夢見ていたより裕福な暮らしをしている。でも、私たちの人生は本当に、親たちの人生ほどよいものだろうか？　この問いを投げかけると、「いいえ」と答える人の数はますます増えている。だが、それはなぜなのだろう？

歴史的に見ると、私たちは社会的な制度や機関に頼って、個人の価値観を支えてきた。しかし、今やこうした制度や機関は私たちを裏切りつづけている。「自然は真空を嫌う」と言うけれど、価値観を求める私たちだって空白を嫌う。社会的な制度や機関が、個人の価値観や充足感のよりどころとして当てにできなくなったからといって、人々がそれを求めなくなったわけではない。

企業が今の状況に気づいて、いちはやく動けば、この価値観の空白を埋めるまたとないチャンスが生まれる。私たち消費者は、そうしてほしいと口に出さないが、そんな機会が提供されればありがたく受け取り、余分にお金を払うだろう。企業にとっては、ブランドを構築し、市場シェアを拡大し、利益を増やすチャンスだ。こんな一石三鳥の機会など、そうそう訪れるものではない。

さらに先へ進む前に、あなたの顧客とビジネスについて、基本的な問いに答えてほしい。

Q お客さまの行動の理由を、本当にわかっている？　なぜあなたのところで買ってくれるのだろう？　そして、何をすると買ってくれなくなるのだろう？

Q 新たな、もしくは、すでにいるライバルに仕事を奪われるとしたら、どんなときだろう？

Q お客さまがひそかに強く願っているのに、あなたが今提供できていないものを、１つ挙げるとしたら？

Q ビジネスに関して、どんな状況でも、変えられないことを２つ挙げるとしたら？

どの問いにもきちんと答えが出せたと思ったら、この本をパタンと閉じて、大きなグラスにマティーニを注ぎ、これまでの努力に乾杯しよう。だが、自分の答えにほんの少しでも疑問が湧いたら、読み進めてほしい。あなたは、今携わっているビジネスのエキスパートなのだろうが、だからといって、あなた自身の思い込みや過去の経験の罠から身を守れるとは限らない。

いろいろな意味で、私たちはみな商売というものの本質や影響をよく知るエキスパートだ。ビジネスパーソンであるだけでなく、毎日何かを買っているからだ。それでも、状況は刻々と変化している。公正にとらえれば、「収支をとんとんにすることさえ、だんだん難しくなってきた」と認めざるを得ないだろう。

私たちの世界は、ストレスが増え、優しさが失われ、スピードは増す一方で、正直なところ、とても暮らしにくい。その上、私たちを支え、元気をくれていた社会的な基盤の多くは崩壊しつつある。さあ、どうすればいいのだろう?

消費者は、価値観を求めている

人間的な価値基準――信頼、敬意、正直さ、高潔さ、礼儀、気取らぬ態度――は、自由で高度な社会をつくるのに欠かせない要素だ。しかし、こうした要素はじわじわと、だが着実に日常生活から失われている。私たちは、価値観がますます見つけにくくなっている社会で、商品やサービスを提供されても、楽しむことができない。

こうした価値観の空白は、私たちにどんな影響を及ぼしているのだろう？　それをきちんと把握するには、まず私たちの個人的・社会的環境を分析する必要がありそうだ。周りで起こっているどんな変化が、消費者の欲求に変化をもたらしているのだろう？　実は、3つの大きな変化――共同体の衰退、プライベートタイムの減少、情報・通信技術の氾濫――が同時に起こったせいで、私たちは今までと違うものを強く求めるようになったのだ。実際、人々は取引のコンテクストを、以前より重視するようになった。では、3つの変化を分析してみよう。

1 共同体の衰退

人は誰しも、自分が認め、親しみを感じる価値観が表現されている場所に身を置こうとする。世の中に、バイク野郎が集うバイカーバーやマティーニ専門のバーがあり、共和党や民主党といった各種政党が存在する理由は、この明白かつ根本的な真理で説明がつく。

こうしたさまざまな派閥に属する人たちは、それぞれの基本的な価値観で支えられている。誰もが敬意を払われ、大切に扱われ、人につけこまれることなく認められ、高く評価されたいと願っている。要するに、1人の価値ある人間として認められたいのだ。

歴史的に見れば、そういった責任が、商品やサービスの提供側に重くのしかかることはなかった。人々は他の多くの場所で、そんな支えを見つけることができたからだ。家族、政府、結婚生活、学校、社交クラブ、教会などが——貢献度はまちまちだったが——1人ひとりの価値や、彼らが暮らす社会の価値、さらには社会における1人ひとりの立場の大切さを認め、支えていた。

ところが、今日ではその多くが変貌しつつある。社会の構造があちらこちら、端のほうからゆっくりとほころび始めているのだ。そんな状況に私たちは、よくわからないまま何となく居心地の悪さを感じている。ストレスを感じたり、生まれてこのかた受け入れるよう教え込まれた考え方や、社会的な機関に疑問を覚えることも出てきた。これまで私たちの価値観を守ってくれていた機関に、一つ、また一つと裏切られるようになったのだ。

従来型の制度や機関はいずれも、人としての基本的な価値観をもたらす力を失いつつある。個人として、私たちは無意識に自分の価値観を支え、認めてくれる何かを求めている。だから、商品やサービスに価値観を組み込んでいる賢い企業に、意識的に見返りを与えているのだ。このシンプルな事実は、私たちが実施した調査に、はっきりと示されていた。その具体例は、インタビューのそこかしこに見られたが、次に挙げるインタビューの抜粋が、顧客の思いを端的に表している。回答者は、サンドラというワーキングマザーだ。

「あるお店では、私もほかのママたちも、敬意を払ってもらえるし、大切に扱ってもらえるの。ほとんどのお店には子どもの遊び場があるけど、このお店は、よそよりちょっと進んでいるの。いろんな映画が観られるビデオが置いてあって、ゲームもあるし、ピクニックテーブルもある。私たちは今ではしょっちゅう店へ行って、コーヒーを飲んでいるわ。ママ友も連れてきて、子どもたちを遊び場へ連れて行くの。みんなすっかり仲よくなって、家の飾りつけの相談をしていたりね。平均して1時間くらい店にいるのは当たり前。2、3時間いる人だって、珍しくないわ」

2 プライベートタイムの減少

本書のために調査をしている間、どこへ行っても同じことを耳にした。「とにかく、時間がない」。ホワイトカラーの人たちからは、メールや携帯、パソコンに追われている、という愚痴を聞かされた。情報化時代の壮大なる実験は、早くも犠牲者を出しているわけだ。ブルーカラーの人たちからは、テクノロジー進歩のせいで人員を減らされているのに、生産性の向上だけは期待される、といった不満を聞いた。さらには、一家につき2、3人が働かなければ、生活水準を維持できず（もしくは、暮らしていけず）、適切な健康保険に入ることもなかなかできないのだという。

国勢調査局のデータによると、アメリカ国民の16パーセントにあたる約4400万人が、健康保険に加入していない。その状況は、低所得者の家庭でとくに顕著だ。所得水準が貧困ラインを下回る層の約3分の1（約1100万人）が健康保険なしで暮らしている。持つ者と持たざる者の格差は、広がりつつある。

連邦議会予算局のデータによると、アメリカ国民を収入額順にソートした上位5分の1は、1977〜99年の間に、手取り収入が43パーセント増えたが、逆に下位5分の1の人たちは、9パーセント減少した。

誰もが「時間が足りない」と訴えた。よい父親、よい母親、よい息子、娘、兄弟、姉妹、よい従業員、よいコーチ、よいボランティアになる時間が足りないのだと。

3 情報・通信技術の氾濫

最初の2つの要素に加えて、生活の中で、情報へのアクセスが爆発的に増加している。良くもなく、正しくもないかもしれない情報を、とりあえず読み解かなくてはならない。情報は、あらゆる場所からやってくる。インターネット、ケーブルテレビ、屋外の広告掲示板、ラジオ、バスの車体広告、それにおなじみの金融ブローカー…。

私たちは、物事が猛スピードで動き、テクノロジーや医学、その他の飛躍的な進歩があっという間に実現してしまう時代に生きている。誰を、何を信じればいいのかさっぱりわからない。そんな技術が氾濫し、四方八方から襲いかかってくる。

情報にあふれたこの環境において、消費者は何を求めているのだろう？　それは、明確さ、安心、確実性、そして信頼である。人々に必要なのは、自分の選択肢を明確にしてくれて、選択をたやすくし、決めたことに満足させてくれる、信頼できて頼れる誰かなのだ。もう一度言うが、これは企業にとってのチャンスだ。価値観の大切さに気づいてどこに重点を置くかを見直し、商売を自分たちにも顧客にもメリットのあるものに変える好機なのだ。

商売で「一流」を目指すのは、安定した時代ですら難しい。今の環境はと言えば、時間に追われ、プレッシャーやストレスは増すばかり。わずらわしいメディアに、ノンストップで展開する通信技術革命、はっきりと価値観を伝えられない社会的な制度や機関。こんな環境が、新しい消費者を生み出している。私たちは、彼らを「instavidual《インスタビジュアル》」――instant《インスタント》（瞬間）と

individual《インディビジュアル》（個人）の造語——と呼んでいる。

インスタビジュアルたちは、その時その時の自分のニーズにタイミングよく結びつくものに、価値を見出している。彼らのニーズは日ごとに、いや刻一刻と変わる。インスタビジュアルは、「私に合わせて」と企業に要求するが、彼らがどんな要素を好むかは、天気と同じくらい気まぐれだ。

あるインスタビジュアルを午前7時につかまえたとしよう。マクドナルドのエッグマックマフィンを差し出せば、合格がもらえるかもしれない。だが、同じインスタビジュアルを午後7時につかまえるとする。今度は、シカゴのモートンズ・ザ・ステーキハウスのフィレミニヨンとエクストラドライ・ダブル・マティーニでなければ、満足してくれないかもしれない。多くの企業はいまだに、顧客を長期研究に基づく昔ながらの枠にあてはめて、長いスパンで理解しようとしている。だが、インスタビジュアルたちは、そんな定義からはみ出したり、いくつもの定義に当てはまったりしてしまう。

この新しい勢力が無数に集まり、新たな市場も生まれている。特徴は、新しい消費者ニーズの出現によって生まれた市場であること。企業が一度も目を向けず、取り組んでこなかった領域だ。

本書の目的は、消費者にとっての価値を高める一貫した戦略を定義し、明確に示すこと。そして、その新戦略を実現するために、ビジネスのやり方をどう変えればよいのか、その方法を提示することだ。

新たな消費者像と、そのニーズに応えるには？

消費者1人ひとりのニーズと価値観に十分注意を払わないから、顧客はあっという間に、しかもたびたび、ライバルに乗り換えてしまうのだ。それが、ヤフー、アマゾン、イーベイ、デルといった新興企業が登場したとき、消費者があれほど引きつけられた理由だ。こうした企業は、顧客の求めやニーズをくんで、自社のビジネスモデルを開発したのだ。
「ほしいものを簡単に見つけられるようにしてほしい。時間をかけたくないんだ。適正な価格で頼むよ。指定した場所に送ってくれ。ぼくが望めば（望んだ場合だけ）、対話もできるようにしてほしい。買い物をしたいときには、すぐさせてほしい。気にかけてます、ってところを見せてよ。ぼくを相手にビジネスするなら、もっともっとぼくの好みやセンスを勉強して」

これらの企業は、重要な教訓を与えてくれる。その教訓は、昔ながらの客商売にいそしむ企業の度肝を抜くはずだ。もちろんこれは、チャンスでもあり、脅威でもある。しかし、長年にわたって、新たな消費者ニーズに目を向けることなく営業してきた多くの企業にとっては、混乱やリスクを思うと、方向転換のハードルはかなり高いだろう。今まで成功してきたビジネスモデルを捨てるのは、いつだって難しいのだ。それでも、ここで話してきたように、時代は変わった。だから迅速に、早めに動ける企業には、チャンスがある。時代の変化が生み出した空白に、新たなビジネスで食い込んでいける。

では、新しいニーズには、どう応えればよいのだろう？　その答えは、ファイブ・ウェイ・ポジショニングというコンセプトにある。簡単に言えば、商売の中で価値観を表現していくことによって、売上アップをはかることだ。ファイブ・ウェイ・ポジショニングは、次の3つの前提に基づいている。

1 人としての価値観は、現代ビジネスの通貨である

人間の基本的ニーズがどんどん満たされなくなっている。そんな環境において、人々の基本的ニーズに対応する企業は、競合他社のシェアを奪える位置にいる。たとえば、アマゾンは、テクノロジーを活かしたビジネスモデルを開発し、従来型の書店につきものだった時間と空間という制約を克服して、いちはやく空白をビジネスチャンスに変えた。

2 人としての価値観が、ビジネスの価値を決める

歴史的に見ると、ビジネスの価値を決定づけてきた第一の要素は、商品の機能と特徴だった。「もっといいネズミ捕りをつくりなさい。そうすれば、世界中からお客が来るから」というわけだ。今日では商品の質は、いちかばちかのポーカーゲームの参加費にすぎない。低品質の商品など今の消費者にはむろん通用しないが、質がよければ十分というわけではない。

今の時代、ほとんどの車はちゃんと走る。それも、安定した走りっぷりだ。冷蔵庫は食品をきちんと冷やすし、ステレオの音だって良好だ。洗剤は服の汚れを落としてくれるし、ホテルの部屋は清潔で静かである。成熟した経済の消費者は、商品の品質は当然、一定レベルをクリアしているものだと信じている。今日、究極の差別化とブランド構築、ブランドロイヤルティ確立のチャンスを生み出すのは、商品やサービスの提供を通して示される、人としての価値観なのだ。

3 今日の消費者にとっては、商品価値より価値観のほうが大切だ

ほとんどの人が、自分の存在価値を従来型の制度や機関に見出していた時代があった。世の中が今ほど慌ただしくもなく、人々が今ほど情報を与えられても（詰め込まれても）いなかった頃は、ビジネスの価値はたいてい、商品やサービス（コンテンツ）そのもので定義されていた。もちろん、それをどう手渡すか（コンテクスト）も重要だったが、商品やサービスといった要素に比べれば取るに足らない問題だった。

だが、そんな時代は終わった。今日では、価値観という観点から、商品やサービスをいかに提供していくかが、差別化の鍵を握っている。

この3つの前提が、ファイブ・ウェイ・ポジショニングの要となる主張を支えている。その主張が、本書をビジネスとビジネスリーダーにとっての必読書にしている。先ほどから説

明してきた、新しい潮流は、消費者が商品やサービスの売り手を選ぶ際に基準となる「価値」の定義を、がらりと変えてしまった。

消費者は、商品やサービスといったコンテンツより、コンテクストを重視するようになった。あらゆる取引において、価値観が表現されるのは、コンテクストにおいてだからだ。ファイブ・ウェイ・ポジショニングの考え方でながめれば、ライバルとの新たな戦場が明らかになり、今後の成功への青写真が手に入るだろう。

消費者の立場で、自社をながめる

本書を執筆する中で、私たちは多くの実例を目にしてきた。ファイブ・ウェイ・ポジショニングがまずどのように戦略化され、その後、どのように戦術として実践されていくかを見たのだ。しかし、理論を実際の戦略に変えていくには、企業はまず、顧客や潜在顧客、自社の経営陣と現場の管理職、さらには仕入れ業者の話に耳を傾けなくてはならない。そうすれば、自社とライバルたちが、市場のどこにいるかを把握できるのだ。そうした評価が終わったら、5つの要素のどれで市場を支配し、差別化をはかっていくかを決める必要がある。

八方美人を目指したり、もしくは5つの要素すべてにおいて「一流」を目指すことは、現代ビジネスを長らく苦しめてきた慢性病だ。そうしたくなる衝動とそれにともなう症状が、「一流の神話」の土台を成している。優秀な企業は、この誘惑がいかに危険かを本能的に察知し、あらゆる手を尽くして、市場での自社のポジションを明確にする。5つの要素から潔く1つを選び出し、たとえ商品やサービスの特徴にほとんど差がなくても、自分たちがいかにその要素で群を抜いているかを訴えていく。

たとえば、ゲートウェイとデルのコンピューターは、基本的には同じマシンだ。だが、デルはサービスで市場の支配を選び、ゲートウェイは顧客の経験価値〔商品やサービスの購入・使用によって得られる価値〕を高めることに注力している。ウォルマートとターゲットは、同じ市場で戦っているが、ウォルマートは価格で、ターゲットは商品で市場を支配することを選んでいる。ノースウエスト航空とサウスウエスト航空は、どちらもデトロイト―シカゴ便を飛ばしているが、便数とアクセスで勝るノースウエストに対し、価格と経験価値を重視するサウスウエストが勝ちを収めている。

シカゴのモートンズ・ザ・ステーキハウスでもマクドナルドでも牛肉は食べられるが、モートンズは商品と経験価値に、マクドナルドはアクセスのよさに力を入れている。ソニーとボーズはどちらもオーディオコンポを製造し、商品で市場を支配しているが、ソニーはアクセスのよさで、ボーズは経験価値で差別化に成功している。

こうした企業はいずれも、市場を評価し、自社の価値を分析した上で、顧客の心の中で最も効果的に市場支配や差別化がはかれる要素を選んだのだ。それでも、勝負に終わりはない。顧客の価値観は、絶えず動き続ける的のようなものだから。今日最も効果的な要素も差別化戦略も、明日には徹底的に見直さなくてはいけない。

それでは、企業はどのようにして、価値観に基づく商品やサービスを構築すればよいのだろう？　最初のステップは、自社の商品やサービスにはしばらく目を向けず、顧客の立場で考えてみることだ。

この目で見たわけではないが、おそらくサウスウエスト航空のスタッフの誰かが、少なくとも1日分の午後の時間を費やして、乗客たちの表情をじっと観察していたに違いない。乗客たちは快適そうなファーストクラスの脇をぞろぞろと通り抜け、実用性オンリーの狭苦しいエコノミー席に向かったのだろう。その後、「平等に扱い、平等に敬意を払ってほしい」という顧客ニーズが、サウスウエスト航空の顧客対応の基本となった。今、同社の乗客は、自分の席が機内の他の席より良くも悪くもないことを知っている。

そしておそらく、価値観に基づくマーケティングの最も素晴らしい例は、ジョンソン・エンド・ジョンソンが、自社の鎮痛剤タイレノールに毒物が混入された事件を受けて、小売店からタイレノールを残らず自主回収したことだろう。同社は、「信頼と配慮」を実際にお客さまに示すことの価値を理解していたのだ。

どんな価値観を体現すべきなのか、それを見つけるのはそう難しくない。顧客の言葉で顧客と話し、相手の言葉を受け入れることだ。そして、メッセージをもらえたら、顧客に対して行うことすべてについての基礎ができるはずだ。ただし、今流行りのマーケティングのアイデアに影響されて、例外を設けたり、何かを犠牲にしたりしないこと。また、次の四半期に売上が落ちても、パニックに陥らないこと。

サウスウエスト航空はいつも、敬意と平等と楽しさを謳っている。そしてジョンソン・エンド・ジョンソンは、どれほどコストがかかっても、最高の敬意と誠実さを示す企業の象徴となった。だが、顧客の価値観を知り、それを商品やサービスに組み込むだけでは不十分だ。それを社の内外で日々強化していく必要がある。価値観に基づく商品やサービスを構築するには、まず価値観に基づく文化を培わなくてはならないのだ。これは、口で言うほどたやすいことではない。とくに、競争の激しい業界では。

価値観を組み込むことは、ファイブ・ウェイ・ポジショニングの要である。次章では、ファイブ・ウェイ・ポジショニングのモデルを徹底的に調べ、このコンセプトをあなたの会社でどのように活用できるのか、見ていきたいと思う。

CHAPTER 2

The New Model for Consumer Relevancy

ファイブ・ウェイ・ポジショニングという新たなビジネスモデル

消費者からも、仕入れ業者からも好かれる小売店

さて、実際にうまく機能しているファイブ・ウェイ・ポジショニングとは、どのようなものだろうか？　次に紹介する例について考えてみてほしい。本書の執筆中、執筆者の1人ライアンは、アイルランドの首都ダブリンの中心から少し離れたところにあるスーパーマーケット、スーパークインの通路を歩いていた。これは、そのときのエピソードだ。

「いろんな業界の幹部の人たちから、『世界中からサービス重視の会社を1つ選ぶなら、やっぱりスーパークインじゃないかな』と聞かされていた。だからアイルランドでは、スーパークインの店の中を歩いてみることにした。私はカートも押さず、買い物かごも持たず、会社の偉い人にエスコートされてもいなかった。スーパーにいる男性客にありがちな迷える子羊みたいな顔をして、ただ店の中をうろうろする1人の客にすぎなかった。

チーズ・コーナーを通ると、商品を補充していた若い店員が声をかけてきた。『アメリカの方ですか？』『そうだけど、何でわかったんだい？』『靴ですよ。靴を見たら、すぐわかるんです』と、彼女は言った。店員は自己紹介をして、『お客さまのお名前は？　どうしてうちの店に来てくださったんですか？』と尋ねた。普段の姿をリサーチしたいから、『出張でアイルランドに来たんだよ。できるだけいろんなものを見て、この国の人たちがどんなふう

に暮らしているか知りたいんだ』と、私は答えた。

すると、『アイルランドのチーズはお好きですか？』と彼女は尋ねてきた。アイリッシュ・チーズはよく熟成されたタイプを何度か口にした程度だ、と答えると、『ライアン、どんな種類のチーズがお好みですか？』と聞くので、『ブルーチーズ』と思わず答えていた。『キャッシェル・ブルーを食べたことは？』と言うので、『ないね。少なくともフレッシュなのは、ない』と答えると、何のためらいもなく、店員はケースに手を伸ばしてチーズを取ると、ナイフを取り出してさっとパッケージを破り、中身を試食させてくれた。

『もう少し匂いがキツいのがお好きなら、これはどうでしょう？』と、彼女は2つ目のチーズを取り出した。さらに3つ目、4つ目、5つ目、と取り出していく。私たちのまわりに、そのうち小さな人だかりができた。アイルランドでは、楽しい会話にはよく人が集まってくる。『こちらは、アメリカから来たライアンさん。出張でいらしていて、今アイルランドのチーズを勉強中なんです』と、店員は声の届く場所にいる全員に声をかけた。『これと、あれをちょっぴり味見してもらったんですよ。みなさんも、ちょっと食べてみませんか？』。あっという間に、チーズを食べる人たちの輪ができあがった。気がつけば、全員がお互いの名前と職業を知っていたのだ。私は、アメリカに住む彼らの親戚の話を聞き、彼らは、アイルランドにいる私の家族の話を聞いた。

チーズと店は重要な要素ではあったけれど、それがみんなを一つにしたのではない。伝説の――伝説になるのもうなずける――アイルランド人の『もてなしの心』ですらなかった。それは、チーズを補充していた店員の力だった。彼女は、1人の人間としての私に目を留め、何かに気づき、その観察を温かいつながりを築くきっかけにした。それを、この世で一番おいしいブルーチーズが後押ししてくれたのだ」

ここでおしまいなら、「いい話だね」で終わるところだが、この話には続きがあった。その週の後半、ライアンは、キャンベル・ビューリー・グループの会長であるパトリック・キャンベルと一緒にいた。キャンベル・ビューリーは、アイルランドに本拠を置く高級紅茶とコーヒーのメーカーで、レストランから喫茶店、売店《キオスク》に至るまで、さまざまな外食店の経営もしている。2人は、紅茶とコーヒーに関するキャンベルのマーケティング戦略について話し合っていた。

「どこで売るかには気をつけているんだ」と、キャンベルはライアンに言った。「スーパークインに置いてもらえるのは、とてもありがたいんだ。スーパークインで売られていることが、わが社について語っていると思うから」。キャンベルが言わんとしていることは、手に取るようにわかる。スーパークインは、たしかにサービスで市場を支配しているが、実は商品でも差別化に成功していた。

スーパークインは期せずして、ファイブ・ウェイ・ポジショニングの原則を体現していたのだ。アイルランド、オランダ、ベルギー、イギリス、カリブ海、フランスを訪れて、確認できたのは、ファイブ・ウェイ・ポジショニングが、アメリカだけでなく世界に通用する、ということだった。

それは、なぜなのだろう？　売り手の視点で言えば、消費者と企業との関係は、19世紀の田舎の雑貨店でも都会の店でも、21世紀のネット市場でもそう大きく変わっていない。つまるところ、田舎の雑貨店主は客のすべてを知っていて、ツケで売ることも多く、家まで配達することもよくあった。これらはすべて、今日、多くのネット企業が目指していることと基本的には同じだ。

5つの要素の新たな意味合い

では、物事がそれほど変わっていないなら、なぜ消費者は納得いかない様子なのだろう? 答えの1つを挙げよう。取引の基本構造(価格、サービス、アクセス、商品、経験価値)は、昔と変わらないようだが、基本構造の意味(各要素の具体的な意味合い)が、根本的に変わってしまったのだ。

これがどういう意味か、5つの要素を1つずつ見ていこう。

1 価格の神話:企業は安さを誇るが、消費者は公正な価格を評価する

私たちが最初、調査の回答者がどうかしてしまったに違いない、と考えた理由の1つは、すべての企業にとっての警鐘となるはずだ。電話調査でも一対一のインタビューでも、消費者は――所得水準や住んでいる地域、学歴にかかわらず――繰り返しこう言った。「激安価

格で買うより、適正で公正な価格で買いたい」。これは何を意味しているのだろう?

人々は、一貫性のある価格を求めている。不自然につり上げられたり、自分たちが買いたいほかの商品を犠牲にして抑えたのだろうと思われる価格など望んでいない。価格設定については、産業界全体がファイブ・ウェイ・ポジショニングから逸脱している、というのが私たちの考えだ。

2 サービスの神話：基本をしっかりやること

ある分野で「付加価値の高いサービス」を消費者に提供しようと頑張っている企業が、ほかの分野で基本的なサービスを怠っている例をよく見る。たとえば、ホテルがへとへとに疲れた出張客に「週末家族割引プラン」を提示しておきながら、肝心の予約業務で漏れがあったり、ダブルブッキングしたりしている。私たちは何度も、こういったサービスの誤った提供事例を目にしてきた。

企業が顧客の基本的・日常的な要望にきちんと応えられないなら、特別サービスなどほとんど意味はない。いろいろなものを詰め込もうと頑張ったところで、万人の心をつかむ一律サービスなどない、と顧客のほうが心得ている。彼らは、余計なおまけの山に埋もれるのがいやなのだ。1人の人間として扱われ、企業が自分のニーズに合わせて、快くサービスをカスタマイズしてくれることを望んでいるのだ。

3 アクセスの神話：もはや立地だけを指してはいない

かつてはアクセスと言えば、銀行の駐車場に簡単に入れることや、ガソリンスタンドが交通量の多い交差点の四方にあることを意味していた。今日では、消費者は地理的な場所よりも、店内の（物理的・心理的な）案内《ナビゲーション》を重視する。複雑で手の込んだ見取り図のせいでまごついて時間を取られたり、決められた経路を羊のように並んで歩かされるのは、いやなのだ。売り場に到着することは、到着後にほしいものを手に入れることに比べたら、取るに足りないことなのだ。

また、売り場に選択肢や気を引くものを用意しすぎると、顧客はアクセスの最も重要な部分――ほしいものを見つけて購入する――をクリアできなくなってしまう。それを思えば、空港の電子航空券の発券機が成功していることや、ディズニーリゾートのような遊園地で「ファストパス」システムの人気が高まっていることもうなずける。

4 経験価値の神話：顧客との親密さがものを言う

「経験価値」と「楽しませること《エンターテインメント》」はイコールだ、と私たちは思い込んでいた。しかし、世界中の消費者に話を聞くと、彼らは企業にまったく別のものを求めていた。「エンターテインメント」は彼らが重視する事柄の15位にも入っていなかった。彼らは一体、何を求めているのだろう？

消費者が求めているのは、敬意、人間らしく扱われること、自分だけのための商品やサービスを提示されること。こうした状況は、ゲートウェイのようなハイテクメーカーの追い風になっている、と私たちは思う。ゲートウェイは、少しでも高価なコンピューターシステムを売りつける代わりに、常に顧客のニーズに応じてカスタマイズした商品を販売している。顧客を注文書ではなく人間として扱うこのアプローチは、言葉巧みに何台も買わせようとする昔ながらの車のセールスマンとは大違いだ。

5 商品の神話：「最高」の品より「そこそこ」の品

ブランドメーカー、とくに中堅ブランドのメーカーにとって、よくない知らせがある。「うちの商品は最高だ」と自信を持っていたからといって、顧客の心をつかめるとは限らない。調査をしていた頃、私たちは価格に対する消費者の本音を見誤っていたにもかかわらず、消費者が商品に何を望んでいるかは、わかっているつもりでいた。当然ながら、誰もが「最高」の品（「最高」とは、あくまでも相対的、主観的、個人的な感覚だとはわかっていたが）、もしくは、少なくともそれに近いクオリティーのものを求めている、と思い込んでいた。これも、間違いだった。

消費者、とくにネットショッピングをする人たちの中には、「目についた中で、最高の商品だけを探して買う」と答えた人も若干いたが、大多数は、一回いっかいベストな買い物をするよりも、「いつもよい」商品のほうが好ましい、と答えている。インタビューでは多くの人たちが、それほど高価でない商品を「そこそこよい」と感じたら、最高級品に余分なお金は使わない、と回答している。

圧倒的多数の消費者は、どんな価格帯のものに対しても、「許容範囲」を持っている。つまり、商品やサービスの質は、消費者が許容できる範囲におさめなくてはならないのだ。

消費者が期待する、企業の姿勢とは？

消費者からのメッセージは明確だ。「私がほしいもの（正直さ、敬意、信頼）をくれるなら、あなたのほしいもの（忠誠心）をあげます」。これを社会学的、心理学的な理論を使って説明すれば好評を博するかもしれないが、実際にはシンプルな話だ。日常生活の中では、人としての基本的な価値は手に入らない。人々はそういった価値を猛烈に求め、それを提供してくれる企業にどっと群がっている。

消費者と売り手との交流は、3つのレベル——受け入れる、好む、選び出す——のいずれかで行われている（表2・1）。ただし、マイナスレベル——それ以下——も存在する。ここは根深い不信感と信頼の喪失が巣くうエリアで、どんな企業もこのエリアに行きたいとは思わないだろう。消費者は、企業に、あるいは業界全体に、軽視されたり、非人間的な扱いを受けたり、便宜をはかってもらえなかったり、といった経験をしなければならないだろう。企業がこの「交流の階層《ピラミッド》」のどのレベルに位置するかは、いかに消費者の話に耳を傾けてい

表2・1　5つの要素

	アクセス	経験価値	商品	サービス	価格
III 消費者が企業を選び出す 市場を支配している	「解決策」を提示してくれる：苦境から救い出してくれる。	ほかの企業にできないことをして、「親密」な関係を築いてくれる。	知らない優れた商品をそろえて、「刺激や感動」をくれる。	ニーズに合わせて、商品やサービスを「カスタマイズ」してくれる。	「代理人」を務めてくれる：買い物を安心して任せられる。
II 消費者が企業を好む 差別化ができている	やりとりがスムーズにいくように考えてくれる。	客のニーズと客自身を「気遣って」くれる。	品ぞろえや在庫状況がたしかなので、困ったとき「頼りになる」。	知らない商品や状況があれば、「教えて」くれる。	公正で「一貫性」のある価格設定をしている
I 消費者が企業を受け入れる 業界標準に達している	ほしいものが「簡単」に見つかる、さっと来てさっと帰れるようにしてくれる。	「敬意」を払い、人として扱ってくれる。	商品やサービスが「信用できる」。	「便宜」をはかってくれる：懸命に気遣いを見せてくれることがある。	「正直」な価格設定をしている：価格のつり上げや、得にならない大幅値引きをしない。
それ以下 顧客から信頼されていない	道をふさぐ、イライラさせる、待たせる、さっと出入りさせてくれない。	非人間的な扱いをする、軽視する、ニーズを無視する。	使いものにならない、低品質の商品やサービスを提供している。	思い出したくない目に遭う：家族や友人にも、当然勧められない。	一貫性のない、不明確な、人を欺くような価格設定をしている。

るか、消費者の求めを真に理解しているか、彼らのニーズを満たしているか、によって変わってくる。

企業はどのようにして消費者との関係を深め、交流の階層を上っていくべきなのだろう？それには何よりファイブ・ウェイ・ポジショニングという新たなコンセプトが必要だ。このコンセプトがあれば、すべてを世界最高レベルでこなそうとしなくても、差別化がはかれる。

ファイブ・ウェイ・ポジショニングを理解するにはまず、前述の3つのレベルそれぞれにおいて、消費者行動、企業の戦略、その結果生まれた関係がどういう風に交わっているかを理解しなければならない。

・レベルⅠにおける企業と消費者の交流

レベルⅠは、顧客が「あなたを受け入れます。商品やサービスを買ってもいいし、もう一度来てもいいと思える程度には信用しています」と言ってくれる最低水準だ。顧客がある企業を当然の選択肢と思うようになる前に、まず顧客の心の中で、「受容」という基本レベル――特定の市場・業界の「標準」であるという認識――が確立されなくてはならない。顧客が、公正な価格設定や信用できる商品、親切なサービス、アクセスのよさを認め、期待しているだけの敬意があると感じてくれれば、売り手との心地よい交流が生まれるだろう。それがさらに強いつながりに発展すれば、ある程度の忠誠心《ロイヤルティ》も生まれるだろう。

いつも何十人も並んでいるような銀行の窓口、次のページへジャンプするだけで何日もかかるようなウェブサイト、売るときはニコニコしていたのに返品しようとした途端、客を透明人間みたいに扱う店……。例はいくらでも挙げられるが、あなた自身の体験を振り返れば、状況はおわかりだろう。

レベルⅠの関係では、消費者は、その企業で日々の決まりきった買い物をする。このレベルでは、両者の関係はあくまでもビジネスライクだ。消費者にはほしいものがあり、企業が受容できる水準のものを扱っていれば、その商品やサービスと交換に代金が支払われる。このレベルでは、どちらの側からも相手への忠誠心はほとんど認められない。消費者はその企業から二度と買わないかもしれないし、企業もそれをさして気に留めていない。

・レベルⅡにおける企業と消費者の交流

レベルⅡでは、「あなたの店、商品、サービスが好きです。（条件がすべて同じであれば）たぶんあなたのところで買うでしょう」と消費者が言ってくれる。ある消費者と取引をする、という扉が開いたら、次のハードルは、そのお客さまに「この店で買いたい」と思ってもらうことだ。問題はインスタビジュアルたちにわかる言葉で、一体どう語りかけたらよいのかということだ。どうすれば大渋滞の中、さらにわざわざ1キロも車を走らせて来店し、お目当てのスタッフに対応してほしいからと我慢強く列に並び、一貫して優れた価値と公正な価格を提供している会社だと認めてもらえるのだろう？

レベルⅡに到達するには、競合他社と「差別化」をはかる方法を見つけなくてはならない。少しの間、あなたの会社とビジネスをするために競合している仕入れ業者たちのことを、消費者としての立場から考えてみてほしい。

それから、消費者のことは、家族のために商品を買う「仕入れ部長」だと考えてみよう。そして、どうすれば2、3社としか契約してくれない「部長」の「お気に入りの業者」になれるか、考えよう。

あなたはどんな基準を採用し、どのように一家のニーズをつかむつもりだろうか？ 選択肢はたくさんある。たとえば、レンタルビデオチェーンのブロックバスターは、借りたいビデオを見つけられず、がっかりして家に帰るお客さまを出さない、と約束した。あるいは、バーガーキングは、お客さまの選んだ組み合わせでワッパー（特大バーガー）をつくる、と約束している。この約束は消費者の心をぐっとつかんだので、マクドナルドも追随せざるを得ず、結局オーダーメイドのビッグマックを提供しだした。

もしくは、AT&Tワイヤレスが導入した「デジタル・ワン・レート」プランのようなサービスもある。このプランは、長距離通話料金もローミング料金〔その事業者のサービスエリア外で、他の事業者の設備を通じてサービスを受けることで発生する料金〕もかからない定額料金をいちはやく打ち出し、携帯電話業界の新境地を開いた。また、百貨店のシアーズは、自社の工具ブランド、クラフツマンの商品を購入した顧客に対し、工具の寿命が続く限り――たとえ持ち主が代替わりしても――無条件で商品の保証をすると約束している。

レベルⅡの企業は、ライバルとの違いを明確にし、ある程度の信頼を得ているので、消費者は彼らと取引したいと考える。いざというときに消費者が、企業名や商品をふと思い出すのは、消費者と企業の間に「親近感」があるからだ。おそらく消費者は、よく似た商品を提供している企業を2、3社思い浮かべたはずだ。だが、そうした企業は、頭に浮かんだ端から、「違う」と打ち消されてしまうのだ。

・レベルⅢにおける企業と消費者の交流

レベルⅢでは、消費者は企業にこう言う。「あなたを心から信頼しています。だから、数ある企業の中からあなたを選び出しただけでなく、私に代わって、買い物の選択肢を編集する権限も与えます」。これは、理想的な状態だ。消費者は、この企業をほかの企業より好きなだけでなく、最善の企業として積極的に「選び出した」のだ。このレベルでは、消費者はBMWのニューモデルの到着を半年でも嬉々として待ち、キッチン用品はウィリアムズソノマ以外の店では頑として買わず、スターバックスが淹れたコーヒー以外は飲まない。

当たり前のことだが、消費者を相手にしている企業はいずれも、ライバルと差別化する方法を見つけたいと思っている。それは、ビジネスの第1のおきてと言っていい。ただし、とびきり成功する企業なら、差別化だけでは満足しない。彼らは市場を支配し、ライバルにさらに差をつける手立てを見つけ、いざというときに消費者の頭にさっと浮かぶ、ただ1つの選択肢となる。

たとえば、アマゾンは、ほかのどの書店にもなかった豊富な品ぞろえとサービスへの簡単なアクセスを提供したことで、何百万人もの消費者の頭に、一番のオンライン書店として刻み込まれた。ホームデポは、目を見張るほど豊富な品ぞろえをたしかなサービスで支え、全米最大のホームセンターに成長した。

このレベルでは、企業は、消費者と「ライフスタイルを支える関係《ライフスタイル・リレーションシップ》」を結ぶチャンスを得る。レベルⅢの企業は、消費者の心を完ぺきにとらえているので、顧客はもはやほかの選択肢など考えない。レベルⅢの関係では、企業は顧客のライフスタイルにふさわしいあらゆる選択をすることが期待される。

何もせずに、レベルⅢには到達できない。企業がこれほどの信頼を獲得できたのは、ひとえに消費者との交流を絶えず観察してきたからだ。しかも、他の企業が「細かすぎる」と感じるほど詳細に。それを実践してきた企業はウォルマート、AOL、サウスウエスト航空、エディー・バウアー、シティバンク、イーベイ、ノキア、デルなどである。これらの企業は、顧客が何に価値を感じるか、その新たな仕組みを理解している。

当然ながら、長期的な成長と採算性に関心を持つ企業であれば、現実的かつ望ましい範囲で、上のレベルに移行したいと考えるだろう。たまにしか来ない客を追い返す企業はまずないが、長い目で見れば、市場シェアを伸ばすには、「たまたま来た」客を当てにしていてはいけない。（企業が顧客に好まれている）レベルⅡでさえ、その企業は消費者の頭に浮かぶ数少ない選択肢の1つではあるものの、たいていの場合、最終的には選ばれないというリスクを抱えている。「お気に入りの業者」であることは助けになるが、成長を保証してくれるものではない。

会社の力と存続を当分の間たしかなものにしたいなら、市場を支配し、自社を選び出してくれた消費者と「ライフスタイルを支える関係」を築くほかない。あなたの会社が、エディー・バウアーのような「ビジネスカジュアル」の衣料品を販売しているなら、消費者がスラックスやブレザー、セーターを買いに来る唯一の場所にならなくてはいけない。BMWのような高級車を扱っているなら、ターゲットとなる消費者には生涯にわたって、あなたのところで車を買ってもらわなくてはならない。AT&Tのような携帯電話サービスの会社であれば、携帯電話の利用者にとって、唯一の選択肢にならなくてはいけない。それが絶対条件だ。

このレベルでは、ブランドや商品は、消費者の生き方と絡めて定義される。ほかのものを着たり、運転したり、食べたり、飲んだり、使ったりしているところなど、絶対に見られたくない、と消費者が思うくらいに、関係性が深くならなければならない。

消費者が判断するのは、企業の「総合点」

ところで、今お話しした商売の「約束の地」へと続く道を、あなたはどう思っただろう？この道は、消費者から「私のニーズに応えてくれる」と認められた時点で始まり、それが「ライフスタイルを支える関係」に発展したときにようやく終わる。第1章で述べたように、調査から得られた何より重要な気づきは、「一流の神話」にまつわるものだった。

本当にファイブ・ウェイ・ポジショニングの戦略をとる企業は、顧客にまつわる要素――価格、サービス、アクセス、経験価値、商品――のすべてにおいて市場を支配しようとは考えない。優れた企業は、「何においても一流を目指せ」という誘惑に打ち克つすべを学んでいるのだ。企業は、どの要素で戦うか、決めなくてはならない。

この戦略を極めている企業は、市場支配できる要素と、それを補いライバルとのさらなる差別化を促してくれる要素も選ぶ。ディスカウント店のターゲットは、こうして2つの要素を組み合わせ、ウォルマートと同じ土俵で共存することに成功している。

しかし2つの要素でどれほど成功を収めていても、残り3つの要素で業界の標準を下回ってはいけない。多くの企業は往々にして、この極めて重要なポイントを見落としている。たとえば、最高のサービスと豊富な品ぞろえを誇る小売店でも、営業時間が短すぎたり、見つけにくい場所に建っていたり、値段が高すぎたりしたら、結局失敗に終わる。同じように、店員も客もみんな知り合いでアットホームなレストランが、1人ひとりの好みに応じたおいしい料理を出していたとしても、食材の質に問題があれば、苦戦を強いられるだろう。

通販業者のランズエンドも、この罠に落ち込んだ。1980年代にランズエンドがアパレル企業として大成功していたのは、優れたサービスと、適正で一貫性のある価格設定のおかげだった。最近苦労しているのは、「ありきたりの品ぞろえ」と「魅力に欠ける商品」のせいだ。

ここで一番重要なメッセージを伝えよう。消費者の頭の中で価値を持つのは、5つの要素全体の「総合点」である。成功を目指すすべての企業が、例外なく満たさなくてはならない

「最低水準」があるのだ。しかし、この水準は、すべての企業に共通のものではない。人々が成熟市場、もしくは成熟産業に求める水準は、新興産業や革新的なビジネスモデルを掲げる企業に求める水準より、かなり高い。

たとえば、従来型の食品雑貨販売業は、国内で最も成熟した産業の1つだ。消費者は長年スーパーで買い物をしてきた経験から、スーパーのあらゆる業務に高い期待を寄せ、失敗にはとても厳しい。ほかより安い価格、買い物と精算がスムーズにできること、生鮮食品の品ぞろえのよさ、親切なサービス、さらには楽しい購買経験まで求めてくる。だからと言って、スーパーが5つの分野すべてに秀でている必要はないが、どの分野の仕事ぶりについても、たとえば、オンライン書店に比べれば、相当高い水準を求められる。

オンライン書店のような新興市場に対して、消費者はわりあい甘い。新しいビジネスモデルには課題がつきもので、対処するのに時間がかかると承知しているからだ。そういうわけで、無愛想なスーパーの店員には厳しい消費者も、お気に入りのオンラインショップの「素晴らしい」とはとても言えない顧客サービスには、目をつぶっている。

しかし、蜜月は永遠には続かない。消費者とオンラインショップとのロマンスは、店側の奔放な行動のせいで、破局を迎えることになった。1999年のクリスマスは、多くのインターネット企業にとって終わりへの始まりとなった——と今後も記憶されるだろう。これらの企業は、文字通り、お客さまとの約束を守れなかった。

オンライン企業に注文したプレゼントが、クリスマスの朝になってもツリーの下に届かなかった、と何千人もの消費者がカンカンに怒っていた。届くには届いたけれどほしかったものとは違っていた、という人も多くいた。彼らは業者に返品するのに、気が遠くなるほど面倒な作業を強いられた。明確でわかりやすい返品の規定がなかったからだ。

大切なことを言おう。初期の頃には、消費者もオンライン企業のサービスの不備を大目に見てくれたが、もうそうはしてくれない。システムの欠陥を正す時間は十分あったはずだ、と考えるからだ。

5要素の適切なバランスとは？

ここで、5つの要素の相互作用を説明し、成功企業がこれらの要素を使って、いかにターゲットとなる消費者に対して揺るぎない価値を創出しているのかを、明らかにしたいと思う。そこで、各要素に点数をつけることにした。点数は、企業が、企業資源や業務上の努力をどう配分しているかを表している。

3点……企業が1つの要素によって市場競争にのりだし、消費者に受容される最低水準をクリアしているレベル。

4点……企業がその要素を使って、自社の商品やサービスを好むよう消費者を説得したいと考え、差別化に成功しているレベル。

5点……消費者がよそで買うことを拒絶する、市場を支配できているレベル。

このモデルには、次の4つの簡単なルールがある。

1 完璧なスコアは、第1位の要素で5点（市場支配）、第2位の要素で4点（差別化）、残り3つの要素で3点（業界水準）を獲得すること。

2 3点に満たない要素が1つでもあれば、持続不可能であり、ブランドにダメージが生じる。

3 市場支配や差別化を複数の要素で達成している場合は、度を超えており、経済的に適切な状態ではない。そのため企業は結局、金銭的な問題を抱えることになる。

4 3点（業界水準）の定義は、消費者の期待が変化するたびに、頻繁に変わる可能性がある。期待の変化についていけず、期待されるレベルに達しない場合は、3点に満たなくなるだろう。

表2・2　大手企業・ブランドの第1位・第2位の要素

第2位の要素（差別化）＼第1位の要素（市場支配）	価格	サービス	商品	経験価値	アクセス
価格		•ガイコ •ランズエンド •ゴールドジム	•ターゲット •ステープルズ •コールズ •ディクソンズ •マツダ •ホンダ（車） •メイタグ	•チャッキーチーズ •イケア •クラブメッド •ゲートウェイ •サウスウエスト航空 •グルメ・ガレージ	•エイボン •イー・トレード •タイド
サービス	•オートゾーン •テスコ •クラフツマンのツール •サターン		•ホームデポ •フェラガモ •グッチ •レコードタイム	•フォーシーズンズ •クラフト •ピーポッド •キャニオン・ランチ	•マクドナルド •ウェブバン •プログレッシブ・コーポレーション •サークルズ •ガーバー
商品	•ウォルマート •エイムス •コストコ •レッドルーフ・ザラ •スアーブ	•サーキット・シティー •シティバンク •オールステート •ブーツ •スーパークイン •シェビートラック •コンチネンタル航空		•REI •ミッドウエスト・エクスプレス •ナイキストア •ディズニーストア •ハロッズ •ビューリーズ •BMW •ロレックス	•アムウェイ •ウォルグリーン •ヤフー •アマゾン •コカ・コーラ •コダック •CNN •ゲータレード
経験価値	•ホンダ・ゴールドウイングのバイク	•ノードストローム •シンガポール航空 •ホンコン・スーツ	•ウィリアムズソノマ •ベストバイ •ピアワン •トゥミ •タイレノール •ボーズ		•AOL ホールマーク
アクセス	•ダラー・ジェネラル •ファミリー・ダラー •チャールズ・シュワブ •プライスライン •ピザ •カルフール •カシオ	•デル •アメリカン・エキスプレス •M&Mマーズ（オンライン）	•ソニー •フリトレー •3M •エディー・バウアー •チェース銀行 •ワールプール •ロウズ	•アイビレッジ •スターバックス •マールボロ	

それでは、実例を見てみよう。成功企業はそれぞれ、5つの要素をさまざまに組み合わせ、他社とは違うやり方で戦っている。それを表2・2にまとめてみた。第1位の要素を横軸に、第2位の要素を縦軸に並べて、それぞれの交わる箇所に大手企業・ブランド名を入れていき、市場の勢力図を作成した。

実際にクライアントの経営陣にそろってテーブルを囲んでもらい、まだ白紙のこの表に、自社と競合他社の名前を入れてもらうと、とてもためになる議論が起こる。経験から言うと、興味深いことに、これをやるとほぼ確実に、経営陣の連携に問題があることが浮上する。

同時に、従業員のグループ（幹部、中間管理職、現場のスタッフ）にも、グループごとに同じ表を埋めてもらい、結果を比較してみる。これも毎度のことだが、それぞれのグループが別の会社で働き、別の市場で戦っているような印象を受ける。これは、企業が社内コミュニケーションや経営方針について、重大な問題を抱えていることを示している。

この表の目的は、特定の企業の戦略に目を向けることではない。第1位、第2位の要素をうまく組み合わせれば、企業がいかにライバルから圧倒的リードを奪えるかを示すことである。この表の配置には、各企業が提供していると消費者が感じている価値が示されている（これは、企業自身が提供しているつもりのものと、一致していなければならない）。

ところで、すべての企業を正しく配置できているか、その配置にみんなが納得できるかは問題ではない。ここで何より問題なのは、大切な人たち――顧客や消費者――が明確な意見を持っているのに、私たちのこれまでの経験で言うと、多くの経営陣が、まるでわかっていないことだ。自社や競合他社がどのように見られているか、そして多くの企業がしのぎを削る分野で差別化をはかるには、何をしなくてはならないのかを。

さて、ウォルマートはどうだろう？　私たちの調査によると、ほとんどの消費者が、ウォルマートが一貫して提供し続けている第1位の要素は、低価格だととらえていた。これは、同社が長年掲げているマーケティング・スローガン「オールウェイズ《いつも》・ロー・プライス《低価格》・オールウェイズ《いつも》」と一致している。第2位の要素として、ウォルマートは、ブランド品の幅広い品ぞろえを誇っている。高級ブランドとは限らないが、消費者が魅力的だ、重要だ、と感じるブランドである。残りの3要素については、人々が量販店に期待している水準をクリアしている。

ディスカウント店として、ウォルマートとまともに戦えば苦戦を強いられる、と承知していたターゲットは——両者はほぼ同じ土俵で戦っている——ほんの少し、違うことをしようと決めた。ターゲットは、ウォルマートと何とか互角に戦えている数少ない企業だが、ウォルマートと同じ2つの分野、価格と商品に注力している。ただし、ターゲットは、商品を第1位、価格を第2位の要素にした。ターゲットの価格は専門店ほど高くないが、ウォルマートほど安くない。だが、ウォルマートよりずっとおしゃれな商品を扱うことで、ややスタイリッシュで流行に敏感な消費者を引きつけている。

ターゲットのトレンド・マーチャンダイジング担当部長、ロビン・ウォーターズは言う。「流行りのデザインとお買い得価格」をうまく組み合わせたことで、市場で優位を占めているのだ、と。「私たちは、格安のドレスやグラスをなるべく最高のものにしようと頑張っています。デザインも品質も、販促もマーケティングも。それができないなら、わざわざ挑戦する意味はありません」

ターゲットの元幹部であるロジャー・ゴドゥはさらにこう語る。「結局は、流行を押さえた商品計画・販促に尽きます。ターゲットは、お買い得価格で流行りものが買える旬の場所だと思われているんです。ターゲットの顧客は、ウォルマートの顧客よりファッション・トレンドに敏感です。そこが、ターゲットがウォルマートと共存できているゆえんですね」

同じような対比は、DIYホームセンターの分野でも見られる。この分野のチャンピオンはホームデポで、強力な挑戦者はロウズだ。ホームデポは第1に、金物、木材、ガーデニング用品のニーズをほぼ網羅した幅広い品ぞろえに力を入れ、第2に優れたサービスに注力することで、ライバルに差をつけた。

初期の広告でこそ低価格を謳っていたが、間もなくホームデポは、サービスの基準を設けた。商品知識のある社員を雇い（知識がない場合は、十分に訓練し）、商品の場所を尋ねられたら指差しで教えるのではなく、売り場まで案内する、という方針を打ち出した。さらには店内で、顧客のために日曜大工のセミナーやワークショップを山ほど開くことにした。

一方ロウズは、ホームデポと同じように、当初から商品を第1位の要素に据えているが、サービスよりもアクセスに力を入れることにした。ロウズの品ぞろえは、ホームデポとよく似ている。ただしロウズは、わかりやすく見やすく価格を表示し、広い通路を確保することで、商品を見つけやすいという点を強調している。商品が見つけやすい――これはアクセスの要である。

価格、サービス、アクセス、商品、経験価値、その5つの要素の適正なバランスを見つけるのはとても大事なことだが、非常に難しいことでもある。しかし、のちほど詳しく触れるように、成功企業の多く――グルメ・ガレージ、ダラー・ジェネラル、アイルランドの食料品チェーンのスーパークインなど――は、この微妙なバランスをうまく取っている。どの企業も、第1位の要素で群を抜き、第2位の要素で差別化し、残り3要素の仕事ぶりでは受容レベルを維持する、という道を選んでいる。それが成功するかどうかは、消費者と揺るぎない絆を結び、信頼とお互いに対する敬意に根ざした関係を、維持できるかどうかにかかっている。

ケーススタディ

ウォルマート：理論を実践に

消費者が何を大事に思っているかに目を凝らせば、新たに浮上しつつあるパターンが見えてくるだろう。それは、人としての基本的な（最も重要な、と言う人もいる）価値観である。これは、私たちがファイブ・ウェイ・ポジショニングと呼ぶ、新たなモデルの基礎を成すものだ。

では、それを正しく実践できているのは誰だろう？　私たちの調査は、大声で「ウォルマート！」と告げている。この巨大企業は、価格と商品を重視する模範的な小売業者で、価格、商品、サービス、アクセス、経験価値の5要素で、5、4、3、3、3のスコアを獲得している。

調査の中で、私たちは小売業を5つの主要分野（食料品店、雑貨店、ドラッグ・コンビニエンスストア、専門店、消費者への直販）に分け、消費者にそれぞれの分野でお気に入りの店を挙げてもらった。同時に、小売業全体で全米一優れた企業はどこか、1社挙げてもらった。ウォルマートが雑貨店の分野で圧勝したのは驚きはしないが、何より興味深かったのは、ほかの分野でのウォルマートのランキングだ。

ウォルマートは3つの分野――食料品店、雑貨店、小売業全体――で1位に輝いたほか、専門店のカテゴリーで2位、ドラッグ・コンビニエンスストアでも3位を獲得した。小売業全体のカテゴリーで獲得した票数は圧倒的で、2位の企業に400票近い差をつけた。

ウォルマートが現実の世界はもとより、調査の中でも圧倒的な優位を示した理由はたくさん考えられる。いくつか挙げるなら、極めて効率のよい供給プロセス《サプライチェーン》、幅広く詳細なデータベース、目を見張るほどの影響力と購買力などだろう。だが、消費者はむろんそんな長所を知らないし、私たちがウォルマートの評価を尋ねたのは「消費者」なのだから、ウォルマート成功の真の「秘訣」は、基本的にかなりシンプルなものに違いない。

ウォルマートが小売業界でトップに君臨しているのは、今日の消費者が何に価値を置いているかを知り、こうした新たな定義が自社の業務にとってどんな意味を持つか、理解しているからだ。つまり、ウォルマートは、消費者がいつも激安価格を求め、最高品質の商品をほしがり、街のあらゆる場所に店舗を求めているわけではない、と知っている。ウォルマートの経営陣は、経験価値とは基本的に、礼儀正しく親切な店員のことであり、サービスとは、返品を直ちに快く何も聞かずに受け入れることだ、と承知している。

そして、5つの要素の新しい定義を理解しているからこそ、ウォルマートは賢い選択をしてこられた。そうした選択が、業務のあらゆる場面に大きな影響を及ぼしている。別の言い方をしよう。ウォルマートは、消費者が何に、なぜ価値を置いているかを理解しているから、これまでほかの小売業者にできなかったことを成し遂げた。そう、意識的に正直さを示し、敬意を持ってお客さまに接することで、消費者の信頼を勝ち得たのだ。そして、消費者はウォルマートに、熱い忠誠心で応えることになった。

ところで、ウォルマートはどうやって、こんなことを知ったのだろう？　アーカンソー州に秘密の魔法があるわけではない。彼らはただひたすら、お客さまに話しかける。これは創業者サム・ウォルトンが遺した不朽《ふきゅう》の財産だ。ウォルトンは、働き始めて間もない頃にこうした企業風土をつくり、亡くなる日までそれを守った。常にお客さまに話しかけ、お客さまの言葉に耳を傾けることが、なぜ大切なのか。企業風土を遺した以上に重要なことは、ウォルトンが、ウォルマートという組織にいる全員に――重役室の幹部から配送センターのスタッフに至るまで――それを理解させたことかもしれない。

ウェスリー&ジミー・ライト兄弟は、ウォルマートで長く働き、最後はそれぞれ販促と販売の責任者を務めたが、ウォルトンがいかに言葉ではなく、自ら模範を示すことで社員を導いたかを語ってくれた。

「サムが、ウォルマートの店舗に来るときは、たいていこんな感じでした」と、ウェスリー・ライトは振り返った。「まず、店の誰1人、サムが来ることは知りません。飛行機で来るんですが、誰にも迎えを頼まないんですよ。そして店に着いたら、ただうろうろ歩き回って、社員に話しかけるんです。びっくりするかもしれませんが、サムはどの店のどんなスタッフについても、何だって知っていました。

レジ係の子の名前はおろか、先月彼女がいくらの売上をレジに打ち込んだかまで、知っていました。『今月はこれまでに、いくら打ち込んだんだい？　調子はどうだい？』って尋ねるんですよ。スタッフやスタッフの仕事に、心から関心を示していましたね。

そして昼休みになると、ツナ缶とクラッカーをさっとつかんで、社員の休憩室に座って、みんなと話すんです。ランチが終わると、マイクを使ってよく店でアナウンスしていたものです。『みなさん、私がウォルマートの創業者、サム・ウォルトンです。少しの間、店の入り口の前に集まっていただけませんか？　お客さまも、ぜひいらしてください』

そして、床に座ってみんなに尋ねるんですよ。『店で今どんなことが起こっているか、教えてください。ここがもしあなたのお店だったら、よくするために何をしますか？』サムはそこにいて、黄色いノートにメモを取っていました。そしてもちろん、メモに書いたことがきちんと改善されるようにしていました。それが店長の仕事であっても、販促や販売、人事の仕事であってもね」

ジミー・ライトはさらに言う。「サムは、ウォルマートがどんなに大きくなっても、消費者や社員とのつながりを失いませんでした。彼は、結束と支援と協力、という企業風土を生み出したんです。だから、トップから末端のスタッフまで、全員が同じ目標を持っていました。社員教育の重視とサムのリーダーシップのおかげで、企業風土は今も健在です。サムは３つのことに力を入れていました。お客さまを大切にする、社員を大切にする、それから、有名ブランドを毎日安く《エブリデー・ロー・プライス》提供する。その姿勢は、私の上司だった20年間、一度もブレることはありませんでした」

これが、ウォールマートの成功の秘訣なのだ。

CHAPTER 3

Would I Lie to You?: The Overrated Importance of Lowest Price

価格で市場を支配する

企業は激安価格を過大評価している

ロシェルはパソコンから体を起こすと、小さな事務所を見渡した。ここはミシガン州イーストポイント。ガソリンスタンド・スピードウェイの奥の余り部屋に、石膏ボードと角材だけで急ごしらえした事務所だ。ロシェルは、「底値買いおばさん」のイメージキャラクターに選ばれそうな女性に見えた。その見立てはあながち間違いではなかったけれど、少し視点を変えれば、彼女ほど安物嫌いな人物もいなかった。

デトロイト生まれのロシェルは、5歳から20歳まで8人の子どもを持つシングルマザーで、スピードウェイの店長として働いている。毎日9人分の食費をまかなわねばならない上に、今後はふらりとやってくる孫や親戚もどんどん増えていくだろう。それを思うと、物の値段は、ロシェルにとって重要なものだ。だが意外なことに、安いから飛びつくとは限らない、と彼女は言う。

「商品の質がよければ、お金は払うわ」と、ロシェルは言った。「質が悪ければ、いくらだろうが関係ない。買わないもの。質の悪い肉を買わされたら、二度とその店には行かないわ」

ロシェルにとって、そして、私たちが話を聞いた多くの消費者にとって、価格と価格政策で一番大切なのは、公正さと適正さだ。ロシェルが話してくれたエピソードは、多くの買い物客が口にした不満を象徴している。

「ある店に子どものユニフォームを買いに行ったらね、店の値段と広告に出ていた値段が違っていたの」とロシェル。「広告では9ドル99セントになっていたのに、店では14ドル99セントなの。5人の子どもに2着ずつ買うとしたら、ばかにならないわよね。だからレジの人に文句を言ったわ。『広告に出ていたんだから、その値段で売るべきよ。法律でそう決まっているのよ』って。10分ほど言い争って、ようやく彼女、上司を呼びに行ったわ」

で、結局どうなったのだろう？　「その上司が『新聞広告にはそう出ているね。どうやらうっかり見落としていたみたいだ。だから、その値段で売ってあげてくれ』って言ったわ。でも、あんな店には二度と行かない」

価格は、「一流の神話」を追い求める企業が、特に誤りを犯しやすい要素だ。価格は消費者を惹きつける究極の一手だと信じているから、消費者が喜んで定価で買ってくれる商品やサービスにも、無用な値引きをする企業があまりに多い。往々にして、こうした予期せぬ、基本的に無用な値引きは、顧客の基本的な価値観と真っ向から対立する。顧客は、公正で適正だと思える価格を信頼するから、「ぎりぎりの底値」を謳うものにはたいてい、うさんくささを感じるのだ。

たとえば、高級デパート、ニーマン・マーカスの買い物客は、最高級の商品とサービスを求めて店にやってくる。それなのに、そんな商品やサービスが「4割引」で提供されていたら、何か裏があるのでは、と怪しむはずだ。それは、スーパーやドラッグストアで売られている大量生産品についても同じである。消費者は私たちに、口をそろえてこう言った。「今週の『特価品』なんて、ほかの商品の値段をつり上げるか、特価が終わった途端にぐんとまた値上げして、元を取っているだけなんでしょ」

調査データを読み進めるうちに、私たちは、一見矛盾しているような、ある事実に気がついた。そう、価格は最も定義しやすい要素に見えて、正確に定義するのが何より難しい要素なのだ。価格は、定義づけを最も誤りやすい要素だと言える。企業は、つい昔ながらの考え方で価格を定義してしまう。それは、価格とは、商品やサービスにかかる「絶対原価」のことであり、通常安いものだ、という考えである。

だが、消費者からのメッセージは明快だ。価格で市場を支配することは、コストをとことん抑えることだとは限らない。顧客に対して、公正で適正な価格を一貫して提示することなのだ。

この新しい定義は、価格でどう戦うかについての従来の思い込みを打ち砕き、多くの企業に対する警鐘となるべきだ。ほとんどの企業は、商品やサービスのコストをめぐる激戦にいそいそと参加し、「消費者は激安を望んでいる」と思って満足しているが、とんでもない！

電話調査でも一対一のインタビューでも、消費者は——所得水準や住んでいる地域、学歴にかかわらず——繰り返しこう言った。激安価格で買うより、公正で適正な価格で買いたい、と。これは何を意味しているのだろう？　人々は、わかりやすくて一貫性のある価格を求めている。それは、わざとつり上げたり、自分たちが買いたいほかの関連商品を犠牲にして抑えたりしたような価格ではない。

こうした消費者に対して、企業は特売などしなくてよいし、するとしたら、よくある在庫削減のための策略ではなく、本当の意味での特売であるべきだ。そして、ある価格で商品の広告を出したら、現場でもその価格を守るべきだ。

そもそも「激安価格」の話など、一対一のインタビューでも、こちらが持ち出さない限り話題にも上らなかった。たいていの場合、価格設定の話自体、商品の品質や買い物のしやすさ、サービスといった話題に比べれば二の次、といった感じだった。

価格の上げ下げは、消費者に不信感をうえつける

価格に関して言えば、社会はがらりと変わったのだ。激安価格は、一部の人たちにとっては今後もなくてはならないものだろうが、消費者の圧倒的多数にとっては、購入を決める一要素にすぎない。そして多くの場合、価格は実際、これまでほど重要な要素ではなくなっていくだろう。理由は、現代社会を生きる人々は、かつてないほど忙しく、時間に追われているからだ。

ほとんどの消費者がこう言っていた。正直な価格設定を評価するのは、価格を比較する時間がないからだ、と。時間に追われ、Kマートの通路をばたばたと走る消費者が、3リットル入り液体洗剤タイドを抱えて、「ウィン・ディキシーやクローガー、ターゲットに比べて高い？　安い？」などと尋ねるはずがない。4店舗すべてを回るのは現実的ではないし、チラシで値段を比べるのも時間を食いすぎるからだ。

ところで、調査はまた、あることを示していた。価格と残り4つの要素には決定的な違いがある。価格だけが、消費者の持ちもの――お金――を手放せと要求するところだ。企業は、価格、サービス、アクセス、商品、経験価値を提供できる。だが価格については、設定までしかできない。金を実際に提供するのは、消費者のほうなのだ。

そんな事情もあって、消費者は価格について、とくにうさんくさく思うのかもしれない。世間をよく知る今どきの消費者は、商品に手がかかっていればいるほど、価格に跳ね返ってくることを知っている。だが、マージンをどれくらい取られているのだろう？　メーカーの値引きは本当に消費者の得になっている？　それとも企業が大もうけしているだけ？

価格を上げ下げする従来のやり方のどこに問題があるかと言えば、消費者がまるで信用していないことだ。消費者は、特価で得をしているというより、むしろ普段、定価でぼ・ら・れ・ている、と感じてしまう。

こうした疑惑の種がまかれたのは、1960年代だ。ありとあらゆる小売業者、とくにデパートと食料品チェーンが、新商品と季節商品でもうけようと、それらを高値で売る価格戦略を生み出した。最新ファッションや今までにない商品に出合った消費者の中で、価格にあまりこだわらない人たちが、とくに疑問を感じずにお金を払った。これは社会経済的地位というより、個人の考え方の問題だ。大金持ちでも貧しくても、人々は自分にとって価値が高く信頼できる商品だと思えば、値札を無視するところがあった。

最新ファッションがあまり売れなくても、企業はシーズンの後半に値下げをして、価格にうるさい客を呼び込むことができた。それに、広告や特売で赤字が出ても、顧客がほかの商品を高い定価で買ってくれれば問題はなかった。さらに、価格を上げ下げする戦略（ハイロー戦略）は、在庫管理の悩みも一部、解消してくれた。「旬」のアイテムが瞬く間に売り切れる傍らで、セール中には、人気の薄いアイテムもぽつぽつと売れてくれるからだ。

そんな流れを変えたのが、ウォルマートだった。ＥＤＬＰ（エブリデー・ロー・プライス）の理念を、世の中に広めたのだ。ＥＤＬＰ理念のおかげで、ウォルマートは、大量に商品を売ることができる。そのため、仕入れ業者をしっかりと管理できるようになり、価格を低く抑えつつも、特売や販促の心配をしなくても、大きな利益を上げられるようになる。しかも、ＥＤＬＰ戦略があれば、ハイロー戦略が生み出した消費者の不信感や混乱を、いくぶん解消することができる。さらに消費者は、常に一貫性のある安い価格で買い物ができる、と理解するようになる。激安ではないかもしれないが、ほしい商品を、ほしいときに、クーポンを切り取ったり、底値を求めて町中を駆け回ったりしなくても、公正な価格で手に入れられるのだ、と。

ウォルマートが理解しているのに、ほとんどの企業がわかっていないことは、価格は今や「激安」という単純な概念を大きく超えた、多面的な要素になった、ということだ。適正さ、一貫性、公正さ、信頼性、許容価格帯、価格が与える印象といったさまざまな側面から成る要素なのだ。

消費者にマンツーマンで話を聞いた結果、価格に関して、消費者が最も重視する３つの点が明らかになった。回答者は、主に実店舗で買い物をする、（人口統計学上の）あらゆる層に属する消費者である。重要度が高かった順に紹介しよう。

・正直な（わざとつり上げていない）価格で買い物をしている、と感じられること。
・特売で、かなりお得な買い物ができること。
・よく行く店で、有名ブランドをわりあい安く売っていること。

インタビューでは、底値で買うことにこだわっていた人はほとんどいなかった。そして、購入を決定づける要素を尋ねたところ、ほとんどの消費者が、価格は2番目か3番目の要素で、商品の品質や店への物理的なアクセスが優先する、と答えた。
「バナナ・リパブリックで買うのは、値段がまあまあだってこともあるけど、服の品質が素晴らしいから」と、25歳のオスカーは言った。同じように、コンサルタントをしている27歳のビッキーも言う。「どこで何を買うかは、品質で決めるわ。値段は、品質に見合ったものであるべきよ」。50歳のメアリーも言う。「もちろん値札は見るわよ。でも、安いってことが一番の決め手になるとは限らない。そんなに安くなくてもいいのよ。ただ、妥当な価格でなくちゃね」

この最後の言葉、「妥当な価格でなくては」を、消費者への一対一のインタビューの中で、繰り返し耳にした。その結果、私たちはこんな結論に至った。徹底的な値引きを行う企業と戦う効果的な方法は、いくらでもある。これは、激安価格で戦うだけの企業規模も、営業規模も、余裕もない企業にとって、貴重な教訓となるだろう。消費者は、価格が許容範囲におさまっていれば、「公正な」価格だと感じてくれる。ただし、この許容範囲はむろん、商品カテゴリーや地域によって異なることは、心に留めておきたい。

これは企業にとって、どんな意味を持つのだろう？　話はシンプルだ。価格を上げ下げする成長戦略は、袋小路なのだ。価格による駆け引きは、短期的には売上と市場シェアを伸ばす効果があるかもしれない。だが、消費者から聞いた話を根拠に言えば、そうした姿勢は、忠実な顧客基盤をつくる助けにはならないし、競争上の優位を長期的に、もしくは大きく保つことにもつながらない。

それは、なぜなのだろう？　ハイロー戦略がつまずく理由は、消費者に「企業を疑え」と教えているようなものだからだ。その結果、消費者の心も市場シェアも、その企業から離れてしまうのだ。

1ドルショップの売りは、激安だけではない

公正を期するために言えば、興味深いことに、インターネットは、価格の新たな定義の例外と言えそうだ。オンラインで買い物をする人たちは、底値を求めてネットサーフィンに時間をかけるのをいとわない。その証拠に、私たちの調査でも、オンラインショッピングをする人たちが、価格で最も重視するのは、「底値で買っていると感じられること」だった。少なくとも今のところ、オンラインの買い物客は、インターネットを世界規模の巨大バーゲン

会場だと考えている。

逆オークション会社プライスラインのモットー「買い値は自分で決めよう」や、イーベイの熱狂的オークション、さらにはアマゾンやバーンズ・アンド・ノーブル、ボーダーズといったオンライン書店による騒々しい販促活動によって、消費者は「割に合う取引」程度で手を打ってはいけない、と教え込まれた。ここに消費者自身の知識――わずか数クリックで価格の比較ができること、送料が最終価格を押し上げること――も加わって、インターネットは安売り業者の独擅場と化している。

ネットの世界では、底値が価格の重要な要素かもしれないが、現実の世界で今、価格の分野で市場を支配したいと思うなら、価格の多面性を理解しなくてはならない。もともと激安一辺倒できたような経営者たちでさえ、それだけで顧客を引きつけることはできないと承知している。

たとえば、1ドル程度の商品を多く扱う1ドルショップ《ダラー・ストア》を思い浮かべてほしい。こうした店を、ほかの企業とは異なるルールで動く、独自の路線だととらえたい向きもあるだろう。つまるところ、激安がすべてなのだから。激安以外に何があるというのだろう? 名は体を表す、というではないか。ダラー・ジェネラル、トド・ア・ペソ、ダラー・ストア、ファミリー・ダラー……。この世に、1ドルより安いものはそうそうない。

しかし実を言うと、価格の多面性は、こうした企業にも及んでいる。ダラー・ジェネラル社を見てみよう。テネシー州ナッシュビルに本拠を置くダラー・ジェネラルは、低所得者層と年金などわずかな固定収入で暮らす消費者をターゲットにしている。同社は、たしかに低価格で市場を支配しているが、同時に「一貫性のある価格設定」でも定評がある。

「今日の市場では、一貫性のない価格で売っている店が多すぎます」と、同社の社長兼最高執行責任者（ＣＯＯ）のボブ・カーペンターは言った。「私たちは、お客さまにとって頼りになる店でなくてはいけません。大切な1ドルに見合う価値を、毎日提供できる店でなくては。だからうちは、特売もセールもやらないんです。どの店に入っても、いつ買い物をしても、すべての商品に、一貫性のある正直な値段がついていますから」

こうした価格設定に惹かれるのは、所得が低い人たちに限らない。たとえば、1ドルショップは、あらゆる所得水準の人々が利用する、郊外のショッピングモールにも出店している。「200人の子どもたちの図工用品を買うのは、1ドルショップと決めているわ。ここではぼられない、ってわかっているから」と、コネティカット州郊外で保育園を営むバーバラは言った。

また、おそらく、価格の新たな定義をどこよりも理解している企業と言えば、ウォルマートだろう。一貫性のある適正な価格設定によって、この巨大企業は、「ウォルマートの商品はどこよりも安い」という印象を消費者に植えつけることに成功し、信頼の置ける買い物の代理人となった。言い換えれば、人々はいつの間にか、ウォルマートを価格設定のリーダー《プライスリーダー》と信じるようになったのだ。

しかし、ウォルマートの商品はどこよりも安い、という印象は正しいのだろうか？　ほとんどの消費者は、「ウォルマートは常にどこよりも安い」と信じているが、私たちが比較分析したところ、そうではないと判明した。私たちは、アメリカの18の市場において、共通品目リストに基づき、ウォルマートと競合大手3社の価格を比較した。その結果、ウォルマートが常に最も安いわけではないことがわかった（表3・1）。

平均すると、ウォルマートの価格は、調査した商品の3分の1で、競合他社よりも高かった。ウォルマートのほうが安かった商品については、消費者は1商品につき14セント～1ドル62セント程度得をすると見込まれていたが、実際に得をした金額は、1商品につき平均約37セントだった。ただし、ウォルマートが最も安かった商品の約3分の1では、得をした金額は、わずか2セント以下に留まった。

私たちはまた、ウォルマートが同一商品に課す価格が、地域によって大きく異なる場合があると気がついた。たとえば、ヒューストンにあるウォルマートの店舗では、3リットル入りのタイドは7ドル32セントで売られていたが、シカゴのウォルマートでは6ドル27セント、ソルトレイクシティでは5ドル62セント、さらにデトロイトでは4ドル48セントだった。

しかし、ここで重要なのは、そうでない場合もしばしばあるのに、消費者がウォルマートの価格を「どこよりも安い」と感じるようになったこと。消費者の信頼を見事に勝ち得た結果、ウォルマートは事実上、価格設定の権威となった。同社がＥＤＬＰを謳ってきたおかげで、顧客は、価格設定の駆け引きなど行われていない、と安心しているからだ。しかも、そんな印象を持っているのは、消費者に限らない。企業経営者のグループに調査結果を提示するたびに、彼らは繰り返しこう言う。「どこよりも安い価格と言えば、ウォルマートを思い浮かべる」と。

表3・1　ウォルマートと競合大手3社の比較

市場	ウォルマートのほうが安い商品数	ウォルマートのほうが安い商品で、得をした金額	比較した商品の合計数	ウォルマートのほうが安い商品の割合	得をした金額が2セント以下の割合
ヒューストン	11	0.22ドル	18	61%	36.4%
シカゴ	16	0.20	22	73	37.5
デトロイト	8	0.19	23	35	14.0
ソルトレイクシティ	10	0.44	16	63	40.0
フィラデルフィア	13	0.45	18	72	30.8
ワシントンDC	11	1.62	13	85	9.0
フロリダ州タンパ	13	0.25	22	59	30.8
カンザス州オーバーランドパーク	13	0.24	20	65	23.1
バージニア州リッチモンド	17	0.59	19	89	6.0
シアトル	12	0.25	19	63	41.7
ノースカロライナ州シャーロット	14	0.41	20	70	17.0
フェニックス	14	0.22	20	70	28.6
デンバー	12	0.14	18	67	33.3
ダラス	12	0.18	18	67	25.0
ロサンゼルス	16	0.21	22	73	25.0
ニュージャージー州ノース・ブランスウィック	7	0.56	11	64	14.0
アトランタ	8	0.17	14	57	50.0
ミネアポリス	11	0.33	19	58	18.2
平均	12	0.37ドル	18	66%	32.3%

だからと言って、ウォルマートの価格が高いわけではない。「どこよりも安い」イメージをつくるには、もちろん安くなくてはいけない。ここで言いたいのは、ウォルマートではぼられない、と消費者がひたすら信じているという事実が、私たちの主張にお墨つきを与えてくれることだ。私たちは、価格が与える印象は、価格そのものよりも重要だ、と考えている。

では、ウォルマートはどのようにして、消費者の心の中で今の地位を築いたのだろう？少なくとも最初のうちは、価格で築いたのではない。何しろサム・ウォルトンも駆け出しの頃は、アーカンソー州ベントンビルの中心部にあった安売り雑貨店（ベン・フランクリン）の一経営者にすぎなかったのだから。規模も小さく、業界の価格に影響を及ぼすこともなかった。それでも、彼らは消費者の話に耳を傾け、消費者がほしがるものを届け、そんなやり取りの中で信頼関係を築いていった。ウォルマートは、そこでさらに関係を強化し、プライスリーダーと信頼されるようになったのだ。

価格で戦うには？

業界における各企業の立ち位置は、それぞれ異なる。業務のやり方もプロセスも異なるため、その企業に合った解決策が必要だ。したがって、私たちも、有効な戦略を提案する際には、誰にでも通用するアプローチを提供するわけにはいかない。図3・1に示したモデルを見てほしい。価格に対する消費者の懸念への、現実的な対応を示した。

図3・1　価格で戦う

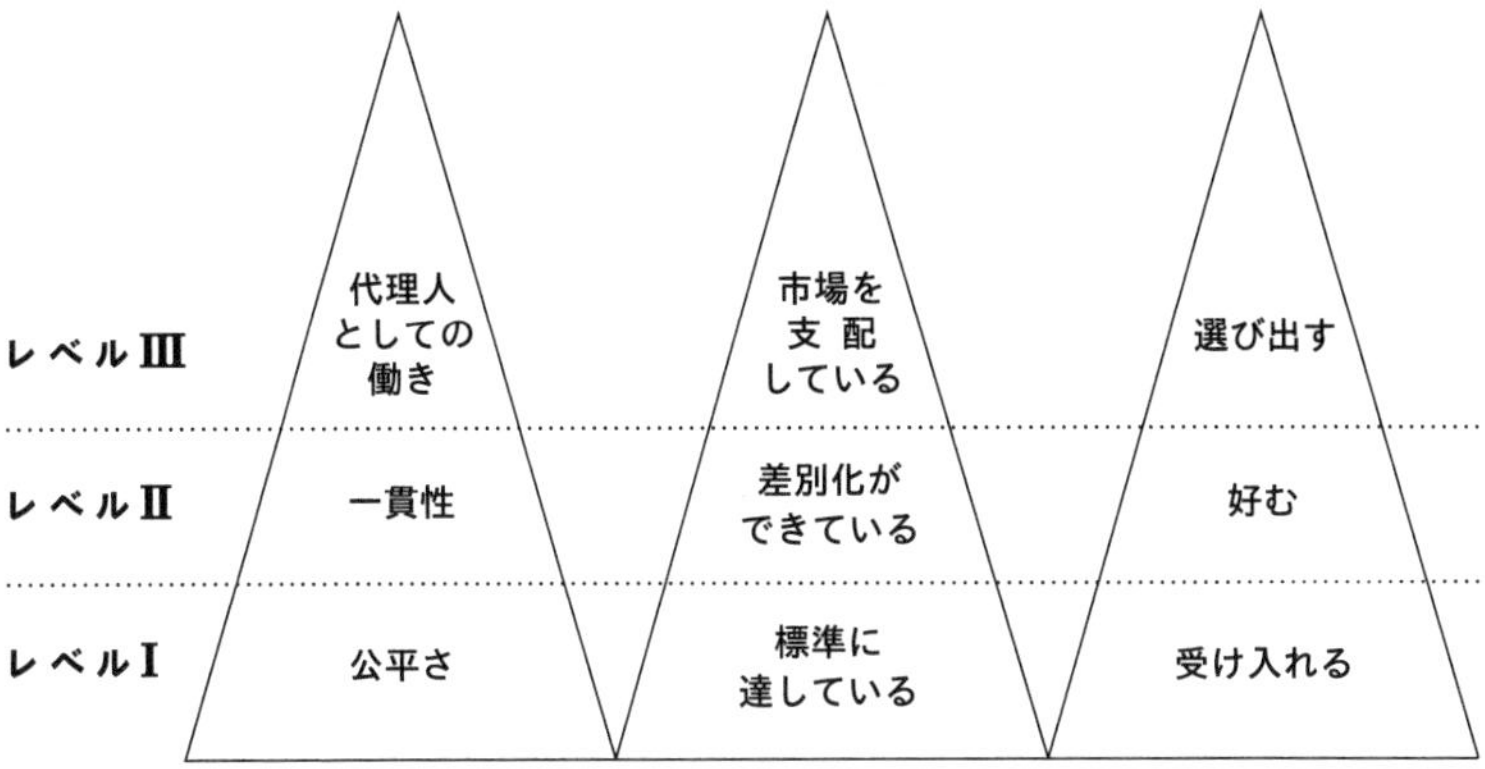

消費者と企業の関係を表すこの概念モデルでは、レベルⅠは、公正で適正な価格を提供することによって、競争の出発点に立ったことを示している。このレベルに到達すれば、消費者は企業を「受け入れる」。ここで提示される価格は、市場で競争力を持つと見なされるものでなくてはならない。「びっくりするような高値でなければ、おたくで買います」と言ってもらえる価格のことだ。価格という要素で戦いたいなら、せめてここはクリアしなくてはならない。

思い出してほしい。実店舗で買い物をする顧客は、オンラインショップの客に比べて、商品に快く払う許容価格帯が広い。だからと言って、顧客に法外な値段をふっかけていいと考えてはいけない。たとえば、130グラムのコルゲート歯磨きの価格は、1ドル25セント～2ドル

25セント、と小売店によってまちまちだが、かなり価格に疎い消費者でもこれ以上高いと、がめつい、公正じゃない、と受け止めるだろう。

メンズ・ウエアハウスのような企業の成功は、消費者が公正な価格設定に関心を寄せていることを、大いに裏づけている。メンズ・ウエアハウスは、有名ブランドの紳士服や小物を、専門店やデパートより2～3割安い価格で販売しているが、最近急成長を遂げている。同社の年間収入はここ数年で2倍以上に伸び、1999年度には11億8700万ドルに達した。

メンズ・ウエアハウスの顧客は、いわゆる安値に飛びつく層ばかりではない。むしろ、専門職に就くかなり裕福な顧客が多い。彼らは、デパートや専門店がスーツやカジュアルなジャケット、セーターから取るマージンは大きすぎると感じていて、メンズ・ウエアハウスの価格のほうが、商品の「本当の」価格を反映している、と感じているのだ。

また、オンライン・ビジネスをするなら、とびきり安いだけでなく、公正な価格を提示しなくてはならない。ネット通の消費者の指先には強い力が宿っていて、企業は今やぎりぎりまで値下げする程度では許してもらえなくなっている。実際、こうした消費者の力は、多くの業界を変革しつつある。その最たる例はおそらく、自動車業界だろう。

これまで消費者は、価格設定の情報など自由に入手できなかったが、今ではエドモンズ・ドットコムやオートバイテルのようなウェブサイトで見ることができる。かつてはディーラーの販売員が情報を一手に握っていたが、今ではエドモンズのサイトを数回クリックすれば、ディーラーがその車とオプションにいくら払ったか、情報を丸ごと入手できる。ディーラーが車やオプションの値段をつり上げようとしても、消費者はいくら水増ししたかがわかるので、それがディーラーにとって正当な利益なのか、あくどい暴利なのか、判断することができるのだ。

レベルⅡでは、企業は、正直でほかより安い価格というだけでなく、一貫性のある価格を提供しなくてはならない。一貫して魅力的な価格を提示している、と見なせば、消費者はその企業を「好む」ようになる。消費者の話によると、一貫性のある価格は、大幅値下げをしても翌週には元の高値に戻っている、といった価格設定よりも評価が高い。一貫性のある価格設定は、イー・トレードなどオンライン証券会社の大きな特徴で、こうしたサイトでは、株の売買にかかる手数料は定額である。

要するに、「うちの価格は常に一定で予想を裏切らない」と保証すれば、消費者はその商品やサービスが必要なとき、また戻ってきてくれる。一貫性のある価格を提供すれば、消費者は、お気に入りの小売業者と見なしてくれるようになる。

レベルⅢを「代理人としての働き」としたのは、次の理由からだ。企業が、公正で一貫性のある価格設定をするに留まらず、そうした企業であるという印象を確立し、消費者と信頼関係を築ければ、消費者は買い物に関する全責任をその企業に委ねようとする。こうした状況では、消費者は企業に深い信頼を寄せ、進んでこんな態度を見せるようになる。「あなたにお任せします。私のニーズを察知して、その分野の商品で私に必要なものがあれば、私に代わって用意してください」

消費者の視点で言えば、その関係は、レベルⅡの単に「好む」という状態を超え、「この企業しかない」というたぐいのものだ。レベルⅢの企業は、価格設定の権威――その業界や分野の標準価格を、実質的に設定している企業――となる。

　ある企業が低価格の標準だと認められれば、消費者はその企業を「選び出す」。実際にはほかの企業のほうが安いと証明できる証拠があったとしても、こうした現象は起こる。はっきりしているのは、価格に関しては、消費者が現実に即した行動を取るとは限らない、ということ。先ほど述べたように、ウォルマートは、全商品で他社より安いわけではない。しかし、同社の顧客は、「ウォルマートの価格こそが、本当の価格だ」と信じている。そして、それより安い価格は、ほかの企業が消費者を引きつけるために行う短期的な戦略で、結局長続きしない、と考えている。

　同じように、ダラー・ジェネラルも、顧客の間で、信頼できる代理人の地位を獲得している。「私たちは、もう60年も営業しています。うちが、1ドルショップのコンセプトを生み出したんですよ」と、同社のボブ・カーペンターは言う。「お客さまが私たちを信頼してくださるのは、来る日も来る日も証明してきたからです。お客さまに価値をもたらすために頑張る会社だと。うちがつける価格は、うちにできる最善の価格だ、とお客さまはご存知です。だから私たちは、その信頼を絶対に裏切らないよう、努力しているんです」

　ダラー・ジェネラルの成功は、EDLP戦略の主張を裏づけるものだ。ウォルマートと同じく、ダラー・ジェネラルの成功も、安くて一貫性のある価格のおかげだ。ただし、ウォルマートが第2位の要素として商品に注力しているのに対し、ダラー・ジェネラルはアクセスに力を入れ、店舗の面積が9000平方メートルを超えるウォルマートをはじめ、他のディスカウント店との差別化をはかっている。

次のケーススタディで紹介するように、その成果は素晴らしいものだ。ダラー・ジェネラルの収入、売上高、純利益、1株当たりの利益はいずれも、1997年以降、大幅に増加している。顧客の求めるものを徹底的に理解し、ニーズを満たすべく揺るぎない努力をしていることが、功を奏しているのだ。

ケーススタディ

ダラー・ジェネラル：「1ドルに見合う価値を」

フランネルのシャツ：5ドル。食器用液体洗剤：1ドル。綿のカーキパンツ：10ドル。シリアル（加糖タイプ）：2ドル50セント。

信じられないほど安いって？　その通り。質が悪いのかって？　とんでもない。フランネルのシャツは、綿100パーセントで仕立てもいい。食器用液体洗剤は、世界に名を馳せる売れ筋ブランドのドーンだ。では、カーキパンツは？　これも綿100パーセントで、リーバイスの人気ブランド、ドッカーズのチノパンとまったく同じ仕様でつくられたものだ。シリアルは？　ケロッグ・コーンフロスティ。こんな価格は、たいていの小売店にとっては、超激安バーゲン開催中ですら前代未聞のレベルだろうが、ダラー・ジェネラルではいつもの光景だ。

「みなさんは私たちを、激安志向の小売業者、と呼ぶのでしょうが、それだけでは全体像を語れませんよ」と、社長兼ＣＯＯのボブ・カーペンターは語った。「いくら激安でも、買ったものが安っぽいつくりなら、意味はないでしょう？　私たちのお客さまには、安物を買う余裕はありません。ほかの誰よりも1ドルの価値を大きく引き伸ばして、長持ちするものを買わなくちゃいけないんです。うちが提供しているのが、まさにそれなんですよ。よい品を安く。それが、『1ドルに見合う価値』だと、私たちは考えています」

このメッセージのベースにあるのは、ダラー・ジェネラルが自ら掲げる使命《ミッション》だ。それは、「私たちの立場を活かして、みなさまのよりよい暮らしをつくる」というもの。顧客の多くは、予算の範囲内で買える生活用品を届けてくれる、ダラー・ジェネラルの力に大きく依存している。「トイレットペーパーや漂白剤を、業界のどこより安く売ろうと腐心するとき、心からやりがいを感じます」と、同社のＣＥＯ、キャル・ターナー・ジュニアは言った。

過去5年間のダラー・ジェネラルの成長は、驚異的というほかない。アメリカで最も人口の多い層――年収2万5０００ドル未満の消費者と、年金などの固定収入で暮らす高齢者――をターゲットに、同社のチェーンは、１９９5年以降、店舗数を2倍以上に増やし、毎年平均20～25パーセントの成長を遂げている。今や全米24州に5０００店舗以上を展開するダラー・ジェネラルの売上は、１９９9年には40億ドルを超えた。

この業績は、どんな企業にとっても好調と言える数字だが、とくに同社の場合、商品の半分は1ドル以下、客単価の平均は8ドルというのだから、目を見張るほかない。

ターゲットとなる市場の状況を思えば、今後の見通しも明るい。実際、カーペンターは、ダラー・ジェネラルはまだ潜在顧客のごく一部を取り込んだにすぎない、と考えている。「最近は、給料ぎりぎりで暮らす人がますます増えているんです」と、カーペンター。「給料がいくらかは関係ありません。年収が2万5000ドルでも4万ドルでも、お金に余裕がなければ、1ドルで本当に価値のあるものを買わなくてはいけない。それに、みなさんもご存知のように、アメリカは高齢化しつつあります。寿命は延びているのに、リタイアする年齢は早くなっている。つまり、今後は年金などの固定収入で暮らす人が増えていくんですよ。しかも、その期間も長くなる。だから、手持ちのお金をうんと大切に使わなくてはいけなくなるんです」

だが、それだけが成功の理由ではない。そもそもダラー・ジェネラルが成功しているのは、顧客が本当にほしがるものにぴたりと照準を合わせ、ほかの小売業者のレーダーには映らない地域——田舎の小さな都市や町——を中心に営業しているからだ。同社の店舗の約75パーセントは、人口が2万5000人に満たない町にある。町が小さすぎて、ウォルマートやKマートのような大型ディスカウントチェーンでは採算が取れないのだ、とカーペンターは言う。残りの25パーセントは、大手量販店の多くが見向きもしない、都市近郊の地域に出店している。

だが、それよりも重要なことがある。同社が成功した一番の理由は、プライスリーダーであることとアクセスのよさをうまく組み合わせたことにある。ダラー・ジェネラルはまず価格という要素で市場を支配し、第2位の要素としてアクセスに力を入れ、価格設定の権威としての地位を揺るぎないものにしている。

ダラー・ジェネラルのサービスと経験価値は、業界の標準レベルだ。これは、この業界では人件費を抑えなければならないことが大きいだろう。一方、商品については、業界の標準をやや上回っている。大半の1ドルショップは、当然ながら、提供できる商品に制限がある。1ドルで商品を売りつつ、それなりのマージンも確保しなくてはならないからだ。もちろん商品の中には、ほかのものより高い利益が見込めるものもある。商品の品質にこだわってきたダラー・ジェネラルは、1ドルという制限の中で可能な限り、高級なものを扱っている。

ダラー・ジェネラルの成功の秘訣

第1位の要素：価格

- クレジットカードの手数料やテクノロジーにかかる費用を節約するため、現金しか受けつけない。
- 新店オープンの告知以外、定期的な広告はしない。
- 小売価格をいくつかに統一することで、顧客の買い物と、従業員の経理、在庫管理を楽にする。
- 最低価格と最大のマージンを守るため、主に自社ブランドとプライベートブランドを扱う。
- 商品の販売量を上げるため、回転の速い消耗品を中心に取り扱う。
- 安価な什器やディスプレーで、「実用本位」の店づくりをする。

・新店の場所は、地域担当マネージャーのネットワークを活かして決定し、賃貸や購入の契約は、不動産を専門とする少数の社員が迅速に行う。
・不動産コストを最小限に抑えるため、安い短期の賃貸契約を結ぶ。
・テクノロジーは、業務の効率を上げるごく基本的なものだけを使う。
・輸送費を最小に抑え、商品補充の時間を削減するため、店舗は流通センターからなるべく近い場所にする。

ダラー・ジェネラルほど、一貫性のある正直な価格設定に成功している企業はない。ダラー・ジェネラルでは、特売は行われない。実のところ同社は、ウォルマートよりもかなり早い時期に「エブリデー・ロー・プライス」のコンセプトを採用していた、とカーペンターは話している。「私たちは、特売が有効だとは思っていません。有効なのは、公正な価格設定をすること。つまり、非常に少ないながら私たちのマージンを確保した上で、めいっぱい、最善の価格で商品を提供している、と保証することなんです。そして、いつ来てもらっても、その価格で買ってもらえること。それだけです」

彼はさらに続けた。「私たちは、お客さまと99セントで駆け引きなんかしません。切りのいい価格で統一しています。うちのお客さまは賢いから、一見安そうな価格にだまされたりしないんですよ」

当て推量による仕入れを排し、日々の業務の中で、顧客から全幅の信頼を勝ち得ることで、ダラー・ジェネラルは、顧客にとって買い物の代理人となった。実際、同社は仕入れ担当者を「お客さま担当者」と見ている。顧客が本当にほしがっている最高品質の商品を求めて、仕入れ業者と格闘するのが仕事だからだ。

ダラー・ジェネラルの価格哲学は、重要な10要素から成る。

1 現金取引、配達なし

ダラー・ジェネラルは、「現金取引」「配達なし」を徹底している。そのため、クレジットカード会社に、2~6パーセントの手数料を払う必要も、クレジットカード認証システムの必要もない（5000店舗それぞれに、2~3台のレジがあることを思えば、雑費では片づけられない金額になる）。そもそも客単価が平均8ドルなので、クレジットカードを受けつける必要はあまりない。

2 広告をしない

郵便受けにダラー・ジェネラルの特売チラシを見つけたり、地元紙で同社の商品広告を見ることは絶対にない。販促費は、ある特別な機会——新店オープンのとき——にしか使わないからだ。「小売業者の多くは、諸経費の3パーセントも販促に使っているんですよ」と、カーペンターは言った。「私たちは違う。新聞にダラー・ジェネラルの広告が出るのは、新店のグランドオープンが、どの地域のどの町で行われるか、告知するときだけ。それでおしまいです。テレビCMもラジオCMもしないし、そもそも商品広告はまったくしません」

3 小売価格を統一する

顧客にも自分たちにもわかりやすいように、ダラー・ジェネラルは、小売価格を14パターンに限定している。おかげで、経理と在庫管理にかかる時間が大幅に減っている。

4 3タイプのブランドを取り混ぜる

初期の頃、ダラー・ジェネラルは、定価販売する小売業者の見切り品や「傷もの」を売りさばくディスカウントショップだった。その後、1980年代半ばに、一貫性のある品ぞろえを目指し、最高品質の見切り品のみを扱うようになった。それでも、思ったほどの一貫性を確保できなかったため、最高品質の商品を毎日安く、というビジネスモデルに転換した。

今日、ダラー・ジェネラルは、価格をなるべく安く抑えつつも、一貫して品質のよいものを提供できるよう、3タイプのブランドを取り混ぜている。同社の商品の10〜15パーセントを占めるのはナショナルブランドだが、その大半は食料雑貨、健康・美容分野の商品である。

有名ブランドは、品ぞろえに欠かせない、とカーペンターは言う。なぜなら、たとえば歯磨き粉や洗濯洗剤などの商品は、名の知れたブランドの方が消費者に受けがいいからだ。

同じく10~15パーセントを占めるのが、「DGシグネチャー」である。これはダラー・ジェネラルの自社ブランドで、ナショナルブランドであることがそれほど重視されない食料雑貨品が多い。残り7割ほどの商品は、ダラー・ジェネラルにしか置いていないさまざまなブランドで構成されている。これらの商品には、DGのロゴこそついていないが、同社の高い品質基準を満たしている。たとえば、先ほどの綿100パーセントのカーキパンツは、クロスボウというブランド名で売られている。

こうしたプライベートブランドの大半を、ダラー・ジェネラルは、メーカーから直接仕入れている。卸売業者にかかるコストを削減したいからだ。カーペンターによると、こうした商品の30パーセント近くを海外、主に中国から仕入れている。「大量に仕入れるから、価格設定や商品の仕様について、仕入れ先に強く言えるんですよ」

興味深いことに、3タイプのブランド――自社ブランド、プライベートブランド、ナショナルブランド――の販売については、通常の小売店の哲学には従っていない。「プライベートブランドの安さを強調するために、ナショナルブランドの隣にいちいち並べたりはしません」と、カーペンターは言う。「9割の小売業者がそうしているけど、うちではやりません。プライベートブランドは、消費者が『有名ブランドじゃなくても、質がよくて価値が高ければいい』と受け入れてくれる分野だけに投入しているからです。お客さまには正直でいたいから、お客さまにとって本当に価値があると思ったものだけ、店に並べています」

5 品ぞろえには厳しく

カーペンターによると、ダラー・ジェネラルは、回転の速い消耗品を中心に品ぞろえをしている。食品、健康・美容用品、家庭用品といった、人々が使い切ってはまた補充する商品である。このやり方は、利益の薄さを量でカバーする企業には欠かせない。また、衣料品の扱いを増やさないよう気をつけている（衣料品は、回転が遅い）。この方針をやや緩める場合でも、ベーシックなアイテムだけを扱うことにしている。

6 シンプルで飾らない店づくり

ダラー・ジェネラルを、高級デパートのニーマン・マーカスと間違える人はまさかいないだろうが、ディスカウントストアのターゲットと間違える人だっていそうにない。だが、徹底的に地味な店構えは、ダラー・ジェネラルの客層に合っている。「うちのお客さまは、店が高級だから来てくださるわけじゃない」と、カーペンターは言う。それに、店内のディスプレーや什器をシンプルに保てば、利益を台無しにしなくても、開店に必要な設備を簡単にそろえられる。

7 質の高い労働力

今日の小売業者の例に洩れず、ダラー・ジェネラルも、なるべくリーズナブルな賃金でできる限り質の高い従業員を確保する、という課題を常に抱えている。同社の事業担当副社長であるアール・ワイサートによると、信頼できる従業員を見つける鍵は、顧客や地元を活用することにあるという。

「私たちの店はたいてい、小さな田舎町にあります。そういうところには、いい仕事を求めている人がたくさんいるんですよ」と、ワイサートは言った。「中でも30代、40代のシングルマザーは、うちにぴったりです。とくに店長にいい。家事の切り盛りとか、子どもが汚した場所を掃除する、赤字を出さないようにする、そんな家庭の仕事に慣れているでしょう？私たちのビジネスはとてもシンプルで、家を切り盛りするようなものなんです」

ほかの小売業者の場合、店の従業員には通常、さまざまな役職や階級があるが、ダラー・ジェネラルの店で働くスタッフは全員、「窓ふき」をする。階級という観念がまったくないのだ。むしろ、やるべきことがあれば、レジ打ちでも、トラックの荷下ろしでも、物置の掃除でも、全員が協力してやる。このやり方のおかげで、同社は忙しい店を平均わずか7～9人のスタッフで切り盛りし、労働コストを低く抑えることに成功している。

8 革新的な不動産業務

絶対とは言わないが、40億ドルの売上を誇る小売業者なら、たいていは大きな不動産部門を抱え、高給取りの専門家をたくさん雇って、手の込んだ方法で用地の選定をしているだろう。だが、ダラー・ジェネラルは違う。同社も、不動産の専門家を20人ほど常勤で雇い、建物の購入や賃貸の最終的な取引をさせてはいるが、店の用地を選ぶ作業のほとんどは、社内に250人いる地域担当マネージャー（DM）に任せている。

「DMはその町で育ったわけですから、人も住民の数も、客がどっと集まる通りも知っています」と、ワイサートは言った。「現地にいれば、いつよその店が撤退して、いつその土地が空くか、なんて情報も耳に入ってくるでしょう。しかも、DMならみんな、スーパーの近くで、町の主要道路に面したところがいい、というような会社が求めている条件も知っています。DMは、不動産業務の現場スタッフですから、絞り込んだ一番いい物件だけを私たちに送ってきます。だから、不動産部門の社員がフォローに向かったときに、うちに合わない物件を山ほど見せられて時間を無駄にする、なんてことはありません」

ダラー・ジェネラルは、広大な土地を探しているわけではないので、わりあい自由に用地を選ぶことができる。650平方メートルの土地なら理想的だが、470～750平方メートルの範囲なら問題なさそうだ。棚割り《プラノグラム》システムが、さまざまな規模や構造に対応してくれるからだ。

ウェストバージニア州では、古い学校の体育館を店舗に改造したこともある。「床はそのままにしました。天井にタイルを少し貼って、什器をいくつか入れただけで、商品を運び込んだんですよ」と、ワイサートは言った。彼によると、ダラー・ジェネラルが関心を持つ市場では、ちょうどよいサイズの用地が頻繁に空くので、店の候補地には困らないのだという。

用地を決めたら、すぐに契約する。ダラー・ジェネラルは、たいてい3～5年の賃貸契約を結ぶ。条件をシンプルにし、成功しないかもしれない土地に長く縛られるのを避けるためだ。

9 テクノロジーは賢く使う

多くの小売業者にとって、インターネットは、新たな市場に参入し、顧客との交流を深める大きなチャンスだ。ところが、ダラー・ジェネラルの本社では、オンライン・ビジネスを、少なくとも対消費者ビジネスの手段として、熱く受け止める向きはあまりない。「うちのお客さまは、必要なときに買われるんですよ」と、情報サービス担当部長のブルース・アッシュは言う。「トイレットペーパーやシリアルが届くのを、2日も3日も待てませんよ」

代わりに同社が重視するのは、ほかの企業には「ありふれた技術」でも、アッシュが「ダラー・ジェネラルの使命を果たすのに欠かせない」と考えるような技術だ。「情報システムへの投資は常に、ビジネスモデルにぴたりと合うものでなくてはいけません。うちのビジネス・コンセプトに合った、適正なものでなくては」と、彼は言う。「莫大なマージンを得ていない以上、コストには慎重にならざるを得ません。投資は、経営に本当に必要なものだけにしています」

たとえば、ダラー・ジェネラルは、本社の主要データ処理施設と6カ所ある自社の流通センター（DC）を広域ネットワーク（WAN）で結ぶ、基本的な技術インフラを活用している。WANのおかげで、本社は、DCのあらゆる業務にオンラインでアクセスできるため、会社の心臓部をきちんと管理できている。

ビジネスを円滑に行うため、ダラー・ジェネラルは、基本的なシステムをいくつか活用している。倉庫管理、輸送計画、マーチャンダイジング、および財務のシステムである。「こうしたシステムを組み合わせれば、商品を仕入れ業者からDCへ、そして各店舗へと運ぶ一連のサイクルがうまく回るんです」と、アッシュは言った。

倉庫管理のアプリケーションは、ダラー・ジェネラルの業務の中で、特に重要な役割を果たしている。商品を常に最速のスピードで動かすことができるからだ。倉庫管理システムがとらえたデータを使えば、担当者は、どの商品の在庫がどこにあり、輸送で破損したのは何か、といった情報を把握することができる。また、レジのスキャナーから、重要な商品の動きを示すデータをマーチャンダイジングのシステムに送れば、意思決定者は、どの商品が、どんな頻度で、どの店で売れているか、詳しく知ることができる。

興味深いことに、今日ほとんどの小売業者が「なしではやっていけない」と考えているいくつかのアプリケーションを、ダラー・ジェネラルは使用していない。それは、顧客データの収集と予測に使うプログラムだ。ダラー・ジェネラルは特売もセールもしないし、顧客のほとんどは、店から3〜5キロ圏内に住む「常連客」だから、詳しい顧客情報を集める必要がないのだ。

「私たちはデパートのように、過去の購買データを使って、お客さまの好みに合うセールのお知らせを送るわけではありませんから」と、アッシュは言う。「知りたいことは1つだけ。商品が売れたか、ということです。誰が買ったかを知る必要はありません。そんな情報を手に入れても、何かに使えるとは思えないんです。今より安く買ってもらえるようにもならないでしょう。すでに安くしていますから」

また、ダラー・ジェネラルの商品は、回転の速いベーシックなものばかりなので、トレンドや購買動向を伝えてくれる最新の予測システムも要らないのだ。各店の売上にはほとんどばらつきがなく、会社としての商品の構成にもほぼ変動はない。「うちは季節に大きく左右される、衣料品などをメインで取り扱う店じゃありませんから」と、アッシュは言った。「たとえ誰かのミスでせっけんを山ほど仕入れてしまっても、もちろん在庫が膨れ上がるのはよくないですが、だからといって値下げする必要はない。いずれは売れるものですからね。でも、デパートでセーターをたくさん仕入れてしまったら、大問題でしょう。だけど、うちのようなビジネスだと、この世の終わりってわけじゃないんです」

技術投資にお金をかけないだけでなく、ダラー・ジェネラルは、テクノロジーの専門家をわずかしか雇っていない。社内の常勤の専門家は、75人きりだ。うち45人が、プログラマー、システム・アナリスト、プロジェクト・マネージャーといったアプリケーションの担当者で、30人は情報システム業務を任され、コンピューターを動かし、ネットワークをチェックする、といった仕事をしている。

10　極めて効率のよい流通

ダラー・ジェネラルが、常に安くて公正な価格を提供できるのは、間違いなく、効率のよい流通業務によるところが大きい。同社は、高度に自動化された6つの流通センター（DC）を構えている。広さは、約8万～9万3000平方メートル。各DCが700店舗ほどに対応し、毎週ダンボール100万箱以上を配送している。

ウォルマートが初期に掲げていたハブアンドスポーク戦略〔車輪のハブとスポークのように、中心施設の周りにほかの施設を配置する戦略〕を見習って、ダラー・ジェネラルは、輸送費を最小限に抑えるべく、すでにあるＤＣの近くに新店を構えることに注力している。たとえば、１９９５年には、店舗からＤＣまでの平均距離は約１０００キロメートルだったが、今では約５００キロメートルとなり、今後数年のうちに４００キロメートルまで縮める予定だ。

ＤＣの効率をさらに向上させようと、ダラー・ジェネラルは最近、大掛かりな測定プログラムを導入した。これは、経営陣が、業務の改善が見込める分野を特定するためのものだが、それと同時に、流通システムのさらなるコスト削減も目指している。物流担当部長のジェフ・シムズは語る。「わが社は今、基本的に、動くものなら何でも測定しています。社を挙げて測定・数値化に取り組んでいるんです。輸送業者での欠品、仕入れ業者での欠品、ＤＣでの欠品、１日の輸入量、１時間で処理される請求書の数なんかも調べていますね。中には、そんなことまで測定するのか、ってものもありますよ。でも、改善すべき点を把握するには、この方法しかありません」

物流戦略は、これまで同社の成長に拍車をかけてきた。だが、今後の可能性はまだまだ大きい、とシムズは言う。「うちの各ＤＣは、１０００をはるかに超える店舗に対応できるつくりなんですが、今は７００店舗ほどしか扱っていません。うちの運搬管理もＩＴシステムもピカイチですから、もっともっと処理できますし、本気で活用すべきだと思います。まあ、エンジンは高性能なのに、キャブレターはシングルバレル、っていうスポーツカーみたいなものですね。スピードを決めるのは、エンジンの大きさじゃない。コントロールなんです。

エンジンに送る燃料を的確にコントロールできれば、レースには勝てます」

アクセスのよさが集客につながる

ダラー・ジェネラルの成功の秘訣

第2位の要素：アクセス

- 店は、顧客がさっと入店し、買い物を済ませ、さっと出て行ける広さだ。
- 目の高さを超える位置に何も展示しないので、顧客は店全体を見渡せる。
- 顧客がレジを速やかに通過できるよう、高速レーザースキャナーを使い、レジ周りに商品を置きすぎない。
- 顧客が値段を探さずに済むよう、価格は、メーカーで商品にあらかじめ印刷してもらうか、シールを貼ってもらう。
- 店のレイアウト、順路、商品の構成を、５０００店舗すべてで統一している。
- 在庫のＳＫＵ（最小管理単位）を４５００までとし、店の混雑や買い物客の混乱を避ける。

・店は、小さな町の中心部にある主要道路に面した場所、もしくは、都市近郊で主要な公共交通機関が通っている場所に開く。

自社の提供する価値を揺るぎないものとするため、ダラー・ジェネラルは、第1位の要素である価格に、第2位の要素としてアクセスを組み合わせた。ボブ・カーペンターは言う。店の規模とレイアウトが競合市場で有利に働き、大規模なディスカウントチェーンとの差別化に大いに役立っている、と。

「ウォルマートなんて、まったく気になりません。それどころか、なるべく近くに出店しようとしているくらいです。うちのお客さまは、時間がないんです。というより、2万平方メートル近い店を歩き回るなんて、そんなエネルギーはありませんよ。店に着いたら、さっとほしいものを見つけて、さっさと帰りたい。ウォルマートではそうはいきません。みなさん、それをよくご存知です。実のところ、私たちは、値段の安いコンビニなんですよ」

ダラー・ジェネラルは、忙しいファミリー層や年配客が利用しやすい要素を、7つあげている。

1　小さな店舗

代表的なダラー・ジェネラルの店舗は、約650平方メートル。ライバルの店よりも小さい。

2 目の高さに合わせた店づくり

ダラー・ジェネラルの全店舗では、目の高さを超える位置には、什器も表示も商品も、一切展示していない。これは、同社の店舗レイアウトに欠かせない要素だ、とカーペンターは言う。「空域」がすっきりしているから、顧客は、店の入り口に立てば全エリアを一望できる。つまり、店をうろうろしなくても、何がどこにあるか簡単にわかるのだ。

3 レジの効率化

レジをスムーズに通過してもらえるよう、新たに平台型のレーザースキャナーを導入した。これまでの手持ちタイプより、店員がすばやく商品をスキャンできるようになった。また最近、レジ周りから、ガムやキャンディ、タブロイド紙といった衝動買いアイテムを撤去した。「文句も出ていますが、長い目で見れば、間違っていないと思います。いずれお客さまも、精算が速くなった、と感謝してくださるでしょう」と、カーペンターは言った。

4 明確な価格表示

アクセスで戦う企業にとって欠かせないことの1つは、商品の価格が明確でわかりやすいこと。ダラー・ジェネラルでは、全商品の価格が、商品自体にはっきりと表示されている。

メーカーが商品ラベルにあらかじめ価格を印刷するか、出荷前に商品ラベルに値札シールを貼りつけている。そのため、大きな価格表示を棚につけたり、天井からぶら下げる必要がない。

5 清潔で整った店内

ダラー・ジェネラルは、買い物客がスムーズに移動できるような工夫にも長けている。どの店も清潔で管理が行き届き、フロアが汚れていたり、通路に段ボールや木箱が転がっていることはない。さらに、全店が同じレイアウトと順路で統一されている。左側が食料品、奥が家庭用品と衣料品、右側が健康・美容用品である。

さらに一貫性を感じさせるのは、商品の約95パーセントが、全店（の同じ場所）に置かれていること。残り5パーセントは、地域の特色を考えて組み込まれた商品だ（海辺の町では日焼け止めと浮き輪、高齢者居住地区のそばではヘルスケア用品、などである）。

6 商品ラインの絞り込み

同社は、SKUを4500までとし、それを厳守している。ちなみに、ウォルマートのSKUは約3万5000だ。理由として、1つ目は、店の面積が狭く、たくさんの商品を置くスペースがない。2つ目は、SKUを増やせば、物でいっぱいに見えて、入りやすく居心地のよい雰囲気が損なわれる。それに、同社の顧客の大半は、歯磨き粉だけで15種類もの商品が並ぶ店内をかき分けて進みたいとは思っていない。また、そんな時間の余裕もない。

カーペンターは言う。「アメリカ人の75パーセントが買い求める商品を把握していますから、それだけを置いているんです」

7 便利な立地

今日アクセスと言えば、店内の案内《ナビゲーション》を指すことが多いが、いくら素敵な店でも、消費者がたどり着けなければ意味はない。だから、ダラー・ジェネラルは、小さな町の中心部か、比較的大きな都市で主要な公共交通機関が通っている場所を選ぶようにしている。

成功のベースにあるのは、シンプルさと価値観

ダラー・ジェネラルの成功は、驚くほどシンプルに見える。そして実際、その通りなのだ。シンプルであることは、同社の経営陣が繰り返し挙げる、2大成功要因の1つである。たとえば店内では、シンプルなスキャナーを手にした従業員が、補充注文をかける。必要な商品をスキャンして、必要な個数を入力すれば、それでおしまいだ。一貫性のある店のレイアウ

トのおかげで、店員は、トラックから下ろした商品をやすやすと棚に並べられる。そして、「現金取引」のおかげで、レジ業務もスムーズだ。商品をスキャンして代金をもらえば、ほかにすることはない。

「うちの店はとてもシンプルなので、仕事を覚えるのも簡単です」と、アール・ワイサートは言う。「ほかの小売業者だと、店で働くときの手順やら方針やらが山のようにありますが、うちにはほとんどありません。出勤と休日と休暇に関する基本的な注意事項が、少しあるくらいです」

それに、ワイサートによると、業務がシンプルだと、従業員の採用も楽な上に、従業員も楽しく仕事ができるという。自分で決める権限を与えてもらえるからだ。「仕事をシンプルに、課題を楽にして、きちんと計画さえ立てておけば、スタッフは与えられた方針に従って、しっかり働いてくれます」と、ワイサートは言った。

しかも同社は、研修に多大な時間と費用をかけずに済む。ワイサートによると、ダラー・ジェネラルの店の経営は、4週間もあれば学べる。「誰だって簡単に覚えられます。お金を数える、商品を注文する、トラックから商品を下ろす、棚割り《プラノグラム》システムに従って商品を並べる、それだけですから」

もう1つ、同社の業務に欠かせないことがある。それは、価値観の実践を非常に重視していることだ。従業員はそれぞれ、果たすべき使命と方針が書かれたカードを携帯している。その一部を紹介しよう。

・モラルを大切にするみんなの会社をつくろう。
・経営陣は、チームワークを促し、権限を与えたスタッフを励まそう。
・仕事と周りの人たちに敬意を払おう。
・前向きな環境が持つ力に目を向けよう。
・互いに助け合い、与え合おう。

こうした価値観のおかげで、ダラー・ジェネラルはユニークな企業となり、ライバルに差をつけている、と経営陣は考えている。「ダラー・ジェネラルの業務自体は、特別なものではありません」と、ワイサートは言う。「唯一違うところがあるとすれば、企業風土とスタッフの価値観でしょう。うちのCEOはライバル会社に、わが社がしていることをいつも話していますが、彼らにはまねできないと知っています。私たちの成功のベースには、正しい価値観があるからです。それを言うと、みんな『そうですか』って笑うだけですが、本当にそうなんですよ」

ジェフ・シムズも言う。「これまで、うちの企業風土や価値観を、『素晴らしい』とほめてくれた人はたくさんいましたが、実践している人を見たことはありません。うちの会社では、前向きな姿勢や雰囲気が、文字通り、廊下までどっとあふれ出しているんです」

こうした価値観は、ダラー・ジェネラルの雇用方針にも反映されている。それは、きちんと価値観を持つ人を雇えば、あとは何とかなる、というものだ。「採用のときは、もちろん、道徳観や価値観を見ます」と、ワイサートは言う。「これはとても大事なことです。技術的なことは教えられますが、価値観は教えられませんからね。仕事に誇りを持ち、同僚やお客さまを公平に扱いたいと考え、会社が自分を公平に扱ってくれるとわかっている人なら、言うことはありません」

経営者の視点で言えば、価値観を重視すると、問題解決の仕方も大きく変わってくる。問題が起きたとき、ほとんどの会社で目につく反応は、他人に罪をかぶせることだ、とワイサートは言う。だがダラー・ジェネラルでは、「失敗しようと思って、わざわざ会社に来る人はいない」という考えが根づいている。だから、経営陣はいつも、何がいけなかったかを指摘する代わりに、その人が「何を知っていれば正しくやれるのか」を理解できるよう手を貸している。

「ダラー・ジェネラルでは、ミスをしてもいいんです」と、ワイサートは言う。「失敗した人には、拍手を送ります。失敗から学ぶわけですから。でも、うちが掲げる価値観を、1つでも守れないのはいけない。ダラー・ジェネラルで問題になることがあるとすれば、価値観のルールを守れないときです」

今後の課題

ダラー・ジェネラルの経営陣は、未来は明るい、と信じている。ターゲットとする顧客基盤が飛躍的に膨らみつつあるからだ。しかし、依然として課題もある、と彼らは言う。一番の課題は、ダラー・ジェネラルをユニークな企業にしている、企業風土と価値観を守れるかどうかだ。同社が、数百店舗から5000店舗を超える企業に成長してもなお、価値観を守っているのは驚くに値する。だが、私たちの調査によると、規模を拡大しつつ企業風土を守っていくのは難しいのだ。店舗数が7000、9000、1万と増えていっても、ダラー・ジェネラルの姿や雰囲気は、今のままだろうか？　答えは、時間が教えてくれるだろう。

次の課題は、業界のリーダーとしての地位を保つには、今後も機敏に動き、新たなライバルの台頭に対処し続けなくてはいけないこと。「うちが負けるはずはない」と愚直に信じている社員は、1人もいないだろう。とくにワイサートは、「第2の」ダラー・ジェネラルを目指す企業が現れるかもしれない、と考えている。

「競合環境は変化する、と私たちはみんな承知しています。いつまでも今ほど楽には勝てないでしょう。うちの成功をみんなが見てきたわけですから、やり方を分析して、まねようとする企業も出てくるはずです。昔から言うでしょう？　『模倣は、心からの賛辞だ』って」

あなたの会社を診断しよう（価格）

Q 価格で市場を支配したいなら、価格設定について顧客とコミュニケーションを取るとき、公正で適正な価格だと強調しているか？

Q 価格で戦うつもりがないなら、競合市場の価格レベルに合わせようと努めているか？ それとも、やみくもに市場やカテゴリーの最低価格に合わせているだけ？

Q どんな価格戦略を取るとしても、一貫性は大切だ。現在取引している顧客は、あなたの会社の半年前の、もしくは半年後の価格方針を受け入れてくれるだろうか？

Q 自社の商品やサービスを前提に、友達に尋ねてみよう。価格設定に関する会社の主張は、彼らにとってわかりやすく、シンプルで、直感的に正しいと感じられるものだろうか？

Q どれくらいの頻度で、ライバルの価格設定の状況を客観的に調べているか？

CHAPTER 4

I Can't Get No Satisfaction: Service with a Smile?

サービスで市場を支配する

サービスは人がすべて

それは、デトロイトを知る人にはおなじみの、たまらなく蒸し暑い7月の午後だった。州間高速道路94号線の西行きの車線は、平日の晴れた午後には、脂っこいものが大好きな80歳の老人の血流くらいには流れているものなのだが、その日はとうとう止まってしまった。どういうわけかミシガン州警察が、高速閉鎖の緊急訓練を始めたらしい。そのうち雨も降りだして、視界が悪くなり、車はますます進まなくなった。のろのろと空港を目指す何百人もの人々が、1台でも追い越そうと争っていた。

その日、多くの人がデトロイト国際空港に遅れて着いた。座席番号1Cの男性も、おそらくその1人だったのだろう。機材到着も遅れていたから、遅く着いた人たちも、アトランタ行きの飛行機に間に合った。もちろん、この便が飛べば、の話だったが。

飛行機はようやく乗客を乗せ始めたが、視界から雲が消えても、新たな暗雲が機内に漂い始めていた。雨が降ったあとも、蒸し暑さは相変わらずであった。離陸が遅れていなければ、30分前に飛行機に置いていかれていたはずの乗客が、今度は「早く飛べ！」と航空会社に悪態をつき始めた。

ミスター1Cは、デトロイト発のファーストクラスの乗客としては、致命的なミスを犯した。搭乗開始の5分後に現れたのだ。もう手荷物入れはいっぱいで、ミスター1Cの荷物が持ち主と一緒に、ファーストクラスでの旅を楽しめる見込みはなくなっていた。それでも彼は「ファーストクラスのチケットを持っているんだ」と言って、荷物がぎっしり詰まった頭上の手荷物入れを次々と開けて回った。

「申し訳ございませんが、お客さまのお席は最前列ですので、お荷物は足元に置けませんね。機内後部に置いていただくことになります」と、係員が言った。「それじゃあ、みんなが降りるのを待ってから、荷物を出さなきゃいけないじゃないか」とミスター1Cが言うと、「よろしければ、私がお預かりして入れてまいります」と、係員は言った。

ミスター1Cは、東ヨーロッパの方言か何かだろうか、意味のわからない言葉を投げつけた。口調は楽しげにも聞こえたが、意味は明らかだった。「お客さま」と、係員は言った。「何をおっしゃったかは知りませんが、私にそんな口の利き方をなさらないでください」

ミスター1Cはぶつくさ言いながら、ブルーの布リュックをどこへしまおうかと、エコノミー席をぶらぶらした。そしてファーストクラスの席に戻ると、うんざりした気分をわざわざ見せつけるために、座席に倒れ込んだ。ところが、すぐさまガバッと飛び起きると、一言叫んだ。今度ははっきりと聞き取れたが、ビジネス書にはとても書けないような言葉だ。それから、「ズボンが裂けた」とうなるように言った。たしかにそれは、裂けていた。

座席のスプリングが1つ外れて、グリーンのマイクロファイバー素材の素敵なズボンに、見事な裂け目ができていた。ポケットのあたりからふくらはぎまで一気に。裂け目は、(知りたい人がいたかどうかは不明だが)ブリーフ派かトランクス派かという疑問にまで答えていた。「カスタマーサービスを呼べ。今すぐだ」と、ミスター1Cは叫んだ。ズボンの見苦しさに負けないくらい、聞き苦しい声に変わっていた。

乗客は、一斉にため息をついた。ミスター1Cの望みがかなうとすれば、すでに1時間遅れの飛行機は、永遠に飛び立てないかもしれない。この会社のカスタマーサービスのひどさには定評があった。だが、10分もたたないうちに、指揮統制の鑑《かがみ》のような人物が、第1ラウンドのゴングを聞いてコーナーから飛び出したマイク・タイソンのような勢いで、ファーストクラスに入ってきた。カスタマーサービスの担当者は、180センチ、100キロではきかないほど、たくましい女性だった。

彼女はミスター1Cの上にそびえ立つと、にらむように彼を見下ろした。「お客さま、問題があると聞きましたが」と彼女ががなると、がなっていたはずの1Cの声は、震えるようなささやきに変わった。「ズボンが裂けたんだ」と1Cは、意地悪な継母に告げるような声を出した。「どこですか?」と、カスタマーサービスは問いただした。「見たいかい?」と1Cが話を合わせると、「もちろん見たくないわ」と、カスタマーサービスは言い返した。「どこが破れてるかなんて、どうでもいいの。どこで破いたか、って聞いているんです」

「座ったときに破れたんだよ」。今や反省の色もあらわな1Cが答えた。「じゃあ、機内ですね?」と、カスタマーサービスは言った。「ああ」と1C。「それでは、お力にはなれません。アトランタで苦情を言ってください」。「でも、ズボンが破れているんだよ」と、1Cはうめくような声を出した。

「でも、今申し上げましたでしょう? 私にできることはありませんわ。デトロイトのカスタマーサービスは、搭乗されたあとで起きたことには、一切関わりがないんです」。「でも、ズボンが破れているんだぞ」と1Cが繰り返すと、「お客さま、私の話、聞いてました？この飛行機はアトランタ行きです。ズボンは機内で破れたんですよね。ですから、苦情はアトランタで受けつけます」

1Cは、フロアに目を落とし、口ごもりながら言った。「でも、納得いかないな。私に助けが必要なことくらい、わかるはずだ」。カスタマーサービスはすっくと仁王立ちし、1Cを頭の先からつま先までじろりとにらむと、歯切れよく、ゆっくりと言葉を選んで言った。「お客さま、もうご説明差し上げたかと思いますが、私は一介のカスタマーサービスです。私に一体何をお望みですか？」

気の毒なミスター1Cがその時になってやっと気づいたように、サービスとは人がすべてだ。要するに、サービスという要素を何よりも明確に定義するのは、人と人とのやり取りなのだ。商品や価格と違って、サービスは生きものだ。イキイキと息づき、多くの場合、感情に左右される。サービスは、極めて個人的な形で経験されるので、企業が社員1人ひとりに意欲を持たせるために使う手法は、顧客がどんなサービスを受けるかに大きく影響を与える。

優れたサービスは、優れた社員から生まれる

きちんと意欲を持たせれば、社員は大きな変化を生み出してくれる。コンチネンタル航空の例を見てみよう。同社は1990年代、人々をあっと言わせる方向転換を遂げた。198

0年代後半に米国運輸省が航空会社の仕事ぶりを点数評価し始めたころ、コンチネンタル航空は、定時運航、荷物の紛失、乗り心地、欠航、カスタマーサービス全般、の各項目において、最下位にランクされていた。

1994年、ゴードン・ベスーンが社長兼COOに就任したとき、コンチネンタル航空は、すっかり低迷していた。社員の士気は低く、採算性の低い航路を割り当てられ、顧客の不満の声も日々高まっていた。1994年にCEOにも就任したベスーンは、企業風土に関するルールを改め、社員同士の関係を改善し、顧客も株主も満足させることで、会社に再び活力をもたらした。

世界的な調査・コンサルティング会社、JDパワーと「フリークエント・フライヤー」誌が行った、航空会社の乗客満足度調査において、コンチネンタルは、過去4年間のうち3年間、カスタマーサービスで第1位に輝いている。さらに、1999年には、「フォーチュン」誌が選ぶ、「アメリカで最も働きがいのある会社ベスト100」にもランクイン。同社のマイレージサービス「ワンパス」も、お得意さま向けプログラムの模範として、たびたび取り上げられている。

一新された企業風土を説明するとき、ベスーンは好んでアメフトのたとえを使う。「そんなに複雑な話じゃないんです。11人の男が、ボールを持ってゴールラインを越えるのと同じ。要は戦略ですよ。なぜみんな得点できないのか？　それは、11人の選手に、『よそのチームよりうまくプレーしたい』と思わせるすべを知らないからです。どうすれば4万8000人の社員に、『よい航空会社になりたい』と思わせられるでしょう？　よい航空会社とはどんなものかを知っていることと、社員にそうなる意欲を持たせるすべを知っていることは違うのです」

ベスーンによると、大切なのは、「成功」とは何かについて、全員の意見が一致していること。それがなければ、社員がさまざまな目標に向かって突っ走り、機能不全に陥ってしまい、結局、顧客が不満を抱くことになる。荷物係から発券係、パイロットに至るまで、あらゆるレベルの社員をサプライズ・ミーティングに参加させるベスーンは、チームワークと報酬の力を信じている。

1995年以降、コンチネンタル航空は、定時運航の目標を達成するたびに、社員に月65ドルのボーナスを支給している。また、同社がほかの航空会社を抑えて1位を取るたびに、100ドルのボーナスが支給される。報酬プログラムへのこれまでの合計支出額は、約300万ドルに上っている。

顧客サービスの向上に役立つアイデアは、社内のどの部門でも歓迎されている、とベスーンは言う。たとえば、メキシコで運航するアメリカの航空会社で第1位、中南米全体では第2位を占めるコンチネンタルは、こうした路線にはスペイン語を話す社員を配し、世界共通の袋入りピーナツの代わりに、地域の食べものを用意している。

ベスーンは言う。「コンチネンタルは、多機能な企業です。パイロット、客室乗務員、空港のゲート係、乗客係、整備士、予約係など、みんなが協力して働くときに価値を放つ会社なんです。ビジネスをする際に、それを理解していなければ、失敗するでしょう。多くの人たちが失敗したのは、それがわかっていないからです」

優れたサービスとは、顧客が求めるものを与えることだ、とベスーンは言う。「お客さまは、うちの損益計算書や1株当たり利益を見て、善し悪しを判断したりはしません。私たちは、いかにお客さまを、何のトラブルもなく、お望みの場所へ時間通りにお連れできるかで、評価されるのです」

コンチネンタル航空の成功が示すように、企業が、サービスという要素で市場を支配したいなら、社員――そして、採用、雇用、報酬、評価、訓練といった社員に関わる要素――への投資が欠かせない。ただし投資をしても、サービスは、一貫して提供していくのが最も難しい要素と言える。理由は、企業が、サービスを行う人間に頼らざるを得ないからだ。どんな企業も、商品や価格をコントロールするように、人間をコントロールすることはできないのだ。

人間には、調子のいい日も悪い日もある。しかも、周囲の状況に左右されやすい。人を取り巻く世界は、変化しやすく、感情に流されやすく、時に厄介な場所だ。だから、企業が社員に「いらっしゃいませ」「ありがとうございます」「よい1日を」と声に出すようにといくら教えたところで、社員がどんなふうにそれを口にし、顧客がどう感じるかまではコントロールできない。

かつてないほど失業率が低く、熟練労働者が不足している今の市場で、サービス志向の企業を率いることは、たしかに難しいだろう。だが、たとえそうでも、懸命な努力と優れたリーダーシップ、そして、顧客対応を何より重んずる企業風土があれば、優れたサービスを実現することができる。本章の後半で、そういったケースを紹介したいと思う。

消費者が求めていないサービスは、サービスではない

　サービスという要素において、社員がいかに重要な役割を果たしているか。それは、調査で話を聞いた企業の幹部が、繰り返し指摘してくれた通りだ。ワシントンDCに本拠を置く住宅建築会社、スタンリー・マーティンの副社長、キャシー・バウムは、熾烈な競争にさらされている住宅建築業界において、人という要素がどれほど大切かを強調していた。「消費者はなぜ、別の会社からではなく、その会社から家を買うのでしょう？　結局は、セールスパーソンに尽きるのです」と、彼女は言った。「つまり、必要な情報を必要なときに持っている、質問への答えを知っている、人間の本質を理解している、そして、お客さまが入ってきたとき、どう扱えばいいか直感的にわかる、といったことが大切なんです。それは、物件の価格や立地に勝る、その人の資質なのです」

　その資質は、国や業界を越えて、必要とされている。「うちのお客さまは、精肉コーナーや鮮魚コーナーのスタッフがお気に入りです」と、アイルランドの食料品チェーン、スーパークインの営業部長、コーマック・トービンは言った。「みなさん、カウンターに顔を出すのがお好きです。精肉コーナーのスタッフが、『ああ、上司をディナーに呼ぶの？　なら、いいお肉があるよ。切り方はこう、味つけはこうだよ。このスパイスを使えばいいね』なんて教えるからです。若いお客さまにも、料理好きの方はたくさんいらっしゃるんですが、料

理の仕方がわからないんですよ。だから、私たちがお教えして、自信を持って新しい料理に挑戦していただいています」

サービスとほかの要素には、もう1つ決定的な違いがあることがわかった。ほかの要素の場合は、企業がつくり上げて、消費者が反応する。企業は価格を設定できるし、商品も選定できるし、アクセスも確立できる（経験価値についてはのちほど説明しよう）。だが、サービスは極めて主観的な要素で、人によってまちまちなだけでなく、日によって、いや刻一刻と姿を変える。

1つはっきりしていることがある。サービスの絶対的定義は、「主観的であること」かもしれないが、客観的データによると、消費者はますます不満を募らせている。ミシガン大学ビジネススクールの全米品質調査センターが調べた「米国顧客満足度指数（2000年）」によると、航空会社、小売業者、レストラン（ファストフード店を含む）、ガソリンスタンド、銀行といった業界に対する顧客満足度は、調査が始まった1994年以降で最も低い水準まで落ち込んでいる。

サービスをめぐる悲惨なエピソードは、現実の世界だけに留まらない。一部の話によると、1999年のクリスマス・ショッピングをオンラインでした人のなんと4分の1が、一部のウェブサイトでは二度と買い物をしない、と話したという。カスタマーサービスで、ひどい対応をされたから、という理由だ。

明らかにサービスは、そのコンセプトも、現実の姿も、昔とは違ってきている。その上、消費者が、サービスの意味やあるべき姿を定義し直したものだから、なおさら企業とのズレが生じている。サービスという要素について、消費者と企業の見解は、たいてい一致していない。たとえば、多くの企業は、自分たちが「付加価値の高いサービス」だと考えているものを、商品やサービスに詰め込めば、顧客の目を引くと思い込んでいる。スーパーにクリーニング店や銀行があったり、書店に喫茶コーナーがあるのは、そういう理由からだろう。

問題は、ほとんどの消費者にとって、こんなサービスは、二の次だということ。彼らは、ごく基本的な能力のほうを重視しているのに、多くの企業は、そこをおろそかにしている。サービスについて顧客は、気の利いた仕掛けよりもきちんとした対応を望んでいるのだ。顧客とのやり取りにおいて提供される基本的なサービスが不十分なら、どんなに付加価値の高いサービスを用意したところで、顧客の心をつかむことはできない。

要するに、サービスで市場を支配したい企業は、余分なサービスにつぎ込んできた金を、社員の採用や訓練、評価、報酬に充てるべきなのだ。顧客とのやり取りにおいて、より価値の高いサービスを提供できるように。

サービスの低下が当たり前の時代

いつの時代も、不十分なサービスが当たり前だったわけではない。みなさんの中にも、サービスが重視されていた「古きよき時代」を覚えている人は、少なくないだろう。あの頃は、自分に合った心遣いを消費者が期待するのは、ごく普通のことだった。

19世紀後半から20世紀前半にかけては、「完全なサービス《フルサービス》」がビジネスの世界を支配していた。服地屋では、店員が顧客1人ひとりの仕様に合わせて布地を裁ち、雑貨屋の主人は梯子を上って、小麦粉や乾燥豆を客が望んだ分だけ量り売りしていた。店主は顧客をよく知り、顧客の家族のニーズを把握していた。こうした商売人は、顧客について「完全な知識」を持っていたから、購買傾向やニーズをわりあい簡単に予測できたのだ。

だが時と共に、サービスのコンセプトも変わった。たとえば、ガソリンスタンド。かつては「サービス・ステーション」と呼ばれていたことを、覚えているだろうか？　そこには必ず人がいて、オイルを確認し、フロントガラスをきれいにし、ガソリンを入れてくれた。だが今日では、セルフサービスが、ガソリンスタンドのサービスの水準になってしまった。

実際、多くの業界で、サービスの水準が低下している。たとえば、航空業界では、ハブ空港の概念によって競争が緩和された結果、いつの間にかサービスの水準も低下していた。テネシー州メンフィスかミネソタ州ミネアポリスに住む人は、ノースウエスト航空を利用しているだろう。クリーブランドの住人なら、コンチネンタル航空だろうし、アトランタに住んでいるなら、デルタ航空を利用しているだろう。ほかの航空会社を使うこともできるが、何かと不便なので、ハブ空港のある都市へよく行く人や、そこに住んでいる人は結局、そこを拠点とする航空会社を利用することになる。サービスの良し悪しで、選択することはできない。

皮肉なのは、サービスが低下しているのに、消費者の期待は高まっていること。消費者の意識は、メディアやテクノロジー、多くの情報に触れ、ライフスタイルや商品の知識を得ることで高まっている。たとえば、家を買うと決めた消費者が、アクセスできる情報量を考えてみよう。

「5年前なら、一般の人が、ネットで住宅建築の情報をやすやすと手に入れたり、理解したりはできませんでした」と、スタンリー・マーティンの副社長バウムは語った。「今では、家のカタログを載せているサイトがたくさんあります。消費者は、商品情報や設備についてリサーチできるんです。たとえば私たちが『XYZ断熱材を使う』と言えば、みなさん、健康上の危険がないか調べるでしょう。あるいは、家に入ったときに木材から樹液が出ているのを見つけたら、木材の構造に問題はないか、樹液が出ているというのはどんなサインなのか、とリサーチされますね」

ある業界に対する消費者の期待を把握すること、それは、期待度に見合うサービスのデフォルトをつくるのに欠かせない。レストラン業界を考えてみよう。あなたが4種類のレストラン――ビュッフェ形式の食堂、ファストフード店、地域の食堂、白いテーブルクロスのかかった高級レストラン――を持っているとしよう。ビュッフェ形式の食堂にふさわしいサービスのひな型とは、どんなものだろう？　答えはテーブルに温かい料理をたくさん並べる後方サービス。他には何も要らない。この場合、消費者は、自分に合ったきめ細かなサービスなど期待していないし、すべきでもないだろう。

ファストフード店なら、もう少しサービスが期待されるはずだし、提供されるべきだ。誰かが注文を取り、商品をセットして、消費者に手渡さなくてはいけない。地域の食堂なら、サービスへの期待はさらにもう少し高まるだろう。おそらく、店主は席まで来て「いらっしゃいませ」と声をかけるべきだ。そして、白いテーブルクロスのレストランなら、消費者は100ドル以上払うのだから、相当ハイレベルなサービスが期待される。

店が消費者の期待に沿うサービスを提供していれば、つまり、どのレベルのサービスが提供されるか顧客にあらかじめ知らせていて、店もその期待に一貫して応えている、と言うなら、そのビジネスにおいてサービスのデフォルトは、うまく機能していると言える。しかし、消費者が高級レストランで100ドルも費やしたのに、マクドナルドにいるような扱いを受けたとしたら、その企業は問題を抱えている。要は、相手の期待をきちんと把握し、期待に見合うものを提供することが大切なのだ。

低レベルのサービスが今や標準になった、というのが事実なら、「それを変えよう」と企業に思わせるものは、何だろうか？　最も現実的に言えば、競争である。もしくは競争になるのでは、という恐れが、変化をもたらす鍵になるだろう。たとえば、便利でサービスもいいからと、食料雑貨品をネットで買う人が増えれば、スーパーの経営者は、サービスの要素を見直すほかないだろう。

しかし、企業に自社のサービスを振り返るよう、さらに強く促すものがある。私たちの調査によると、5つの要素の中で、投資に対する見返りが最も大きいと予想されるのが、実はサービスなのだ。理由は、ほとんどの企業が、よいサービスを提供しているとは、お世辞にも言えない状態だからだ。消費者に商品やサービスを提供しているどの業界にとっても、サービスは、差別化の鍵を握る、とびきり豊かな未開発分野なのかもしれない。

あなたの会社が価格、もしくは商品で戦っているなら、ある時別の企業が現れて、価格や商品をまねてしまうかもしれない。だが、サービスをまねるのは、そう簡単ではない。サービスは、社員や企業風土によるところが大きいからだ。それを思うと、サービスは実際、ほかの要素よりもライバルに差をつける有効な手段なのかもしれない。つまり、社員の雇用や訓練に費用はかかるが、将来的なメリットも大きいのだ。

消費者が本当にほしいサービスとは？

長きにわたって、企業はサービスを、自分たちが消費者に提供しているもの、と考えてきた。だが私たちは、消費者はサービスをまったく違う目で見ている、と考えている。消費者にとってサービスとは、「その企業そのもの」、もしくは「その企業が体現しているもの」なのだ。このレンズを通して見ると、「円滑な返品規定」のような一見ささいなことですら、新たな意味を帯びてくる。今日の消費者にとって、返品規定は、企業の信頼性をはかる厳しい試験のようなもの。つまり、企業がきちんと約束を守ると証明するものなのだ。

しかも消費者にとっては、規定があるだけでは不十分なのである。大切なのは、規定を守ることだ。結局のところ、どの企業も規定では「返品できる」と保証している。ところが、実際に返品しようとすると、顧客は返金の見込みもほとんどないまま、長いイバラの道を歩かされることが多い。

大多数の消費者にとっては、無礼な、もしくは無能なカスタマーサービスとのいざこざなしに、無条件に商品を返品できることは、サービスが「受容」レベルにあることを意味している。これは商品の、ひいては会社の品質を保証することが、いかに大切であるかを物語っている。同時に、今日の消費者が、いかに疑い深く、慎重で、批判的であるかを裏づけてもいる。企業が商品に責任を持っていないと感じたら、顧客はそれをサービスの欠陥だととらえ、その企業から一目散に逃げ出してしまう。

クリーブランド出身のロバータは、45歳の会計士だが、「怒り心頭だった」というある購買経験を語ってくれた。「仕立てがいいと思って、ある服を買ったんだけどね、家に帰ってから、裂け目があるのに気づいたの」と、彼女は振り返る。「30分前に買ったばかりだったのに、値段を少し落としてくれるか、別の服と交換してくれるかで、店員たちと大モメしたわ。マネージャーまで出てきたのに、あまり力になってくれなかった。もうあの店には行きたくない。結局、仕立屋さんに持っていって、繕ってもらう羽目になったんだもの」

ただ、調査の回答を見ていて、ある疑問が湧いた。消費者の望みが本当に、商品をスムーズに返品できることと、買った商品が不良品でないことだけなら、なぜこんなに多くの人たちが不満を抱くのだろう？　その後、マンツーマンで話を聞いてわかったことは、サービスとは、調査の回答が示していたほどシンプルなものではない、ということ。実際、サービスは複雑な要素だということが、はっきりと見えてきた。

消費者は、企業が提供できるさまざまなサービスを、きちんと区別していた。彼らはまず、「販売前のサービス」について、私たちに話してくれた。販売前のサービスは、誠実で感じのよい「何かお探しですか？」というあいさつで始まり、顧客の疑問に答えてくれる知識豊富なセールスパーソンがいることを意味している。

次が「取引段階でのサービス」。これは販売時に提供されるサービスのことで、包装やギフトのラッピングに加え、一緒に買えば重宝するセール品や特別割引、特典などを教えてくれる、気の利いた耳寄りなアドバイスも含まれる。

そして最後に、消費者は「販売後のサービス」についても取り上げてくれた。このサービスは通常、誠実で知識豊富なスタッフ、という形を取っている。彼らは、商品の購入後に起こるさまざまな問題（不良品、不用品、修理、使用法のアドバイスなど）の解決に尽力してくれる。

サービスという要素で市場を支配したい企業は、この3種類のサービスすべてに秀でていなくてはならない。

たとえば、スタンリー・マーティンのようなサービス志向の住宅建築業者にとって、「販売後のサービス」がどれほど重要か、考えてみよう。キャシー・バウムは、完成したばかりの家が、火事でほぼ全焼してしまった話をしてくれた。

「家は完成していました。土地を含めれば、130万ドルほどの価値がありましたね」と、バウムは言う。「家主さんは、2週間後くらいに引っ越される予定でした。火事が発生したとき、私たちは、20分後には現場に駆けつけていました。行かなくちゃいけないのかって？いいえ、行かなくてもよかったでしょう。家も土地も、私たちのものではありませんから。でも、私たちが建てた家です。家主さんのお世話をする責任があると思うんですよ。

私たちが、消防保安官と話をし、金融業者や保険会社にも電話をしました。営業が何人かでご家族の住むところを探し、引越し業者さんや電話会社にもキャンセルの連絡を入れました。そういうこまごまとしたことはすべて、うちがやりました。そうすべきだと思ったからです。

企業はたいてい、巻き込まれた家主さんのお世話より、火事の原因は何だとか、賠償責任はどうなるんだとか、パニックになるんでしょうけどね。私たちにとって、サービスとは、お客さまが最初にお電話をくださった瞬間に始まって、何年も続くものなんです」

また、サービスの一環として、お客さまへの還元というものがある。これは、航空会社やスーパーのような業界が、いまだによく理解していない要素だ。どちらの業界も、「最低の」客にご褒美を与えて、「最高の」お客さまに罰を与えることが多い。

考えてみてほしい。ある航空会社の飛行機で、これまでに何万キロも飛んでくれたビジネスパーソンが、明日ニューヨークからシカゴへ行くと言えば、高いチケット代を請求する。それなのに、年に1度しか利用しない観光客が、２カ月後にニューヨークからシカゴへ飛ぶと言えば、ビジネスパーソンのチケットの税金分くらいの値段で、チケットを提供する。

同じことが、スーパー業界にも言える。出血価格の目玉商品だけを2、3個かごに放り込む客が、「エクスプレス・レーン」でさっさと精算を済ませる傍らで、毎週２００ドルも買ってくれるお得意さまが、30分も列に並ばされている。

サービスのさまざまな側面を調べていると、第1章で紹介した、インスタビジュアルの気配を感じることがたびたびあった。明らかになったのは、同一人物がまったく同じサービスを受けても、違う感想を抱く場合がある、ということだ。

たとえば、ある日、とても急いでいたAさんが、コーヒーを注文し、お金を払って、何の不満もなく家に帰ったとしよう。カウンターの向こうにいるスタッフが「ありがとうございました」と言ったかどうかなど、気にも留めずに。その日、Aさんは、サービスに何の問題も感じなかった。ところが翌日、とくに急いでいないAさんは、前日とまったく同じサービスを不適切だと感じるかもしれない。そこには、人間的なやり取りがまったくなかったからだ。

同じ消費者、同じスタッフ、同じ商品、同じ価格、同じサービスなのに、消費者の側が、まるで違った受け止め方をしたのだ。

サービスと経験価値の関係性

サービスと経験価値の間には、深い関係がある。理由の1つは、どちらもほかの3要素と違って、形のない要素だからだ。アクセス、価格、商品の場合、大切なのは「何を」提供するかだが、経験価値とサービスの場合は、「どのように」提供するかがものを言う。実際に、サービスと経験価値、という2つの要素が密接に絡み合い、互いの一部を構成しあっていることもあるのだ。

私たちがそれを体験したのは、凍てつくように寒い2月のことだった。私たちはサウスウエスト航空で、デトロイトからシカゴへ向かう予定だったが、デトロイトでもシカゴでも吹雪が猛威を振るっていて、飛行機が飛ぶ可能性はわずかしかなかった。デトロイトを離陸し、シカゴに着陸できるかは、不確かな状況だった。

ゲート係は、「離陸できるかもしれませんが、その場合は、最初に搭乗されたお客さまから後ろの座席に座っていただかなくてはなりません」と言った。つまり、あらかじめ決まっていた搭乗順序は忘れて（サウスウエスト航空には、座席指定がない）、できるだけ速やかに後ろの座席から埋めていってほしい、と言われたわけだ。ご想像の通り、あちこちから不満の声が漏れた。

ゲート係は謝罪したあと、「ささやかなお礼の印に、みなさまにスナックをご用意しています」と言った。間もなく、ドーナツやベーグル、コーヒー、紅茶を載せたカートが登場すると、人々の気分も和らぎだした。

だが、サウスウエスト航空のサービスは、まだ終わっていなかった。ゲート係が、「お待ちいただいている間に、ゲートのマイクを使って、カラオケで歌ってくださる方には、50ドルの航空券を差し上げます」と言ったのだ。人々は瞬く間に列をつくり、だいたい5、6小節くらい歌うと、吹き出してしまった。

やがて奇跡的に、約束通り離陸のチャンスがやってきた。「それでは」と、ゲート係が促すと、気づいたときには、誰も彼もが言われた通り素直に搭乗していた。押したり小突いたり、文句を言う人はいない。そして飛行機は間もなく、シカゴへ飛び立った。

サウスウエスト航空は、最低限のサービスだけを提供して、終わりにすることもできた。「みなさんをシカゴへお連れします」と。だが、同社は言った。「シカゴへお連れします。到着時には、ご満足いただけるようにします」。サウスウエストはワンランク上のサービスを提供し、お客さまを人として扱い、すべての出来事をサウスウエスト航空で飛んだ経験価値の一部にしたのだ。

さて、オンラインの世界では、サービスという要素は、どのように展開されているのだろう? 調査の回答によると、現実の世界とオンラインの世界にはいくぶん違いもあるが、共通点もあった。オンラインで買い物をする人たちは、最も重要なサービスとして、クレジットカード使用の安全性を挙げ、次に迅速でスムーズな返品と、無条件の返品規定を挙げていた。

消費者の頭を一番に占めるのは、やはりカードのセキュリティだが、小売業者の多くは、それを重要な問題だとは思っていないようだ。今後は、オンラインでクレジットカードを使うことへの抵抗感は次第に薄れていくのだろうが、オンライン企業は、現時点では、セキュリティへの懸念を甘く見るべきではないだろう。

サービスで戦うには?

サービスを第1位の要素として戦いたい企業、もしくは、自社のサービスを少なくとも業界の標準まで上げたい企業は、消費者の声にしっかり耳を傾けなくてはならない(図4・1参照)。

図4・1　サービスで戦う

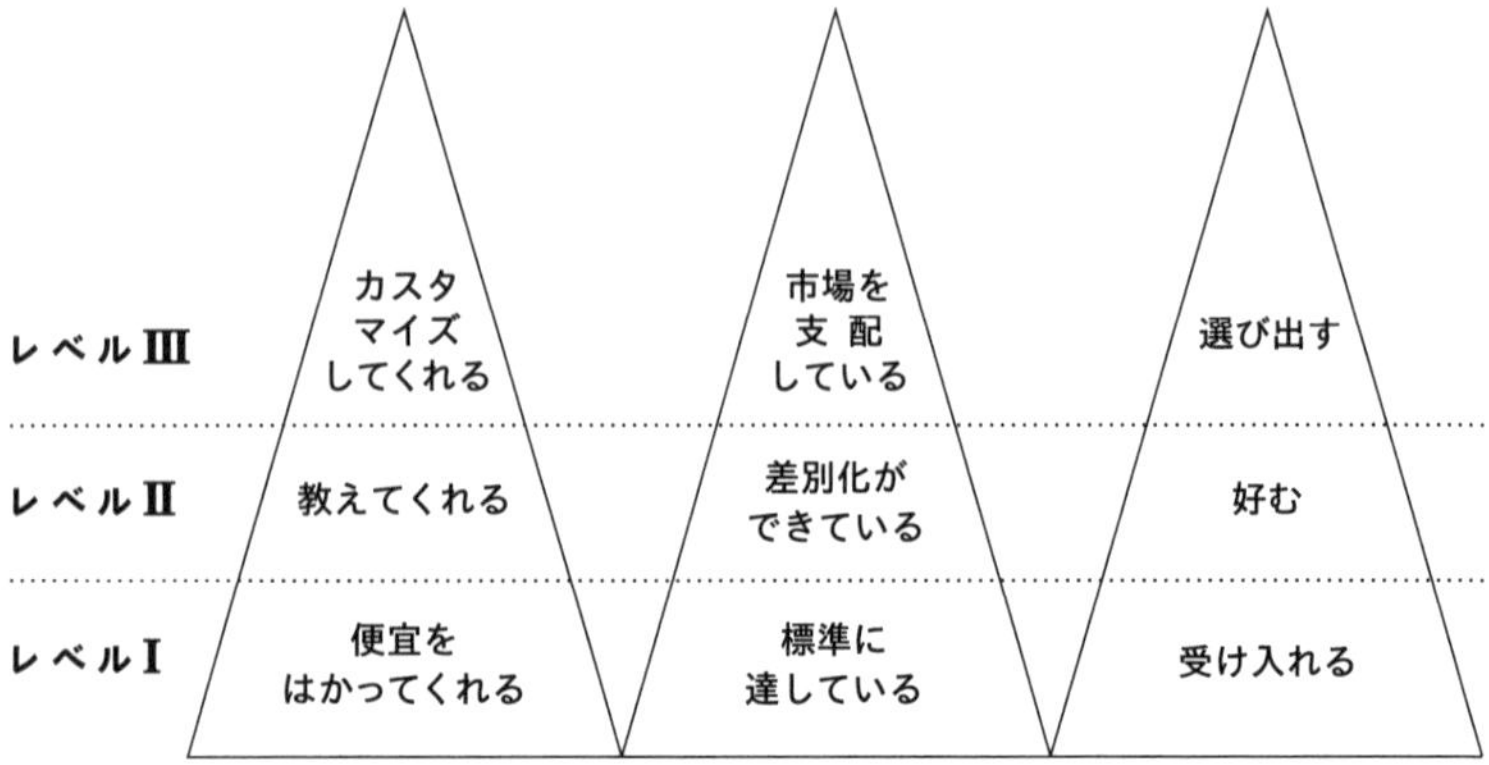

サービスのレベルIは、「便宜」――消費者の基本的な期待に応えること――である。たとえば、顧客は、質問するために列に並ばされる、電話で待たされる、といった対応を期待していない。また、納得いかない商品は、どんな理由であれ、無条件に、迅速に、スムーズに返品できると期待している。

オンラインショップに対しては、ウェブサイトに、小難しい専門用語ではなくわかりやすい言葉で話す担当者をつけてほしい、と顧客は期待している。こちらの質問がどんなにあいまいでも、解決策なしに放り出すのではなく、ほぼすべての質問に答えてほしいのだ。「私に便宜をはかってくれるなら、あなたを受け入れます。あなたを選択肢の1つに加えましょう」というわけだ。

便宜をはかってもらえた、と消費者が感じるのは、企業のスタッフが敬意を持って、公正に扱ってくれたと感じるとき。そして、買い物をめぐる不快感や不満をスタッフが真剣に受け止めてくれた、と感じるときだ。顧客との関係を保証するのは、礼儀正しさなのだ。消費者の望みにきちんと便宜をはかれる企業になるには、顧客へのサービスを第1に、販売ノルマの達成を第2に考える、営業とカスタマーサービスの採用・訓練に力を入れるほかない。

このことは、企業が展開する「報酬・評価プログラム」とも決して無関係ではない。サービス志向の企業は、社員を馬車馬のように働かせ、使い捨てるようなことをせず、顧客満足を重視する報酬・評価プログラムを選んでいる。覚えておいてほしい。企業が手にするのは、自らが評価してきたものなのだ。だから、1時間にさばく電話の本数に応じて、コールセンターの社員にボーナスを与えている企業は、サービスで顧客から低い評価を食らってもびっくりしてはいけない。

サービス競争のレベルⅡでは、消費者は「教えてほしい」と望んでいる。商品やサービスの情報がほしいのだ。消費者は、自社の商品やサービスについて豊富な知識を持つスタッフが、質問に答えてくれると期待している。彼らはまた、消費者にわかる言葉で話さなくてはいけない。競争のこのレベルになると、消費者は企業にこんなふうに言うだろう。「教えてください。そうすれば、よく似た商品やサービスを扱うほかの企業よりも、あなたを好きになります」

ここで、ガイガーズ・クロージング&スポーツの例を見てみよう。オハイオ州クリーブランド郊外のレイクウッドにある、家族経営の小さな店だ。同社は常に、消費者のニーズに応えようと努めているが、多くの課題を抱えている。まず、店が郊外のショッピングモールではなく、繁華街にあること。次に、取扱商品も、デパートをはじめ、スポーツ用品チェーン、ディスカウント店、専門店、さらにはインターネットなど、さまざまなチャネルで買えるものだということ。

この店が、アクティブな人々のためのスポーツ・アウトドアウエアを専門に扱う、商品重視の会社であることは間違いない。だが同時に、サービスを2番目に重視することで、インターネットに客が流れるのを防ぎ、顧客基盤を守りたいと考えている。そのため、同社は、専門分野を持つセールスパーソンを採用し、多種多様なスタイルや商品の中から、お客さまがふさわしいものを選べるようサポートしている。

ガイガーズの顧客であるボブが、高性能のパーカーを買いに行った話をしてくれた。応対した若い女性スタッフは、実はスキーのインストラクターだった。店にあるジャケットやコートの性能にとても詳しかったという。彼女は1時間以上かけて、各商品の特徴やメリットを教えてくれた上に、ボブのニーズを一番満たしてくれそうなブランドやスタイルを説明してくれた。

「自分のしたいことに本当に必要な機能はどれで、どれが性能的には大したことのない、おまけみたいな機能かなんて、なかなかわからないからね」と、ボブは言う。結局、140ドルのパーカーを買ったが、受けたサービスのおかげで、満足な買い物ができたという。

レベルⅢでは、サービスという要素で5点を目指す企業なら、消費者1人ひとりに合わせて、商品やサービスを「カスタマイズ」しなくてはならない。その努力が実を結べば、消費者はこんなふうに言ってくれる。「これからも1人の人間として扱ってくれるなら、私も、あなたが扱う商品やサービスについては、あなたを一番の企業に選びます」

しかし、「カスタマイズ」とはどういう意味なのだろう？　一部の企業は、商品をカスタマイズすることで、サービスで市場を支配している。具体的に言えば、セット商品をばらで売る、特別注文に応える、顧客のニーズに合わせて商品をカットする、調整する、つくり変える、などである。

カスタマイズやパーソナライズといった作業は、住宅建築のようなビジネスでは、とくに重要な意味を持っている。「消費者が私たちに期待するのは、ビジョンを満たすことなんです」と、住宅建築会社のスタンリー・マーティンのキャシー・バウムは言う。「家を買う人はみんな、それが初めての家でも終《つい》の住処《すみか》でも、どんなふうに暮らすか、どんな暮らしがしたいのかというビジョンを持っています。そして、自分が買う家に、そのビジョンを満たしてもらいたい、と考えています。満足感がほしいんですよ」

しかし、カスタマイズというのは、なかなか難しい問題だ。銀行や航空会社などから大量に届くダイレクトメールを思い浮かべてほしい。名前のスペルが間違っていたということはないだろうか。こうした例を見ると、サービスのカスタマイズという戦略がいかにもろいかがわかるだろう。下手にやれば、顧客との関係にあっという間にひびが入ってしまう。

カスタマイズによって大成功した企業を1つ挙げるなら、セントルイスに本拠を置くビルド・ア・ベア・ワークショップだろう。この会社は、メイ・デパートメント・ストアーズの元幹部、マキシン・クラークが設立したもので、古いアイデアを一ひねりして成功した典型的な例だ。

ビルド・ア・ベアの各店では、自分だけのオリジナル・ベアがつくれる。しかも、名前、出生証明書、ふさわしいお洋服までついてくる。店のスタッフと一緒に、顧客は好きな「ボディ」を選び、好みの抱き心地になるよう綿を詰め、自分で選んだ服を着せる。仕上げは、「カブ・コンドー」といううおうち型の箱。ここに入れて、家へ連れて帰るのだ。

デルは、ハイテク分野でサービスの基準を確立した。デルのウェブサイトでは、人気機能を搭載したパッケージ商品を選ぶこともできるが、メニューからパーツを選び、好みに合ったパソコンをつくるという選択肢も用意されている。消費者が選び終わると、選んだものの一覧と合計金額が表示され、設定をあとで見直したり変更できるようになっている。また、デルのヘルプデスクにつながるフリーダイヤルが設けられ、消費者はどんな質問にも答えてくれる、生身のスタッフと話すことができる。

しかも、買い上げと同時に、サービスが終了するわけではない。デルの顧客なら誰でも、自分では解決できない問題を抱えたら、年中無休・24時間体制で待機しているカスタマーサービスの技術者と話すことができる。顧客は、こんなサービスにいくら払うのかって？　すべて無料である。

カスタマイズは、オンライン企業の多くが得意とする分野だ。そのため、インターネットにおけるカスタマイズ、パーソナライズの標準は、現実の世界よりかなり高くなっている。

ヤフー、エキサイト、アルタビスタといった大手ポータルサイト、もしくは検索エンジンでは、利用者が画面の表示やコンテンツを、自分のニーズに合わせてカスタマイズできるようになっている。

アマゾンは、顧客がログインすると、新しい本やCD、その他の商品をお勧めする、というサービスを開発し、世の中に広めた。このサービスは、少なくとも「ここには私を知ってくれている人がいる」という印象を与える。そして、ほとんどのオンラインショップでは、注文した商品の発送状況を、顧客が自分で確認できるようになっている。

インターネットのようなテクノロジーが、サービスの要素を変えていくだろう。ほとんどのオンライン企業が提供しているカスタマイズのレベルに、消費者が慣れていけば、実店舗にも同じことを求めるようになるだろう。そうなれば、人間によるサービスの重要性は薄れていくのだろうか？

それは、企業がサービスという要素で、業界の標準を目指すのか、ライバルとの差別化を目指すのか、それとも市場支配を目指すのかによって違ってくる、と私たちは考えている。企業がサービスで3点（標準）を目指しているなら、テクノロジーを利用して問題を解決する姿勢は間違っていない。ただし、4点（差別化）、5点（市場支配）を目指すなら、今後も人材が鍵となることに変わりはないだろう。次のケーススタディが、それを示している。

ケーススタディ

スーパークイン：サービスに次ぐサービス

スーパークインは、アイルランドの一スーパーマーケット・チェーンではない。精肉部門のあるスタッフがうっとりと語った言葉を借りるなら、〝カルト宗教〟である。全社員のみならず顧客の大半が、熱心な信者なのだ。創業者兼CEOのファーガル・クインは、顧客サービスの神様としてアイルランド中で認められ、あがめられている。

クインは絶えずきらきらと瞳を輝かせ、無鉄砲なティーンエイジャーも顔負けのとっぴなエピソードを誇る典型的なアイルランド人で、現代アイルランドの名物男である。アイルランドの郵便事業のトップを務めた折には、郵便局を営利事業体に変え、今では上院議員を務めているほどだ。

スーパークインは、創業者のクインが胸に描いたイメージを、そのまま形にした企業だ。店内にあるすべてのものは、顧客に質の高いサービスを経験してもらうためにある。大きなことから小さなことまで細部にわたって、そこまでしなくても、と思うくらい顧客中心なのだ。

たとえば、ブロッコリーが並んでいる棚のそばには、ハサミが置かれている。買い物客が茎の硬い部分をカットしてから重さを量り、食べる分だけにお金を払えるようにしている。また、野菜や果物の棚の上には、生産者の写真が貼られ、責任者は誰なのか、顧客に伝えている。

そんな壮観とも言える各店舗の応援団長を務めるのが、クイン自身だ。定期的に店を訪れては商品の袋詰めを手伝い、休むことなく、だが軽やかに顧客やスタッフの相手をする。どれもこれも、さらにレベルの高いサービスを提供するためだ。

スーパークインの店舗を訪れると、人生が変わるような経験をする。何も宗教的な話をしているのではない。食料雑貨店にしろ何にしろ、小売業の経営とはこうあるべきだ、という固定観念を崩されるのだ。ダブリン内外で営業している17のチェーン店は、サービスを第1位の要素に、とびきり新鮮で高品質な商品を第2位の要素に据えて、戦っている。

ファーガル・クインは1960年、ダブリンの北にあるダンドークという町に、小さな食料雑貨店を開いた。これが、スーパークインの1号店だ。同じく食料雑貨商だったクインの父親は、幼いクイン少年に、「商売で成功する鍵は、お客さまをとことん満足させて、また来てもらうことだよ」と教え込んだ。この教えを胸に刻んだクインは、スーパークインを世界でも一目置かれる成功企業に育て上げた。

今日スーパークインは、4000人を超える従業員を抱え、ダブリンの食料品市場の2割を占める売上を誇り、業界のさまざまな賞に輝いている。だが、クインにとって何よりうれしいことは、スーパークインの顧客が、ほかの店で買い物しようなどとは夢にも思わないことだ。

第1位の要素：サービス

・店の入り口に出迎えのスタッフを配置し、買い物客にあいさつしたり、カートを手渡したり、コーヒーを勧めたり、車椅子を持ってきたりしている。
・低コストと引き換えに品質をおろそかにしないよう、商品の包装には細心の注意を払っている。
・店長には、オフィスにいるのではなく店頭に立つよう促している。
・店の至るところで、食品の試食販売を行っている。
・傘を貸し出したり、顧客の車まで荷物を運ぶサービスを実施している。
・果物や野菜の栄養成分の説明を店内に掲示し、顧客が十分に情報を得た上で選択できるようにしている。
・顧客が質問や苦情を出しやすいように、全店の入り口付近に顧客サービスカウンターを設けている。

- 常連客が、1、2品のためによその店に足を運ばなくて済むよう、（ライバル店でしか扱っていない商品でも）特別に仕入れている。
- 店内の特定エリアを担当する「通路モニター係」を配置し、顧客の質問に答えられるようにしている。
- 鮮魚や精肉部門のスタッフに料理の訓練を行い、顧客に魚や肉の切り方や、調理の仕方をアドバイスできるようにしている。
- プロのスタッフがいる託児エリアを設け、顧客が買い物している間、子どもが遊べるようにしている。
- 顧客優遇プログラムは、データ収集のためだけでなく、新たなサービスを生むために活用している。
- 評判の高い銀行と共同事業を立ち上げ、各店で金融サービスを提供している。

スーパークインの成功をたどれば、「ブーメランの法則」に行き着く。これは、クインが著書『お客さまがまた来たくなるブーメランの法則』［かんき出版］で詳しく述べているように、「顧客に繰り返し足を運んでもらうために、あらゆることをする」というシンプルな哲学だ。もしくは、「短期的な損失には目をつぶり、長期的な顧客ロイヤルティを構築する」

と、言い換えてもよいだろう。

実際、クインと経営陣が実施してきたプログラムやサービスには、目先の収益を考えると採用する気になれないが、長い目で見れば何千ドルもの追加利益を上げている、というものが多い。店のスタッフの配置もその1つだ。クインは、200人で事足りる店舗運営に、300人以上のスタッフを充てている。余剰人員は、顧客サービスに専念しており、レストランを紹介したり、パーティを企画してくれるコンシェルジュまでいる。こうしたサービスは、純利益には貢献しないかもしれないが、同社をほかのスーパーと一味違う企業にしている。

では、スーパークインは、どのようにこれを実現しているのだろう？　どのようにファイブ・ウェイ・ポジショニングの本質を、具体化しているのだろうか？　それは次の3つの方法によってである。

1　当たり前のことをきちんとやる

この章の前半で話したように、多くの企業は、付加価値の高いさまざまなサービスを提供する一方で、顧客が本当に求めている、当たり前のことをおろそかにしている。スーパークインの成功はおおむね、小さなことを決してないがしろにしない姿勢のたまものだ。

たとえば、スーパークインでは、どの店の入り口にも出迎えのスタッフが配置されている。彼らの仕事は、好ましい第一印象を与えるだけでなく、顧客が買い物しやすいよう手を貸すことだ。ショッピングカートを手渡したり、コーヒーやスープを勧めたり、子どもをカートに座らせようとしている母親に手を貸したり、障がいを持つ顧客には車椅子を用意したりしている。あるいは、新しい顧客に目を留めて、店の仕組みを説明するのも、彼らの仕事だ。

スーパークインでは、商品の包装にも力を入れている。たとえば、魚や肉用に気密性・防水性に優れた特殊な保冷バッグを採用している。バッグの保冷効果はビニール袋より1時間ほど長いので、食品の鮮度を保てるほか、カートの中でほかの商品に臭いが移るのを防いでくれる。さらには、顧客が冷蔵庫や冷凍庫に保管する際に、パックし直す手間も省いてくれる。「もちろん、バッグは割高ですよ」と、営業部長のコーマック・トービンは言う。「でも、お客さまによりよいサービスを提供できます。お客さまもとても喜んでくださっていて、うちの強みになっているんです」

もう1つ、小さなことだが、スーパークインとほかの店には目を引く違いがある。それは、店長や責任者が必ず店頭に立っていることだ。管理職は全員、現場で仕事をすること――これをファーガル・クインは、早い時期に基本方針に据えた。スーパークインでは、使っていないレジやワインの箱、棚の上で書きものをしている店長たちの姿をよく見かけるが、いずれも顧客や従業員のニーズにすぐに対応するためである。

ほかにも、小さなことだが、重宝なサービスがいくつもある。たとえば、不意に土砂降りに見舞われた顧客に傘を貸したり、車まで荷物を運んだり、家まで配達するサービスもある。また、店内でさまざまな試食販売も行っている。パンのコーナーでは、焼き立てのホットケーキが食べられるし、国内外の多種多様なチーズを試食することもできる。

ジャガイモの袋が、重くて持ち上げられない？　大丈夫。ラミネート加工したタグをカートにつけて、どのジャガイモがほしいか示しておけば、レジを通るときに持ってきてもらえる。必要な栄養を取るのに、どの野菜と果物がいいのかわからない？　青果コーナーへ行けば、表示やパンフレットがたくさんあって、アイテムごとのビタミン含有量や栄養情報が詳しく説明されている。1時間も買い物して、くたくたになった？　ご心配なく。レジのそばには椅子もあるし、お望みならシャンパンが1杯、無料で提供される。

2 もうひと頑張りする

スーパークインは、大きなこともたくさん、きちんとこなしている。その1つが、顧客サービスカウンターだ。小売業者の多くは、「苦情窓口」を店の最上階や奥のトイレの脇などにこっそり隠しているものだが、スーパークインは、入り口のそばにサービスカウンターを設置している。そうすることで、さりげなく、いや強力にアピールしているのだ。「うちはサービスを大事にしています」、「お客さまのご意見やご不満を真摯に受け止めています」と。

カウンターには1人か2人、スタッフが配置され、さまざまな質問やトラブルに対処し、電話の応対も行っている。たいていの場合、サービスカウンターの担当者がその場で判断し、問題を解決するため、店長を巻き込むことはほとんどない。このやり方で問題をすばやく解決するため、顧客を手間取らせずに済んでいる。担当者は多くの場合、2、3日後に改めて顧客に電話をかけ、問題が解決し、顧客の納得が得られているかどうかを確かめている。

ほかにも、もうひと頑張りの例がある。スーパークインは、常連客のために特定の商品を仕入れることをいとわない。たとえそれが、ライバル店でしか買えなくても。ダブリン南部の郊外にあるバリンティア支店の店長、ナイル・ブロアムは、このサービスもビジネスの一環なのだ、と話す。

「すべてのお客さまのために、ありとあらゆる商品を扱うわけにはいきません。それは不可能ですよね。でも、お客さまのリクエストに応えて、特定の商品をキープしておく場所ならあります。たとえば、女性のお客さまで、あるブランドのジュースが大好きな方がいらっしゃるんです。でも、そのジュースはこの先にある、テスコにしか置いていません。ですから、その方はうちで買い物を済ませたあと、毎回そのジュースだけのために、わざわざテスコまで足を運んでおられたんです。

ですから今では、私たちが代わりにテスコへ行って、ジュースを買って、店にお取り置きしています。そうすればお客さまもわざわざテスコへ行かなくて済むし、私たちだって、大事なお客さまをライバル店から遠ざけられます」

スーパークインは、どんな人材を採用するかに細心の注意を払い、店内のどこに配属するかに気を配っている。たとえば、店内の通路には必ず「通路モニター」と呼ばれるスタッフが配置されている。彼らの仕事は、その通路の棚にきちんと商品が並んでいるか、通路がきれいで邪魔なものが置かれていないか、確認することだ。各通路には、通路モニターの名前と顔写真が掲示されており、顧客は困ったときに誰に声を掛ければいいかがわかる。

さらに、訓練を受けたチーズやワイン専門のスタッフが、試食や試飲を勧め、買い物のアドバイスをしている。そして、特定のワインやチーズについては、必要な情報を顧客に伝えている。それから、精肉、鮮魚部門のスタッフは漏れなく、料理やソーセージづくり、もしくは魚のおろし方の訓練を受けている。顧客に肉や魚の切り方、調理のアイデアを伝授するためだ。

時には、もうひと頑張りが、「もうひとっ走り」を意味することもある。元店長で今はプロジェクト・マネージャーを務める、ジェリー・トゥーミーの話を紹介しよう。

「あるとき、ぼくがいない間に、お客さまとのトラブルが発生していたんです」と、トゥーミー。「出先から戻ってそれを聞いて、あわてて車に飛び乗りました。お客さまのお宅へ行って、不手際をお詫びして、何か埋め合わせができないかうかがいたい、と思ったんです。結局、お宅に2時間ほどいて、それはいろんな話をしました。たしかトラブルの話は、15分ほどで済んだと思います。あとは、お天気の話や、お子さんたちの話をしていましたね。もちろん、問題は解決しましたし、喜んでいただけました。何と言っても、私たちが心から気遣っていると知っていただけましたし、私たちも、トラブルを通じて、お客さまにとって何が大切なのか、学ぶことができたんです」

3 顧客の期待以上のことをする

スーパークインと競合他社には、多くの違いがあるが、中でもいくつかのプログラムは、顧客サービスという点で、ライバルのはるか先を行っている。そんなプログラムの1つが、託児サービスだ。スーパークインの全店には、子どもが入って遊べるおもちゃの家のコーナーがある。そこには訓練を受けたプロの保育スタッフがいて、顧客は買い物の間、無料で子どもを預けることができる。

このプログラムは、顧客・人事顧問のマーガレット・ジョーンズの発案で25年前に導入され、今では母親たちを店に惹きつける目玉の1つとなっている。「託児エリアは、間違いなく、子連れのお客さまの買い物の負担を軽減してくれます」と、ジョーンズは言う。「子どもたちは、『お買い物に行く』のを楽しみにしていますし、お母さんたちも落ち着いて買い物できるんですよ。子どもが何をしているか、いちいち気をもまずにね」

面白いことに、このプログラムは、思いがけない効果を生んでいる、とジョーンズは言う。「アイルランドには、幼稚園がないんです。だから、スーパークインは、子どもたちがいろんなことを学び、コミュニティになじむ手助けをする、学校のような存在になっているんです」

「地域の小学校から、何度言われたかわかりません。スーパークインが近くにオープンしたら、半年もたたないうちにわかる、って。小学校入学前の子どもたちが通うクラスに、変化が生じるらしいんですよ。みんなとっても社交的になって、ルールをきちんとわきまえて、友達と何かを分かち合ったり、一緒に遊ぶにはどうすればいいか、わかっているんですって」

託児エリアはスーパークインにとって、決して安くはない投資である。ジョーンズによると、スーパークインはこのプログラムに、年間100万ドルを投資している。だが、プログラムは店の信用と顧客ロイヤルティを生み出し、投資以上の価値を生んでいる、と彼女は言う。「ええ、たしかに高くつきます。託児エリア自体が収益を上げるわけではありませんからね。でもこれは、正しいと思うからやる、といったたぐいの事業なんですよ」
「顧客調査でも、多くの女性が言ってくれます。『最初はおもちゃの家が目当てで来ていたけど、子どもたちが16歳を超えても、やっぱりここで買い物しているわ』って。それに、おもちゃの家があるから、競合店を素通りしてうちへ来てくださる方が多いことも、判明しています」

スーパークインはまた、「スーパークラブ」という顧客優遇プログラムでも、大きな成果を上げている。こうしたプログラムは、アイルランドの小売業界では初の試みだったという。スーパークラブは、スーパークインの完全子会社であるスーパークラブ・ターゲット・マーケティング社が運営し、20社を超える提携企業が参加している。

スーパークラブに登録した顧客は、提携企業とのさまざまなやり取り——たいていは、特定の商品・サービスの購入——で、ポイントをためる。そして、たまったポイントを使ってスーパークラブのカタログに載っているギフトを購入したり、提携企業で買い物する際に割引を受けたりできる。

プログラム自体は、ありきたりだと感じるかもしれない。顧客優遇プログラムを実施している企業など、珍しくないからだ。スーパークラブのユニークなところは、スーパークインがこのプログラムを使って、顧客に喜ばれる新しいサービスを生み出していることだ。顧客の8割が、スーパークラブのカードを利用しているのも、そのためだろう。

その1つが、有名な「うっかりポイント《グーフ》」プログラムだ。これは、店内の問題に気づいて指摘してくれた顧客に、スーパークラブのポイントが与えられる、というもの。ショッピングカートがぐらついている、商品の賞味期限が切れている、青果売り場のビニール袋がなくなっている、などどんなことでも構わない。このアイデアは、まさに天才的だ。顧客全員をトラブル発見係に変えた上に、買い物にお楽しみの要素を加えることができる。しかも、店のスタッフには緊張感をもたらしてくれる。

また、スーパークラブ・プログラムのおかげで、スーパークインは、顧客層をさらにしっかりと理解できるようになった。まず、カードによって、顧客のことをある世帯の一員として把握できるので、店側は時間の経過と共に、個々の取引だけでなく、その世帯全体の買い物情報を蓄積することができる。さらに、顧客がレジでスーパークラブカードを提示すれば、レジ係は、POSシステムにカードを通すことで画面に有益な情報を表示することができる。たとえば、店側の画面には、顧客の名前が表示されるので、レジ係は顧客を名前で呼ぶことができる。顧客側の画面には、スーパークラブの合計ポイントが表示され、ポイントのたまり具合がひと目でわかる。

「多くの企業が犯す間違いは、お客さまの忠誠心《ロイヤルティ》をゲームのようにとらえていることです。ロイヤルティはゲームじゃない。ゲームで善戦した結果、得られるものなんですよ」

もう1つ、人気上昇中のプログラムがある。トゥーサ銀行だ。これは、スーパークインと信託貯蓄銀行との共同事業だ。トゥーサ銀行は、食料品を買うついでに銀行の用事も済ませられる、という利便性を顧客に提供しているだけではない。スーパークインが体現しているハイレベルなサービスを、金融機関でも受けられるようにしているのだ。

「トゥーサの課題は、いかに顧客志向の銀行をつくれるか、という点にありました」と、共同事業のキーパーソンである、ジェリー・トゥーミーは言う。「トゥーサは今や、うちの強力な差別化ポイントになりました。お客さまは、気持ちのよいやり取りや優れたサービス、個人的な配慮、よそより長い営業時間といったメリットを享受できるだけでなく、スーパークラブのポイントまでためられるんです」

トゥーサをスーパークラブカードと結びつけたことで、スーパークインのサービスとクロスマーケティング〔複数の企業が、商品やサービスを協力して推進すること〕の可能性は広がる一方だ。

質の高い商品を顧客に提供するために

スーパークインの成功の秘訣

第2位の要素：商品

- 店内のパン屋は、4時間ごとに焼き立てのパンを提供している。
- 忙しい顧客のために、高品質なサラダバーと調理済み食品を提供している。

- 青果、肉、シーフードは、鮮度を保証するため、1日2回の配達を供給業者に求めている。
- 商品の品質と革新性を保つため、えりすぐりの供給業者と独占販売契約を結んでいる。
- 品質や鮮度のより高い基準を満たす、プライベートブランド商品を提供している。
- 「新鮮さ」をさらにアピールするため、シーフードや肉は、おおむね注文に応じて切り分けている。

ファーガル・クインと経営陣にとって、サービスの次に重要なことは、一貫してよい商品を提供すること。それは、国内のどこででも買える商品ではない。トゥーミーは言う。「もちろん、サービスでお客さまをあっと言わせたいですよ。でもね、食品が新鮮で高品質でなければ、誰がまた足を運んでくれるでしょう?」

実のところ、スーパークインは、青果、肉、シーフード、焼き菓子といった食品の調達、包装やラベルの処理、マーチャンダイジングへの革新的なアプローチで、有名になったのだ。

1 焼き立てパンの香り

スーパークインの店に足を踏み入れた途端、焼き立てパンのほんわかとした香りが迎えてくれる。しかもこれは、単なるマーケティング上の策略ではない。各店のオーブンを、6～10人のパン職人が動かしているのだから。スーパークインは、「うちは、アイルランド最大のパン屋だ」と主張している。ナイル・ブロアムによると、ライバル店はどこも、製パン所で焼いたパンを店頭に並べているだけだという。「焼いて4時間以上たったパンは、絶対に売らない」という同社の方針のおかげで、顧客は、安心して焼き立てパンを買って帰れる。

2 サラダな毎日

北米のスーパーでは当たり前の光景だが、フレッシュなサラダバーは、アイルランドのスーパーでは、まだ珍しいものだ。スーパークインの各店では、野菜をはじめとしたサラダの具が美しく並べられ、絶えず補充されている。その品質と見栄えに責任を負うのが、サラダバー・マネージャーだ。ブロアムによると、今採用されている方針のおかげで、サラダバー・マネージャーは、サラダバーを美しく保てているが、青果コーナーのディスプレイを担当するマネージャーたちは、ぴりぴりしているという。

「うちの店では、カールがサラダバーの品質管理を担当しています」と、ブロアム。「サラダバーをグレードアップしたいと思えば、カールは青果コーナーのディスプレイの中から、お目当てのアイテムを自由に取り出していいことになっています。お客さまにお売りする基準には達していないけれど、サラダにするにはいい、という品質のものを見つけたらね。もちろん、そんなことをされたら、青果コーナーのディスプレイ担当者の成績に響いてきます。だから、ディスプレイを壊されないよう、最高の商品だけを並べるようになるんですよ」

サラダバーの導入は、スーパークインで成功を収めている「調理済み食品《ホーム・ミール・リプレイスメント》」（ＨＭＲ）プログラムの一環として行われている。ＨＭＲプログラムは、お腹をすかせた忙しい顧客が、温めればすぐ食べられる高品質な料理をバラエティ豊かに提供している。ＨＭＲも、アメリカのスーパーではすっかりおなじみだが、アイルランドではまだ珍しいのだ。だが、スーパークインのＨＭＲ商品が好評なところを見ると、状況は遠からず変わっていくことだろう。

3 鮮度と安全性を重視

スーパークインでは、朝7時と午後一番の1日2回、すべての果物、野菜、肉、魚を納入するよう仕入先に求めている。これを徹底するために、各店には、せいぜい20～30平方メートルの小さな冷却室しか設けていない。だから、商品が届くと、従業員は店内の棚やケースにある商品を廃棄しなくてはならない。もったいないと思うかもしれないが、トービンによると、スーパークインの各店では、こうした作業に欠かせない予測がきちんとできているという。

「青果の廃棄率は1～3パーセントくらいです」と、トービン。「もちろん、喜んで商品を捨てる者はいませんが、社員には捨てるべきだと伝えています。そうしないと、少なめに仕入れるようになってしまいますから。今の廃棄率を保つために、仕入れ業者ときちんと連携していますし、コミュニケーションも十分取っていますから、見通しが変われば、すぐ調整できるんです」

商品の新鮮さをアピールするため、スーパークインでは、野菜や果物が並んでいる上部に、いつ収穫されたかを掲示している。精肉や鮮魚のコーナーでは、肉や魚を注文に応じて切り分けることを優先し、事前に大量に切ることを控えている。「お客さまは、肉や魚が自分用に切り分けられるところを見たいんですよ」と、トービンは言う。「新鮮だ、っていううちのコンセプトもしっかり伝わります」

肉の安全性は常に重要な問題だが、ここ何年かはとくに、英国での狂牛病騒ぎを受けて、いっそう懸念が高まっている。スーパークインでは、肉が適切に扱われている、と顧客に安心してもらうため、陳列ケースの温度を15分ごとに測定し、記録したものを表示している。

さらに安心感を得るために、販売しているすべての肉のDNAトレーサビリティを100パーセント保証している。つまり、顧客が骨付き肉やステーキに問題を感じたら、店はどの家畜から切り分けた肉かまで、追跡できるのだ。「もちろん、事が起きてからの対処にはなりますが、お客さまは安心されます。一連の安全性チェックを見ていれば、うちが安全第一なのはおわかりいただけますから」

最高品質の食品を求める顧客を対象に、スーパークインは、「スーパークイン・セレクト」というプライベートブランドを提供している。「セレクト」のラベルがついた商品は、食品の安全性、味、柔らかさ、新鮮さ、動物保護、そして「アイルランドらしさ」に関する厳しい基準を満たしている（ちなみに、最後にあげた「アイルランドらしさ」は、とくに重要だ。アイルランドのような小さな国では、どの業界も国民の強力な支持がなければ生き残れない）。

4　革新的な商品

スーパークインは、アイルランド人の食卓に新しい商品をもたらす、その革新性で高く評価されている。同社の商品でとくに有名なのが、ソーセージである。「アイルランド人は、とにかくソーセージに目がないんです」と、トービンは言う。スーパークインは、ダブリンにわずか11店舗しかないが、同市のソーセージ市場の32パーセントほどを占めている。ちなみに、アイルランド全体では、約15パーセントのシェアを誇る。外国人には残念な話だが、このソーセージはアイルランドでしか買えない。スーパークインが、自社の店舗でしか売るつもりがないからだ。

「みなさんソーセージ目当てに、はるばる来店してくださいます。ソーセージは、お客さまを引き寄せる目玉の1つなんです」と、トービン。「ほかの店で売ったら、品質管理ができなくなりますし、うちの店にお客さまを呼び込めなくなってしまいます」。だからと言って、外国人客が、国へ持ち帰ろうとしないわけではない。トービンによると、アメリカ人はしょっちゅう、ソーセージをこっそり持ち帰ろうとするのだが、たいていうまくいかないという。「JFK空港の税関職員が、うちのソーセージの大ファンなんですよ」と、トービンは笑った。

「うちのソーセージが特別なのは、材料と、毎日店でつくっているおかげですね」と、トービン。ほとんどのソーセージは、肉が30パーセントで、残りは穀物のつなぎでできている。だが、スーパークインのソーセージは、肉が65パーセントで、つなぎは35パーセント。これにスーパークインのオリジナル調味料を加えると、最高の商品ができ上がる。

アイルランド人がソーセージよりよく口にする食べものと言えば、おそらくジャガイモしかない。トービンによると、アイルランド人はジャガイモにはことのほかうるさく、スーパークインも、顧客を満足させるジャガイモを手に入れるのに苦労したという。そこで同社は、顧客が望むあらゆる特徴を備えたジャガイモを、自社で開発することにした。

「ドイツのある企業と協力して、種子を開発しました。それからアイルランドのある農園と提携して、ジャガイモを育てたんです」と、ブロアム。「うちが扱うジャガイモの中で、これが一番売れています。おいしいですよ！　ライバル店のどこも、たかがジャガイモのために、あれほどの苦労をしようとは思わないでしょう」

ジャガイモのエピソードは、供給業者との関係に対する、スーパークインのより大きな哲学を反映している。商品の鮮度や安全性、品質、革新性を保つため、スーパークインは、えりすぐりの供給業者と独占販売契約を結び、そうした企業を「パートナー」と呼んでいるのだ。

「うちと取引するなら、とびきり革新的な牛肉の供給業者でないといけません。衛生状態やDNAトレーサビリティの点で、最高の企業でなくては」と、トービンは言う。「シーフードも青果も、最高の仕入業者でなくては困ります。そして契約したら、アイルランドでは、うちが一手に販売させてもらいます。海外ではよその企業と仕事をしてもらっても構いませんが、国内では、うちとだけ取引してもらっています」

トービンによると、こうした取り決めがうまくいくのは、どの企業との関係においても、価格設定の透明性が確保されているからだという。これは食料雑貨業界では、まれなケースだ。「仕入先は、私たちが各商品でいくらもうけるかを知っていますし、私たちも相手がいくらもうけるかを知っています。その上で、チームとして仕事をしているんです」と、トービン。「うちのパートナーは、店内を自由に歩き回って、いい点や悪い点を教えてくれます。私も、意見させてもらいます。お互いのビジネスを成功させたいんですよ。だからこそ、それを支えてくれるパートナーと、仕事をしたいんです」

社員に権限を与えれば、最高のサービスが生まれる

スーパークインでは、社員のことを「仲間」と呼んでいる。彼らとほんの2、3分話せば、「仕事を愛しているんだな」とわかる。そんな仕事への情熱が、ほかの社員や顧客を大切にする姿勢を生んでいることも、伝わってくる。そんな情熱の源は、社員全員が、「正しいと思うことをする権限を与えられている」と感じていること。こうした企業風土を生み出しているのは、経営陣だ。

ジェリー・トゥーミーは、そんな事例をいくつか挙げてくれたが、ここでは、彼が店長時代に部下を救った話を紹介しよう。そうしろという社の方針があったわけではないが、会社はきっと彼の判断を支持してくれる、と確信していた。トゥーミーはある日、仲間の1人が、夫が2カ月前に失業し、家賃が払えずに困っていることを知った。そこで、会社の小切手を切ってその月の家賃を払い、彼女の夫が2社の面接を受けられるよう手配した。夫は翌週には、就職できたという。

「会社として、仲間のために、そうすべきだと思ったんですよ」と、トゥーミーは言った。「仲間たちが、『自分は会社から必要とされている』と感じ、喜んで出勤してくれるようになれば、店長の仕事はうんと楽になりますからね」

ただし、権限を与えられたからと言って、社員が好き勝手に振舞っていいわけではない。「うちのビジネスモデルの難しいところは、社員に権限を与えながらも、企業文化に反することをしてはいけない、と全員に理解させることです」と、ファーガル・クインは言った。「だから、常に仲間に伝えるようにしています。わが社のサービスにプラスになることなら、正しいと思うことをやりなさい、と。たとえば、そのままでもいいけれど、もっとよくなると思うことを見つけたら、ぜひやってほしい。ただし、色が気に入らないからと、店の掲示物を勝手に下ろしてはいけない。そんなことをしても、サービスの向上にはつながりませんからね」

つまるところ、何をサービスととらえるかは、十人十色かもしれない。トゥーミーにとってのサービスとは、顧客の視点で見た場合、極めてシンプルなものだ。「うちのお客さまは、サービスをこう定義していると思うんです。店に来たら、ほしいものがすべて手に入る。しかも買い物している間中、大切に扱ってもらえる。店内ではスーパークインの一員になった気がして、店を出るときにはハッピーな気分になっている。お客さまがイライラしながら店を出たとしたら、うちがきちんとサービスできなかった、ということですよ」

本書の視点で言えば、スーパークインは、ファイブ・ウェイ・ポジショニングと矛盾しているとも言える。なぜなら同社は、明らかにサービスで市場を支配しているが、商品による差別化も相当レベルが高く、商品でも5点を獲得している、と言えなくもないからだ。しかも、ファーガル・クインは、あらゆる面で顧客の役に立ちたい、という強いこだわりを持っているため、同社は（プライスリーダーとまではいかないが）、価格でも積極的に戦い、顧客との親密な絆づくりにも熱心で、アクセスも重視している。

たとえば、急な来客があり食材が必要になった時でも、スーパークイン・チームが喜んで、注文の品を配達してくれる。実際、スーパークインの店長たちは、ターゲットとする世帯層にうまく対処できれば、見返りがもらえることになっている。

アクセスについて言えば、スーパークインでほしいものを探していたら、サービスの鉄則に基づいて、誰かが必ず手を止めて（むろん、ほかのお客さまの相手をしていなければだが）、一緒に探してくれるか、さっと見つけてきてくれる。

顧客の経験価値にまで配慮している点で、スーパークインはいくぶん手を広げすぎている。それによって、若干利益を失っているのではないだろうか。私たちは、本書の前半で、スーパークインは期せずしてファイブ・ウェイ・ポジショニングを実践している、と述べた。これまでに出会った企業の中でも、指折りの素晴らしい企業である。

それでも、完ぺきな企業などない。今後スーパークインが大幅に規模を拡大しようとすれば、顧客への徹底的な献身をいくぶん犠牲にするか、利益を大きく縮小せざるを得ないだろう。

あなたの会社を診断しよう（サービス）

Q 顧客1人ひとりのニーズに応えて、商品やサービスを快く、きちんとカスタマイズしているか？

Q サービスで差別化をはかっているなら、取引している顧客に、知識や情報を与えているか？

Q 店に来る潜在顧客はみんな、あなたから本当に大切にされている、と感じているか？　羊の群れのように、顧客をぞんざいに扱っていないだろうか？

Q 日常的に顧客と話して、顧客にとって「並みのサービス」「よいサービス」「優れたサービス」とは何か、知ろうと努力しているか？

Q 消費者として、競合他社の飛行機で旅をしたり、保険の契約を結んだり、スタジアムの席を購入したりと、ライバルにアプローチしているか？　ライバルとしてではなく、1人の顧客として、彼らのサービスのレベルをどのように感じただろう？

CHAPTER 5

I Still Haven't Found What I'm Looking For: Access, Physical and Psychological

アクセスで市場を支配する

アクセスは立地がすべて、ではない

アイルランドで私たちは、ダブリンの「ロック・ハード」たちに出くわした。ユニークなヘルメットで人目を引く彼らは、アクセスのマーケティングをこれまでにないレベルへと引き上げた「ビジネスパーソン」の集まりだ。ロック・ハードたちは、交通量の多いダブリンのオフィス街をパトロールして、イライラしているドライバーたちを、狭い駐車スペースへと無造作に案内していく。そして、一輪車用と見まがうようなスペースに車を押し込もうと頑張るドライバーに、「ハンドルを切れ《ロック・ハード》、今だ」と声を上げる。

ドライバーがぐったりしつつも、歩道脇のとりあえず安全な場所にどうにかこうにか車を停めると、ロック・ハードたちが近づいて言う。「ほら、ここなら安心だろ?」絵に描いたような気遣いを見せる。「おれが見張っといてやるよ。まあ、男が時間をかけて見張るんだから、ただってわけにはいかないけどな。それでも、おたくも知っての通り、昔ながらの町でも昔と違って物騒だからさ」

ロック・ハードたちは、アクセスという要素の2つの力学――物理的アクセス（駐車できる、もしくはすべき場所）と、心理的アクセス（帰りは車に乗れないかもしれないという心配）――をうまく組み合わせ、日常的なサービスを市場に提供している。

対消費者ビジネスは、ロック・ハードたちに学べそうだ。長年にわたって、企業はアクセスの定義を、不動産業界でおなじみの「とにかく立地です！」の一言で片づけてきた。実際、アクセスと言えば、かつては立地がすべてだった。だからマクドナルドは、シカゴからシャンゼリゼ通り、ケンタッキー州ルイビルからロンドンに至るまで、世界中の街角に出店しているのだろう。

至るところにガソリンスタンドがあり、スーパーに必ずATMがあるのも、同じ理由からだ。どこへ行っても、喫茶店やアイスクリームショップ、ネイルサロンをやたらと見かけ、ショッピングモールにも量販店にも、ナッシュビルからニースまで、必ず同じ店がセットで入っている。ザ・ボディショップ、フットロッカー、ギャップ、リミテッドなど。

ごく最近では、ガソリンスタンドとコンビニは方針を変え、住宅地や中核都市に進出している。銀行は、全米の住宅街や郊外の人通りの多い場所に、支店を構えるようになった。そして、スターバックスやダンキンドーナツ、CVS／ファーマシー、ウォルグリーンといった企業は、大型オフィスビルや小さなショッピングモール、大通り沿いなど「消費者がたまる」場所を独り占めしている。「立地がすべて」という考えに、しがみついている証拠だ。

だが、今日の消費者に支持されているのは、アクセスの新たな定義のほうだ。つまり、心理的なアクセスを重視した定義である。目指すのがスーパーでも、銀行の支店でも、車の販売店でも、駐車場が広いかどうかや、右折で入れるかどうかより、店内をスムーズに首尾よく回れて、探しものが見つかる、と感じられることをアクセスと呼ぶようになっている。

とはいえ、消費者が不便な場所を好んでいる、というわけではない。結局のところ、アクセスとはポーカーゲームの参加費のようなものなのだ。行きにくい場所にあれば、ゲーム

（ビジネス）には参加できない。だが、今日のアクセスは、多面的な要素であり、土地や建物をはるかに超えた、さまざまな意味を持っている。今や、立地がすべてではない。立地は、差別化というモザイクを成す1ピースにすぎないのだ。

この変化には、2つの大きな理由がある、と私たちは考えている。1つは、私たちがおおむね車社会で暮らしていること。ほしいものを手に入れるためなら、多少の距離は移動できる備えも意欲も能力も持っているのだ。2つ目は、インターネットのおかげで、いつでも、どこでも、何にでも、たいてい手が届くようになったこと。

今日、アクセスとは立地というより、消費者が望むときに、望む場所で、なるべく邪魔が入らず面倒もなく、企業とやり取りできるようにすることを指している。たとえば、銀行のアクセスなら、支店を開設するだけでなく、利用しやすいATM網を築くことを意味している。小売業者なら、顧客に「買いやすさ」を提供すること。もしくは、店の地図が頭の中にざっと描けるようにすることだ。要するに、簡単で便利でなくてはいけない。買い物客がほしいものをさっと見つけられて、店を自分のニーズに合わせて使いこなせるくらいに。

消費者は、「さっと買える」を求めている

こうして新たなアクセスの形が浮上してきた背景には、通販が復活し、テレビショッピングの人気が高まり、オンラインショッピングが着実に伸びてきたことがある。アクセスで市

場を支配する新興企業の代表と言えば、アマゾンだろう。

同社のウェブサイトは見つけやすく、サイト内をスムーズに移動できる。しかも、付加価値の高い多彩なサービスを展開し、アクセスの新たな定義が、買い物の枠に留まらないことを示している。アマゾンは、書籍やCDへのアクセスを提供しているだけでなく、ほかの消費者のレビューを掲載する、などのサービスを通じて、コミュニティへのアクセスも提供しているのだ。

現実の世界では、ダラー・ジェネラルが、価格で市場を支配する一方、アクセスの新たな定義をうまくキャッチし、約5000店舗の店内の案内《ナビゲーション》に注力している（第3章ケーススタディ参照）。「さっと入れて、さっと出られる店でなくてはいけません」と、最高総務責任者を務めるボブ・カーペンターは言う。

「うちの店の面積は、600〜700平方メートルと決めています。理由はね、入り口に立ったお客さまが、店のすべてのパートを見渡せなくてはいけないからです。視界をさえぎるものがなければ、ほしいものが見つかって、さっと買ってさっと出て行けるんですよ。だから、うちでは目の高さを超える位置には、什器を設置しません。小さな店で、目の高さより上に什器があると、お客さまにはごちゃごちゃして見えるんです。ほしいものが見つからなければ、うろうろと店のあちこちを探し回ることになります」

アクセスとは、買い物客が探しものを見つけること、と心得ているダラー・ジェネラルは、全店舗で共通の「地図」をつくり上げた。「入ってすぐ左手に、保存のきく食品を置いています」と、カーペンター。「こういった商品は、さっと手に取ってもらえます。みなさんたいてい、こういうのを1つ買いに来られて、それを手に取ったら、洗剤とか掃除溶剤とか、ペーパータオルがほしくなるんですよ。だから、そういう商品は奥の壁際に並べています。それから、デオドラントとか歯磨き粉も必要でしょうから、それは正面から見て右側の手前のほうに置いています。

ですから、歯磨き粉を買って帰るには、食品と家庭用品のコーナーを通らなければいけませんが、もし肝心の2つだけを買いたい、というときは、手前のほうでさっとそろえることができるんです。そう、保存食品は左側手前に、歯磨き粉は右側手前に並んでいますからね。大事なことは、うちのどの店に来ていただいても、商品がすべてまったく同じ位置にあることです。みなさん場所をご存知だから、入ってきた途端に、ほしいものを見つけられるんですよ」

まったくビジネスモデルは異なるが、アムウェイも、アクセスを差別化のポイントにしている。消費者はアムウェイで、たいていのもの――保険、自動車、電化製品、家具、食品、その他の消費財――が買える上に、家を一歩も出ることなく届けてもらえる。アムウェイのビジネスモデルは、消費者同士、ご近所同士のコミュニティに根ざしている。

顧客になってくれそうな人に対面販売をする、というスタイルで知られるアムウェイは、月収を増やしたい、新しい仕事を見つけたい、と望む一般市民を販売員にしている。そして、家庭用洗剤やクレンザー、パーソナルケア商品を扱う、便利で利用しやすい小売業者として名を馳せている。アムウェイをはじめとした宅配小売業者は、何百万人ものアメリカ人と世界中の消費者が、アクセスという要素を定義し直すのに一役買っているのだ。

また、アムウェイは、新たに立ち上げたウェブサイト、クイックスターでアクセスのモデルをさらに拡大している。1999年に設立されたクイックスターは、オンラインショッピングの場であると同時に、新たな販売員獲得の場でもある。消費者は、せっけんや洗剤、ビタミン強化飲料、浄水器といった、アムウェイならではの家庭用品やヘルスケア商品を買うこともできるが、この新たなサイトでは、さまざまな電子機器や宝石類、その他の商品も購入できる。1500社を超える企業の、1万点以上の商品を扱っているからだ。

顧客は、アムウェイのサイトだと知らずに、シャープのビデオ一体型テレビやセイコーの時計、その他多くの商品を買うことができる。アムウェイのeコマース・ベンチャーを率いるケン・マクドナルドによると、このサイトは、アムウェイ以外の商品を幅広く提供することで成功させたいのだという。「1つ確信しているのは、1つの事業をただ引き伸ばすより、まったく違う2つの事業を行ったほうが、もうけが増える、ということです」

心理的なアクセスとはなにか?

こうした企業が生み出すコミュニティ感覚は、心理的なアクセスの1つであり、実際の建物やウェブサイト、店内レイアウトといった物理的なアクセスと、対《つい》を成している。心理的なアクセスは多くの場合、経験価値と深く結びついている。そういう意味で、アクセスは、その企業ならではの経験価値への入り口の役目を果たしている。

たとえば、ある街角で、通りを隔てて4軒のバーが向かい合っていたとしよう。それぞれの客のカラーは、まったく違う。4軒の物理的なアクセスは同じだが、心理的なアクセスがまるで違うからだ。

スターバックスも、その1例だろう。このコーヒー・チェーンのおなじみの店舗は、人通りの多い場所にあるから、物理的なアクセスはよいと言える。それに加え、各店舗の心理的なアクセスのよさも、店舗の多さと同じくらい、同社の成功に寄与している。

ある地域では、顧客に合わせて、スタバの店舗もスマートで高級な雰囲気を醸しているが、別の地域では、特大カウチにファンキーな照明のほうが、客層に合っているかもしれない。こうしたアプローチは、物理的なアクセスに勝るものだ。消費者は、コーヒーを飲むためというより、自分によく似た人たちが集う、コミュニティへのアクセスを求めて、店にやってくる。

今の世の中で、消費者がある程度の心地よさやコミュニティに属しているという感覚、連帯感を求めるのは当然のことだ。人々は日々ばたばたと暮らしている。知り合いは山ほどいても友達は少なく、疎外感にまみれた生活の救いが、インターネットのチャットルームだけ、という場合もある。そんな中、対消費者ビジネスが、知っておくべきことは何だろうか？それは、心理的な絆やコミュニティ感覚といった、心理的なアクセスを提供できる小売業者やサービス企業が、思いがけない成功をつかめる、ということ。心理的アクセスは、差別化の手段になるのだ。

アクセスを「入り口」としてとらえれば、他の要素につなげていくことも可能になる。保険業界の異端児、プログレッシブ・コープ社のアクセスのよさは、同社が提供するサービスの出発点だ。アクセスは、事故現場から始まる。同社の損害査定員が、プログレッシブのロゴのついた白いSUVに乗って、現場に駆けつけるのだ。その場で損害賠償額の査定が行われ、続いて、示談交渉や保険金請求といったサービスが、同社ならではの「即時対応」で行われる。アクセス——物質的・心理的アクセス——は、サービスへの入り口の役目を果たしている。

アクセスと価格の組み合わせが持つ潜在的な力から、逆オークション会社プライスラインと、「買い値は自分で決めよう」という同社の手法が生まれた（消費者のほうが先に落札したい値段を打ち込んで、条件に合う企業があれば交渉成立、というシステムだ）。売り買いの場での値段の交渉という行為は、歴史が古いにも関わらず、それが現代の対消費者ビジネスとして、大規模に展開されたことはほとんどなかった。

プライスラインは言うまでもなく、価格で市場を支配することを目指していたが、同社のビジネスモデルは当初から、インターネットならではのアクセスのよさに依存していた。同社が当初見せた、食品やガソリンの購入といった分野での成功は長続きしなかったが、だからと言って、価格で戦う企業がインターネット・アクセスを活用できる可能性が否定されたわけではない。それどころか、インターネットは、「アクセス」という言葉に、まったく新しい意味を吹き込んだ。

「社会全体が、私たちの行動にまつわる情報の層を、設計し直しているんです」と語るのは、プライスラインの創設者、ジェイ・ウォーカーだ。「情報ですから、当然変わっていきます。

今日ではあなたがどのブランドを買いたいかということは、情報ですね。どんな値段で買いたいかも情報。どんな代用品なら快く受け入れるのかも情報。どの店に行きたいかも情報ですし、今週何を買ったかも情報です。

これまではそんな情報のパーツをつかまえては、特定の枠組みの中に組み込んでいたんです。まず店が商品を広告する、消費者が広告を見る、消費者が決定を下す、消費者がその決定を書き留める、消費者が店へ行く、消費者が決定を実行に移そうとする、といった流れです。でも、私たちはこう主張しました。こんな枠組みでは、今までにない新しい方法で情報を加工できる時代に、勝ちを収めることはできない、と。

そして、情報の枠組みとは本来どうあるべきかを、主張し始めたんです。今の世の中は、新しい枠組みを生み出せるだけではありません。市場にいるすべての人たちに価値をもたらせるよう、枠組みを設計し直すことができるんです。私たちのしたことが、まさにそれでした。私たちは、新たな情報の枠組みを設計したんですよ」

アクセスの悪さは、長期的な成長戦略にふさわしいか？

もちろん、ほかの4つの要素がそうであるように、アクセスのルールにも例外はある。実際、対消費者ビジネスでも、ストランド・ブックストアやファイリーンズ・ベースメントのように、アクセスの悪さが成功要因の1つとなった例もある。どうやら人は、探すことにわくわく感を覚えることもあるらしいのだ。

ストランド・ブックストアは、ニューヨークのグリニッチ・ビレッジのブロードウェイと12丁目の角にある。膨大な数の新刊書と古本の品ぞろえで有名な書店だ。棚に積み上げられた何十万冊もの本が、天井までそびえている。とりあえず整理されているように見えるのは、ジャンル別に分けられ、その中で著者別に並んでいるからだろう。だが、おびただしい本の中からお目当ての1冊を探し出すのは、気の遠くなるような作業だ。高所恐怖症でない客のために、店は梯子を用意し、山の頂上に手が届くようにしている。

ストランドは、探す楽しみと一風変わったレイアウトを、店の絶対的な個性に変え、何千人もの観光客や地元ファンの心をつかんでいる。だが、このスタイルはかなりユニークな上に、規模を広げるとまず成功しない。

裏づけはあるのかって? ファイリーンズ・ベースメントの話をしよう。ファイリーンズ・ベースメントはもともと、ボストンの中心街に建つ有名デパート、ファイリーンズの地下にある特売店で、ディスカウントショップの草分けだった。ここは、お買い得品に目がない人たちにとって、パラダイスのような場所で、季節が変われば、有名ブランドのスーツが、半額で買えることもあった。

この店の「魅力」の1つは、混沌としていたこと。商品の大半は衣料品で、棚や大箱など、スペースがあればどこへでも詰め込まれ、買い物客は狭い通路を押し分けて進んでは、お値打ちアイテムを取り合った。価格設定は、シンプルだったようだ。商品の割引率は、棚に置かれている期間に応じて決められていた。だが、実際のところ、買い物のプロセスは、シンプルとは程遠いものだった。

顧客は服の山の中を探って、タグについた日付を探し、それから割引リストを見ながら売値を判断していた。棚に1週間置かれていた服が、たとえば25パーセントオフなら、2〜3週間なら50パーセントオフ、3週間を超えると75パーセントオフ、といった具合だった。

このやり方は、何年も功を奏し、ファイリーンズ・ベースメントは、観光スポットになったほどだった。そのうち2匹目、3匹目のどじょうを狙って、ファイリーンズは全米のいくつかの都市を選び、ディスカウントストアをオープンし始めた。経営陣は、LBO〔買収対象企業の資産を担保に融資を受けるなどして資金を調達し、買収する手法〕を行って、ファイリーンズ・ベースメントを上場させ、さらに多くの店を開いた。

しかし、新店舗では、1号店のユニークさが失われ、何年か拡大路線を走って損失を重ねた挙句、ファイリーンズ・ベースメントは、破産申請を行った。そして、2000年2月、バリュー・シティ・デパートメント・ストアに買収されてしまった。

それ以外にも、ビールのクアーズやクリスピー・クリーム・ドーナツのように、企業が、手の届きにくさを希少価値に変えた例は見られる。ストランドやファイリーンズ・ベースメントと同じく、これらの企業もアクセスの悪さを、ライバルとの差別化ポイントに変えたのだ。しかし、もう一度言うが、このビジネスモデルは、規模を広げるとまず成功しない。あるいは、手が届きにくいという神秘的なイメージが失われてしまう。

また、一見アクセスがよくなったように見えて、実はアクセスが失われた、という例もある。たとえば、電話の自動音声応答は、カスタマーサービスのプロセスを簡略化しようと導入されたものだが、成果は、顧客のイライラを募らせたことだけ、というケースも少なくない。生身の人間へのアクセスを制限されたせいだ。

「一流の神話」を追い求める企業は、アクセスを、昔ながらの極めて一面的な意味でとらえがちだ。だから、なるべく多くの販売拠点を持とうとする。何年も前になるが、セブン―イレブンの経営陣がこの道を選んだ結果、シャッターの下りたセブン―イレブンが、全米の各都市でおなじみの風景になってしまった。

この愚行は、メーカーで言えば、工場のことを総合的な供給プロセス《サプライチェーン》の一部と考えずに、大手顧客がいるからと、あらゆる土地に建設してしまうようなものだ。ただし、むろん例外はある。たとえば製紙業界なら、工場の立地が戦略上、重要な要素を占めることがある。だが、ほとんどのビジネスに、この理屈は当てはまらない。

アクセスで戦うには?

アクセスで市場支配、もしくは差別化を目指す企業が、物理的なアクセスだけで前に進もうとするのは、どう考えても現実的な戦略ではない。もし成功したいなら、アクセスというコンセプトを、相当高いレベルまで引き上げなくてはいけない。ファイブ・ウェイ・ポジショニングの概念モデル(図5・1)をアクセスに適用すると、次のようになる。

アクセスで戦う最低水準(レベルI)では、消費者は次のように言う。「ほしいものを

図5・1　アクセスで戦う

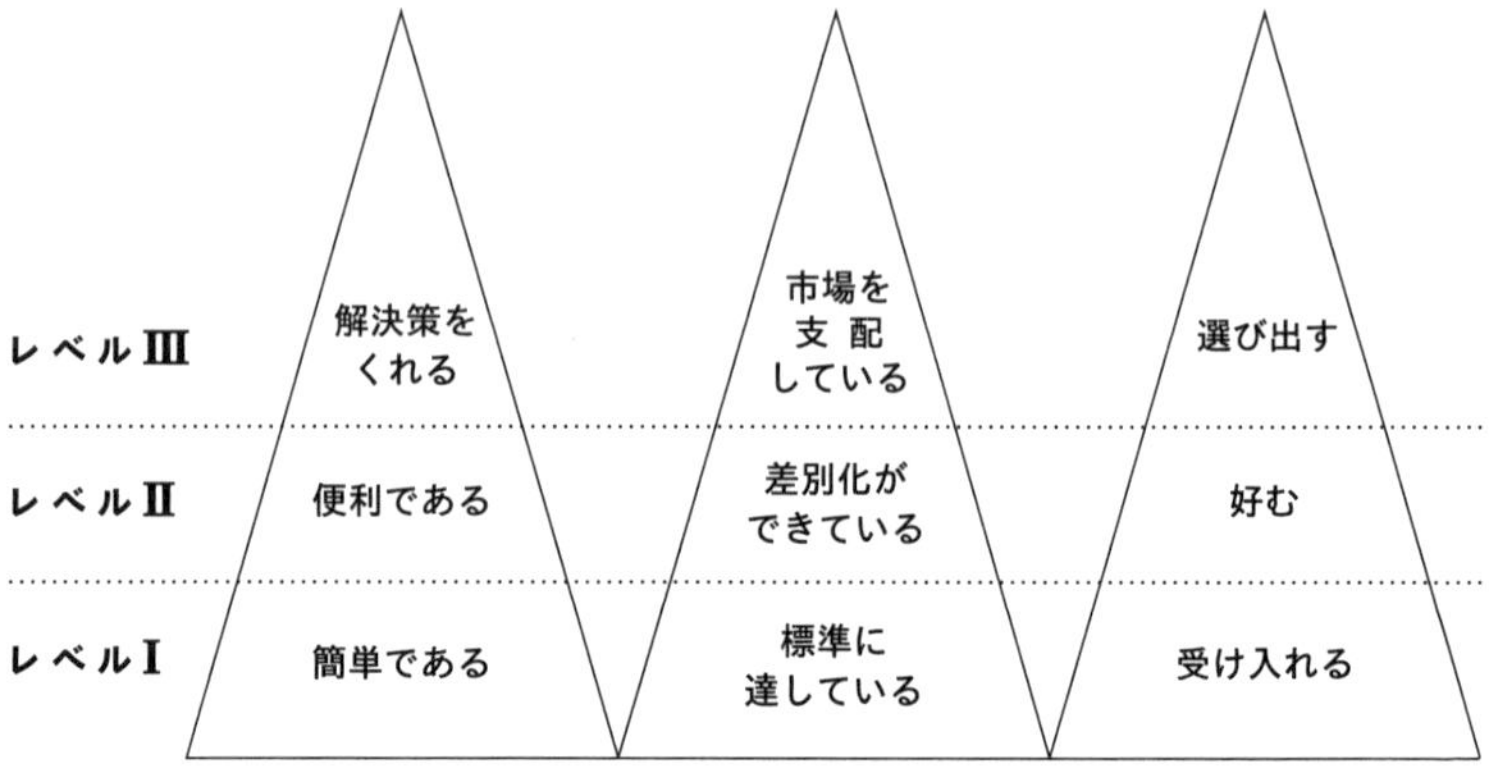

『簡単』に見つけられるようにして。店にさっと入れてさっと出られるようにしてほしい」。消費者が企業を好むレベル（レベルⅡ）では、消費者は企業に、「便利」な経験をさせてほしい、と求める。消費者が積極的に企業を選び出す最高レベル（レベルⅢ）では、消費者はアクセスを、簡単さと便利さだけで定義するわけではない。ライフスタイルにまつわる問題に「解決策」をくれるかどうか、心理的な絆やコミュニティ感覚を提供してくれるかどうかでも定義している。

たとえば、消費者への直販ルートを持っている、ホールマークやブルーマウンテンといったグリーティング・カード会社を見てみよう。どちらも、顧客に誕生日や記念日を、メールで何日か前に知らせている。そうすることで、特別な日に間に合うようにカードや花束を届けられる。これが、消費者に簡単な解決策を提供するということである。

アクセスの概念モデルが、いかに現実の世界に当てはまっているか、それを裏づけてくれたのは、私たちが行った消費者調査だった。一例を挙げると、アクセスに関する回答では、立地が占めるウェイトは低く、「立地がすべて」という長年の考えを打ち砕いてくれた。消費者にとってアクセスで最も重要な要素は、簡単に目的地に着けることより、建物の壁の中、もしくはパソコンの画面の中にあったのだ。

実店舗で営業する企業が、アクセスで戦いたいなら、4つの重要な分野――店の清潔さ、価格の見やすさ、便利な営業時間、店の構成とレイアウト――に力を入れるべきだ。オンライン・ビジネスの場合も、実店舗とよく似た2つの要素が重視されていた。1つは、送料などの料金を明確にすること（実店舗の「価格の見やすさ」に相当する）、もう1つは、探しものをさっと見つけられること（「店の構成とレイアウト」に相当する）。オンラインの世界で重視される3つ目の要素は、消費者が困っているときや、何かがすぐに、あるいは不意に必要になったときに、頼りになること、だった。

1 清潔さ

何よりもまず、消費者は店の見た目を重視する。あなたの店は、管理が行き届き、ゴミやがらくた、空箱、移動式の棚、商品やチラシのラック、梯子、バケツ、棚から落ちたものなどで散らかっていないだろうか？　顧客が商品を見つけ、取り出すために、回り道をする必要はないだろうか？

アクセスのよさには、心理的な意味も含まれる。とくにスーパーやドラッグ・コンビニエンスストアの場合、消費者は、アクセスで最も重要な要素として、「清潔で管理の行き届いた店」を挙げていた。

2　価格の見やすさ

アクセスで2つ目に重要な要素は、明確で見やすい価格だ。消費者は、価格を箱や棚、もしくは商品自体にはっきり記してほしいと望んでいる。そうすれば、レジに着いたとき、価格の確認に時間を取られることがないからだ。多くの人が、こうした状況が気まずいと話している。後ろに並んでいる人たちが、イライラを募らせるからだ。

また、多くのスーパーが、１００グラムいくら、という単位価格表示をしているが、ありがたがっているのは価格を細かく比較して買う人だけである。大多数の買い物客はその機能を理解していないし、数字に混乱するばかりだ。

オンラインで買い物をする人たちにとって、明確でわかりやすい価格は、とくに重要だ。消費者は私たちに、繰り返し訴えた。すべての料金、とくに送料と取扱手数料を、目立つように表記してほしい、注文書の最後に小さく書かないでほしい、と。

アマゾンをはじめ、成功しているオンライン企業は、こうした料金をはっきりと伝え、注文の際の不安を和らげている。デルのウェブサイトで新しいパソコンを組み立てると、合計価格の最新版がはっきりと表示され、一括購入した場合の料金と、企業がリース契約した場合の月々の料金が同時に表示される。

3 便利な営業時間

今日、コンビニからレストランに至るまで、企業は「常時営業中」のビジネスモデルを採用している。つまり、週7日、24時間体制で営業している。だがこの戦略は、すべての企業にふさわしい方策ではない。取扱商品・サービス、客層、立地といった要素を考慮すべきだ。たとえば、子どもや高齢者をターゲットにしている企業なら、こんな戦略では実りが少ないだろう。顧客が夕食後にわざわざ家を出ることは、ほとんどないからだ。

インターネット企業の場合はもちろん、昼夜を問わず営業している。いつでも注文が取れて、配達の手続きが始められることから、一部の消費者をめぐり、実店舗と戦っている。実店舗もウェブサイトも運営している企業の場合、時には、2つの事業で同じ消費者を取り合っていることに気づくかもしれない。あるいは、アムウェイと同社のウェブサイト、クイックスターのように、共存共栄できる場合もあるだろう。

結局のところ、大事なことは、ターゲットとなる顧客層にとって便利な時間帯に営業すること。誰かがひょっこりやってくるかもと、万が一に備えて店を開けている必要はない。投資収益率（ROI）は、ひいき目に見ても疑わしいはずだから。

アクセスで成功したいなら、初めて来たお客さまでも、探しものがきちんと見つかる店でなくてはならない。私たちが消費者から聞いた何より大きな不満の1つは、「店内が買い回りにくい」というものだった。大学事務官をしている32歳のエコーの話は、ほとんどの消費者の気持ちを代弁している。「いろんな店に行くけど、商品はたいていでたらめに放り出されていて、モノの山の中から目当ての品を探し出さなくちゃならないの。どこに何があるか表示していない店が多いし、通路が狭くて、人とすれ違うのもやっと、という感じなの」

規模の大きさは、アクセスにプラスかマイナスか？

今日、アクセスで大きな争点となっているのが、店、とくにディスカウントストアやスーパーの規模だ。小売業者の多くは、店の規模をどんどん広げている。消費者は1カ所で何もかも買いたいはずだ、と信じているからだ。

たとえば、スーパーマーケットのウィン・ディキシーは、アメリカ南東部で1200店ほどを展開しているが、各店の平均面積は、1995年には約3300平方メートルだったが、今では4000平方メートルを超えている。1999年には、小さめの店舗を閉鎖、改築する一方で、新たに79店舗を建築、購入した。新しい店舗の平均面積は、4800平方メートルトルに上る。

ピッツバーグに本拠を置くジャイアント・イーグルが営むスーパーの平均面積は、約9300平方メートル、と群を抜いている。また、ミシガン州グランドラピッズに本社のある大型スーパーマーケット・チェーン、メイジャーは、売り場面積が2万平方メートル近い店を建設している。

ということは、大きいほうがいいということだろうか？　そうでもない、と消費者は言う。私たちが話を聞いた消費者は、買い回りやすく、あまり大きくない店を望んでいた。人々は「1カ所で事足りる」というコンセプトを評価しているが、魅力的とまでは感じていない。

「店が大きくなりすぎて、客との触れ合いなんてまったくないね」と、州政府の政策アナリストを務める25歳のオソモは言う。36歳の大学事務官、トニーも同じ意見だ。「巨大スーパーには、思いつく限りのサービスがあるよね。でも、人間味はまったくないし、ひどく混み合っていて、ものすごく並ばされる。牛乳が1パックほしいだけなら、たまったもんじゃないよ。ぼくは、ああいう店にはあまり行かない。駐車スペースを取り合ってもめたり、15分も列に並ばされるなんてごめんだよ」

消費者の懸念が、企業の利益につながることもある。小さめの店舗を持てば、企業は、買い回りやすい小売店を求める消費者の潜在的ニーズに応えられる上に、戦略上の優位を獲得することもできる。たとえば、ウォルマートは、郊外に大型小売店を増やし続ける一方で、ネイバーフッドマーケットの店舗も、数多く導入している。これらは、従来型のウォルマートのおおむね半分の規模だ。

ホームデポも、標準的な店の面積は約1万2000平方メートルで、4～5万点もの商品を扱っている。が、現在、ビレジャーズ・ハードウエアという3600平方メートルほどの店を、試験的に運営している。

オランダの大手食料品チェーン、ロイヤル・アホールド・エヌヴイの子会社で、ニューヨーク州バッファローに本拠を置くトップス・マーケッツは、今後は店の規模を大幅に縮小していく構えだ。「疲れた消費者が、食品の買い物に費やす時間を短縮するため」と、同社の幹部、ブラッド・ベーコンは言う。今後、店舗面積は、平均5000平方メートルほどになる予定だ。ちなみに、従来型の店は、6000～8400平方メートル。しかも今後は、通路を今より広く、短くするという。「店のどこからでも、レジ待ちの列にすぐ加われるように」と、ベーコンは話している。

一方、ジャイアント・イーグルは、「顧客の滞店時間を延ばすため」と、引き続き店舗面積とサービスを拡大中だ。

私たちは、トップス・マーケッツの店舗縮小戦略に1票を投じたい。

立地がモノを言う場合とは

消費者に選び出してもらえるレベルに達するには、どうすればいいのだろう？　鍵は、5つの要素のどれか1つで、ライバルより優れたものを一貫して提供することだ。アクセスを第1位の要素に選んだ企業は、まずは消費者がほしいものを簡単に見つけられるようにしなくてはならないし、さっと店に入り、さっと出て行けるようにしなくてはいけない。同じことが、オンラインショップにも言える。ほしい商品をうろうろと探し、サイト内で時間を無駄にしたい人などいない。

だが、アクセスという要素で市場を支配したいなら、アクセスがよいという基本レベルに留まらず、消費者にとってさらに便利なアクセスを提供していかなくてはいけない。そこには、ひどく込み合う時間帯に、十分な数のレジを開ける、というシンプルな行為も含まれる。なぜスーパーは、カゴからあふれるほど買い物をしている上客をレジ前で待たせて、2、3個しか買わない客を、エクスプレス・レーンでさっさと精算させるのだろう?

今日、アクセスの定義は、店内のナビゲーションに変わってきているが、ホテル、レストラン、航空会社といったビジネスにおいて、アクセスで市場を支配したいなら、立地はやはり重要だ。ただし残念ながら、最高の立地を得るには、たいてい法外な料金を請求される。たとえば、ホテルを考えてみよう。ニューヨークのタイムズスクエアやフロリダのマイアミビーチ、もしくはどこか大都市の中心街に部屋を予約しようとしたら、値段の高さに目玉が飛び出るだろう。それでは、便利な場所に手頃な価格で、きちんとしたホテルを経営している人はいないのだろうか?

実は、いる。アイルランドのジュリーズ・ドイル・ホテル・グループがそうだ。同社のジュリーズ・インの大成功は、立地のよさと魅力的な価格は両立可能であることを証明している。

ジュリーズ・ドイルは、1993年、アイルランドでジュリーズ・インをスタートさせた。ダブリンのジュリーズ・クライストチャーチ・インと、ジュリーズ・ゴールウェイ・インをオープンしたのだ。

ほとんどのホテルでは、顧客のタイプや1室に何人泊まるか、どんな設備やサービスを希望するかによって、料金はまちまちだ。そんな中、ジュリーズ・インは固定価格で、設備やサービスを限定した、三つ星（中級）ホテルとして登場した（たとえば、ポーターによる荷物の運搬やルームサービスはない）。

同時にこのホテルは、主要都市の中心部で営業することに力を注いでいる。今日9軒あるジュリーズ・インは、アイルランドの主要都市であるダブリン、ベルファスト、ゴールウェイ、コーク、リムリックと、英国のロンドン、エジンバラ、ベルファスト、マンチェスターで営業中だ。

ダブリンのジュリーズ・クライストチャーチ・インの総支配人、エドワード・スティーブンソンは、同社が破産することなく一等地を確保できた理由を、こう説明する。「都市への再投資を促すために、政府が都市再生計画を導入したんです。都市で建設を行う企業に、奨励策や資本控除を提供したんですよ。そういうわけで、私たちは、市の中心地にホテルを建てる大きなチャンスを獲得しました。うちのホテルは今、各都市の一等地に建っています。再生計画と資本控除が、地域の活性化に大いに役立ち、私たちも、国内最高の場所を確保できたわけです。これが、私たちの成功の鍵ですね」

ジュリーズ・インがダブリンで確保した2つの場所は、ホテルの経営者なら、誰もがうらやむだろう。クライストチャーチの立地は、ダブリンで人気の繁華街、テンプルバーやショッピングエリアのグラフトン通りから歩ける距離にある。カスタムハウスのほうは、IFSC（国際金融サービスセンター）のすぐそばで、大型オフィスビル群から徒歩5分の距離だ。

ジュリーズ・クライストチャーチ・インは、驚異的な成果を挙げている。スティーブンソンによると、1999年の同ホテルの稼働率は97・7パーセント。観光シーズンたけなわの5～10月にかけては、100パーセントだった。ジュリーズ・カスタムハウス・インも、年間を通して活況を呈している。IFSCへのアクセスのよさを求める出張客にも、市の中心部に宿を求める観光客にも好評だからだ。

出張客にとっては、タイミングよくチェックイン、チェックアウトできることも、アクセスのよさに数えられる、とカスタムハウス・インの総支配人代理、デレク・マクドナルドは言う。「アクセスのよさ、立地、利便性は、仕事で来られるお客さまには、とくに重要です。さっとチェックインできて、さっと朝食が取れて、さっとチェックアウトできなくては、仕事に遅れてしまいます。50人ものツアー客の後ろで、待たせるわけにはいきません」

ジュリーズは、アクセスの心理的な側面にもきちんと対応している。顧客は、ひそかに請求される金額がないかと、目を光らせる必要がない。最初に聞いた料金がすべてだ、と承知しているからだ。顧客に提供されるものも、明確でわかりやすい。

同社は、手頃な価格を維持しながら、これだけのことを実現している。料金はホテルによって多少違うが、清潔で設備の整った部屋に、1泊60～85ドルで宿泊できる。どんな大都市の基準に照らしても、格安料金である。料金を安く抑えるために、ジュリーズは、フルサービスのホテルが提供しているようなサービスは控えている。「お客さまがそう望まれるんです」と、同グループの人事部長、ジェニファー・リーは言う。「自分で荷物を運べるのに、ポーターを雇ったために高めの料金を払わされるとか、利用しないかもしれないルームサービスの設備にお金を払うのはいやだ、とおっしゃるんです」

同社はまた、業務の標準化と一貫性の確保にとても力を入れている。泊まるのがベルファストでも、コークスでもマンチェスターでも、部屋のつくりは同じだ。これは、従業員の訓練やホテルのメンテナンスを簡単にし、顧客の心に一貫したブランドイメージを築くためだ。「私どものホテルのコンセプトは、お客さまから見て、とてもわかりやすいんです。たとえば価格は定額で、追加料金もありません」と、スティーブンソンは言う。

アクセスがよく価格も手頃、という今のビジネスモデルを維持するには、「設備・サービスの氾濫《はんらん》」に注意すべきだろう。「これ以上の設備やサービスは要りません」と、スティーブンソンは言う。「このレベルを維持し、きちんとメンテナンスをして、三つ星ホテルの評価を守らなくてはいけませんね。ただし、お客さまやスタッフの声によく耳を傾け、ニーズが変われば、それに応えていきます」

アクセスというコンセプトが重要なのは、対消費者の市場だけではない。それが企業間ビジネスでも同等以上に大切なことは、デルのような大企業も、サークルズのような比較的小さな企業も証明している通りだ。

ケーススタディ

サークルズ：アクセスこそが商品

サークルズ：年中無休・24時間体制で解決策を売る

第1位の要素：アクセス

- クライアントの旅、娯楽、ライフスタイルのすべてにまつわる解決策を提供する。
- クライアントはその解決策を、自社の顧客に提供できる。
- クライアントの社員採用、雇用、離職防止という一連のプログラムをサポートする。
- クライアントが、ワーク・ライフ・バランスを保てるようサポートする。

第2位の要素：サービス

- クライアントは、サークルズが自社の顧客に、常に効果的なサービスを提供してくれる、と当てにすることができる。
- クライアントの顧客の目に、クライアントが常に「よく映る」ようにすることができる。
- 主力社員のストレスや緊張を和らげることができる。
- クライアントの社員が、家庭内に急を要する問題を抱えたとき、心を穏やかにすることができる。

サークルズを、ある母親の夢の実現と見ることもできるだろう。むろん母親とは、ジャネット・クラウスの母親だ（この話については、あとで詳しく触れたいと思う）。サークルズでは、アクセスは最も重要な商品であるだけでなく、唯一の商品である。同社は１９９７年、ＣＥＯのクラウスと、スタンフォード大学ビジネススクールで知り合った最高成長責任者(Chief Growth Officer) キャシー・シャーブルックが、共同で設立した。

サークルズは、自らをこう定義している。「最先端のテクノロジーと独自の知識と人力支《ハイタッチ》援の組み合わせによって、シンプルな、複雑な、ユニークな任務を確実に果たす、革新的なパーソナル・サービス企業」。私たちは同社を、「企業間のオンライン・コンシェルジュ・サービス」と定義している。クライアントの社員や顧客が求めるものを、何でも供給する会社なのだ。アイオワ州デモインで犬の散歩をしてくれる、頼れる助っ人を見つけることから、めったにお目にかかれないアシュケナージ〔ドイツ、東欧に住んでいたユダヤ人〕の辞書を届けることまで、何だってする。

サークルズは、約75の企業と契約し、それらの企業を通じて、30万人以上にサービスを提供している。同社はクライアントのために、レストランや温泉を見つけるし、パーティの企画もする。車の購入・売却・レンタルも、休暇の計画も、パスポートの手配も、買い物も、金の整理もする。マンションやアパート、家の購入・売却・賃貸も、そこを掃除してくれる人の手配もお手のものだ。そして、思いつく限り、どんな買い物だってする。

個人としてサークルズのサービスを受けることはできないが、同社と契約している企業の社員や顧客であれば、アクセスできる。

パーソナル・サービス企業との契約は、社員の獲得やつなぎ止めに熱心な企業経営者の間で、ますます人気を呼んでいる。そして、社員の半数が平均5年以内に離職してしまうアメリカのビジネス環境において、パーソナル・サービス企業との契約を考える企業の数は増えている。社員の忠誠心を培う、効果的な手段と見られているのだ。

実は、サークルズのアイデアがクラウスの頭に浮かんだのは、12歳のときだった。「私が12歳で弟が2歳のとき、母が仕事を始めたんです」と、クラウスは言う。「母は子どもの世話は人に頼んでいたし、何事もなるべく計画的にやっていたけど、それでもやらなくちゃいけないことが山ほどありました。『こういうことを、きちんと考えてやってくれる人がいるなら、お金を出すからやってもらいたいわ』と言うので、『私に払ってよ』といつも言っていました。でも、もちろんまだ12歳でしたからね。

だけど、そのときハッとしたんです。これが、みんなが求めていることなんだ、って。さまざまなことをカバーして、解決してくれる人がほしいんですよ。特定の何かじゃないの。だって、今週は料理をしてくれる人が必要かもしれないけど、来週になったら、『どうしよう！　フロリダ行きの計画、そのままにしていたわ。誰かやってくれないかしら？』って思うかもしれない。これこそ、母が求めていたものでした。賢い人たちが常に待機していて、必要なことをこなしてくれる」

スタンフォード大学で、クラウスとシャーブルックは、『ビジョナリーカンパニー――時代を超える生存の原則』〔日経BP社〕を著した、ジェームズ・コリンズのもとで学んでいた。「先生は、何が〝偉大な企業〟と〝よい企業〟を分けるのか、その本質を抽出しようとしていたわ」と、クラウスは言う。

「それは結局、使命でもなければ、ビジョンでも、目標でもなかった。違いを生むのは、価値観だったんですよ。価値観というのは大ざっぱな言い方ですが、要するに『あなたが大事にしているものは、何ですか？』、『あなたがしていることの中心には、何がありますか？』という問いに集約できます」

クラウスとシャーブルックが、一緒に起業しようと決めたのも、スタンフォード在学中のことだった。唯一の問題は、どんな業界に参入すればいいのか、わからなかったこと。「2人で車に乗って、5日間ほど全米を駆け回りました」と、クラウスは振り返る。「5日間かけて、どんな会社をつくりたいか、どんな価値観を会社に組み込みたいか、話し合ったんです。その間、犬のデイケア・センターやマッサージ療法つきの健康センターを見学しましたが、具体的にどんなビジネスに参入するかは、まだ見えませんでした。ただ、どんな企業であるべきか、世の中には、どんなニーズがあるかは、見えてきました」

最終的に2人は、サークルズの共同設立者となるために仕事を辞め、プロジェクトに本腰を入れ始めた。「最初に、2つのルールを設けました」とクラウス。「仕事は、毎朝8時30分から。何もすることがなくてもね。もう1つのルールは、私が職場に靴をはいてこなくてはいけない、というもの。つまりね、自分の寝室から来客用の部屋へ行くのに、きちんとした服を着なくちゃいけない、と決めたわけです」

「サークルズ」という名前は、クラウスとシャーブルックが、何の会社にするかを決める前に、もう決まっていた。「素晴らしい企業の名前を、いくつか思い出してみて」と、クラウスは言う。「ソニー、アップル、ディズニー。みんなが何だかいいな、と思う言葉でしょう？　理由はわからなくてもね。どの名前にも、さりげなくいろんなメッセージが詰まっている気がします。サークルズは、私たちの価値観や哲学にぴったりだと感じました。地球は回っている《イン・サークルズ》、輪《サークル》は断ち切りにくい、力の輪《サークル》。サークルというのは、力強いシンボルなんですよ。それに、何をするか決まっていなかったわけですから、何かに合わせる必要もありませんでした」

名前が決まり、2つの就業規則も確定し、あとはサークルズが何の会社かを決めるだけになった。「まずは、ありとあらゆる消費者調査をしました。2次調査も行って、マーケティング・コンサルティング会社のデータにも目を通し、市場のどんなトレンドになら、私たちの強みや能力が活かせるのか、特定しようと努めました」

「ピンと来たのは、みんなが時間に追われていること、ワーク・ライフ・バランスの問題、それから、サービスの提供にいかにテクノロジーを活用するか、といったことでした。そこで、最初に興味を持った犬のデイケア・センターや、マッサージ療法つきの健康センターについて、真剣に考えてみました。ストリームラインとピーポッド、その2社を研究しました。どちらも、インターネットを使って、食品を中心とした宅配サービスを行っている会社でしたが、素晴らしいサービスだと思いましたね。自分も利用したいとは思いましたが、自分たちが参入しようとは思わなかった。そこまで手をかけずに、もっと大規模に展開できる何かを探していたんです」

クラウスとシャーブルックは、消費者を集めてグループインタビューを行い、一番ほしいもの、必要なものを尋ねた。「圧倒的に多かったのが、〝やることリスト〟を消すのを手伝ってくれる人、という答えでした。『リストに何が書いてあるの?』って尋ねたら、たくさんの人たちがいろんなことを言うものだから、最初は途方に暮れてしまったわ」と、クラウスは言う。

「こんなにいろんなこと、できるわけないじゃない、って思ったんですよ。それに、多種多様なサービスを提供したところで、個人の顧客がお金を払うのは難しいだろうと思いました。

そこで、ほかにも〝お客さま〟がいることに気づいたんです。社員や顧客にさまざまなサービスを提供したいと思っている、大企業です。

そこで、私たちに提供できそうなサービスを、リストにしました。ありとあらゆる要望を、分類したんですよ。まあ、それほど意外ではなかったけれど、リクエストの8割は同じカテゴリーに入りました。お芝居やライブのチケットを取る、リムジンの予約をする、プレゼントを選ぶ、犬の散歩をしてくれる人、家の掃除をしてくれる人を見つける、といったことが多いですから。

でも、中にはかなり珍しい要望もあります。ドールハウスに使うからと、幅9センチの階段を探してほしい、と言われたこともありますし、アルゼンチンでしか出版されたことのないアシュケナージの辞書を探さなきゃいけなかったこともあります。そう言えば、チェーンソーをホテルに届けたこともあるわ。あるコンサルタントの方が、ホテルの部屋で見本市の展示品をつくったのはいいけれど、大きすぎてドアを通らなかったんですよ。

かと思えば、3年前に雑誌で見たスーツを見つけてほしい、と依頼されたこともあります。アルマーニのスーツだった、とはおっしゃるんですが、どの雑誌で見たかわからない、と言うんですよ。結局、雑誌は見つけましたが、そのスーツはもう製造されていませんでした。ほかにも、どなたかの娘さんのお誕生日に、ガラスの靴を探してほしい、と言われたこともあります」

アクセスが商品、という企業なのに矛盾している、と思うかもしれないが、サークルズは戦略の一環として、自社のサービスへのアクセスをわざと制限している。それによって、アクセスできたときの価値が高まるからだ。「一個人としては、うちのサービスを受けることはできません。ですから、関わりのある企業からオファーがあったとき、なお一層特別なものだと感じていただけるのです」と、クラウスは言った。

サークルズのクライアントは、自社の社員や顧客だけに、サークルズのサービスを提供している。たいていの場合、サークルズと契約している企業は、サークルズの利用料金を全額負担している（契約しているサービスの内容によって違うが、1従業員・顧客当たり30〜100ドル。実際に利用した場合は、そこに1時間当たり10〜40ドルが加算される）。クラウスによると、企業の中には、サークルズのサービスをしばらくは無料で提供し、その後、顧客に会費を払って契約してもらうところもあるという。

また、利用料金は、どれほど特別な依頼をしたかで変わってくる。サークルズのスタッフの誰でも対応できるリクエストであれば、料金は定額だが、高度な訓練を受けたプライベート・アシスタントが必要な場合は、それよりも高くなる。そして、そのアシスタントが長期にわたって特定の人につく場合は、さらに料金が上乗せされる。

ボストンに本拠を置くサークルズが、国内のクライアントに対応するのは難しくない、とクラウスは考えている。同社には250人の社員がいて、そのうち150人は、プライベート・アシスタントとして高度な訓練を受けたスタッフ。全員が本社勤務だ。「結局、『地元って、どこまでが地元？』って話になるんです。たとえば、ボストン郊外のウェルズリーは地元かって言うと、そうでもない。ウェルズリーにサービスを提供するのも、ケンタッキー州ルイビルに提供するのも、基準は同じですから。さらに今検討しているのは、ホテルチェーンとのつながりを通じて考えているんですが、世界中でコンシェルジュ・サービスを展開する方法はないか、ということです」

ほかにも、サークルズと同じ土俵で営業している企業はある。たとえば、レ・コンシェルジュ・インクやトゥー・プレイシズ・アット・ワン・タイムも、法人向けコンシェルジュ分野で戦っているが、サークルズはいくつかの点で、ライバルとの差別化に成功している。

実際、アビライザー、モティバノ、ザイロといった企業も、ハイテクなポータルサイトをクライアントに提供している。しかし、ハイテクと人力支援を組み合わせた戦略を展開しているのは、サークルズのサイトだけ、とクラウスは力説する。サークルズは、一般的な検索エンジンより的確に、最適なウェブサイトにつながる最新のネットインフラを用意し、それを使いこなせる人材を提供している。それと同時に、高度な訓練を受けたサービス志向のスタッフもそろえているのだ。

ほかにも、ライバルに差をつける戦略・戦術上の違いがある。サークルズは、ほぼ完ぺきなサービスを提供するコンシェルジュだ。サービスの範囲は決まっているものの、驚くほど広く深く、さまざまなカテゴリーに対応している。

また、トゥー・プレイシズ・アット・ワン・タイムが、現場にコンシェルジュを派遣することを重視しているのに対し、サークルズは、オンライン上のデータベースを活用し、サービスを提供する形を取っている。加えて、サークルズでは、同社のサービスを受けている契約企業の名前をほかのクライアントに伝えているが、ほかのサービス企業は、そうした情報を伏せている。

クラウスはまた、顧客ニーズに対する自分たちの基本的な視点が、サービスの差別化につながっている、と信じている。「人の心理状態というのは、日によって違います。自分で何でもこなしたい、という日もあれば、『もういや、これを片づけてしまいたい。誰か代わりにやって！』と思う日もあるでしょう。私たちはそんなときに、近道を提供する企業なんです。

どんな企業でもお金を出せば、私たちと契約できるわけではありません。どなたでも利用できるビジネスを提供しているわけではありませんから。クライアントにふさわしいサービスを提供するのが、私たちの務めだと考えています。ですから、最高の企業とのアクセス・チャネルを築いています。企業としてのうちの根幹とも言える能力の1つは、最高のクライアントを見つけ、依頼を受け入れ、きちんと解決策を手配し、関係を築いていくこと。私たちは、みなさんの問題を解決する近道なんだ、と私は思いたいのです」

サークルズのビジネス戦略をファイブ・ウェイ・ポジショニングのモデルに当てはめてみると、同社は、アクセスで市場を支配し、サービスで差別化し、価格、商品、経験価値では、クラウスいわく「許容範囲」を目指している。

よく似た「商品」を提供しているコンシェルジュ企業はいくらでもあるし、サークルズは、どこよりも安いデジタル・コンシェルジュでもない。もうけや投資収益率を度外視して、サービスを広げているわけでもない。経験価値についても、すべてのお客さまに敬意を払うのは、コンシェルジュ業界では基本中の基本だし、サークルズ自身も、たとえば、犬の散歩の代行ができるのはうちだけだ、なんて主張はしていない。

「結局、私たちは『関係性をマーケティングする企業』なのかもしれません」と、クラウスは言う。「つまるところ、お客さまがすべてなんですよ。お客さまがどういう方かを学び、どうすればもっとお客さまのニーズに応えられるか、学ぶことがすべてなんです」

あなたの会社を診断しよう（アクセス）

Q 取引の相手が企業でも消費者でも、顧客のニーズに対する、真の解決策を提示しているか？　たとえば、特別に発送の手配をしたり、顧客があわてて何かを買ってしまう前に、競合他社の価格を確認してあげたりしているだろうか？

Q アクセスで差別化できているつもりなら、あなたの会社と取引することが、いかに便利かを自問してみよう。たとえば、メーカーであれば、電子データ交換（ＥＤＩ）を行っているか？　電子資金決済（ＥＦＴ）を促したり、注文処理を楽にしたり、相手に合わせて条件をカスタマイズしているだろうか？

Q 対面販売なら、顧客は、探している商品やサービスを簡単に見つけられるだろうか？　顧客が、ほしいものに簡単にアクセスできるようにしているか？　それとも、店があれこれ勧めて、購入を「誘導」しようとしているだけ？

Q ウェブサイトを持っているなら、顧客とリアルタイムでやり取りしているか？ それとも、1日に1度返事をするだけだろうか？

Q アクセスで市場を支配したいなら、必要とあれば喜んで、顧客のところへ出向いているか？ それとも、何としても向こうが来るべき、と考えているか？

CHAPTER 6

Why "Good" Is Good Enough: Choice and the Issue of Product Bandwidth

商品で市場を支配する

消費者は、最高級品を求めていない

何年か前、私たちは、ビールメーカーのアンハイザー・ブッシュ社の会長兼CEO、オーガスト・ブッシュ3世が主催するディナーパーティに招かれた。場所は、当時、カリフォルニア州アナハイムで、一、二を争う高級レストランだった。招待客が、通路から会場に入ると、その先には主催者が待っていた。

「バドにしますか？　それともバド・ライト？」と、ブッシュがゲスト1人ひとりに尋ねていく。「バドをお願いします」と答えると、ブッシュは、左手にいるバーテンダーにうなずく。「バド・ライトを」と答えると、右手にいるバーテンダーに合図を送る。

　私たちが出迎えの人々の前に着くと、ブッシュがにこやかに言った。「こんばんは。バドにしますか？　それともバド・ライト？」「（ノンアルコールビールの）オドールはありませんか？」と私たちが尋ねると、「この方々にオドールを」と、ブッシュがぼんやりしていたウェイターに言った。「置いていませんね……シャープス〔ライバルのミラー社のノンアルコールビール〕でもよろしいですか？」と、気が利かないウェイターは答えた。

　ここで、とくにメーカーに言いたいのは、商品は、メーカー側が思っているとおりに市場で扱われているわけではない、ということ。そのレストランは、人気のノンアルコールビールをそろえたつもりだったが、その品ぞろえは、アメリカ最大のビールメーカーの最低限の期待には応えられなかった。オーガスト・ブッシュがオドール・ブランドに胸を張るのは当然だが、そんなプライドはそのウェイターには通用しなかった。

自分の名前が商品名になるわけでもない一般消費者は、店がどこのブランドのコーラを出そうが、「コカ・コーラ」か「ペプシ」と呼ぶ文化の中で育っている。ノンアルコールビールでもほかの商品でも同じだが、ティッシュペーパーなら「クリネックス」、コピー機なら「ゼロックス」と呼んで、個々のブランドというよりカテゴリーとして一くくりでとらえる人が多い。

価格に対する消費者の見方を誤解していたのと同じように、私たちは、消費者が商品に何を望んでいるかも、取り違えていた。当然ながら、誰もが「最高」の品（「最高」とは、あくまでも相対的、主観的、個人的な感覚だとはわかっていたが）、もしくは少なくともそれに近いものを求めている、と信じ込んでいた。

企業は、毎年何億ドルもつぎ込んで、自社のブランドが「最新」で、「進歩」しており、リニューアル後には「13・7パーセントも性能がアップ」などと広告している。こうした主張のベースにあるのは、「消費者は、効能や特徴で他社に勝る商品を求めている」という考えだ。だが、消費者は私たちに、「自宅のキッチンや洗濯室では検証できない効果を主張されても、興味が湧かない」と話していた。特殊な施設や制限速度のないドイツの高速道路《アウトバーン》でしかチェックできない性能についても、同じ反応だった。

商品で差別化に成功できるのは、本当に画期的で、どこにもない商品で消費者に刺激《インスピレーション》や感動を与えた場合だけだ。ただし、商品レベルや価格レベルにかかわらず、消費者がどれだけすれていても、インスピレーションを与えることはできる。たとえば、アメリカ中西部のスポーツ用品会社、ギャンダーマウンテンの顧客と、REIの顧客を比べてみよう。どちらの顧客も、「アウトドア」用品を探している。

ギャンダーマウンテンの買い物客は、ウィスコンシン州のキャンプサイトで、夏のゆるい雨風に耐える「そこそこの」テントを探しているかもしれないが、REIの買い物客は、ヒマラヤ山脈で大吹雪に耐えてくれる「そこそこの」テントを探しているだろう。ギャンダーマウンテンの顧客は、ファミリー・キャンプに持っていけそうな品ぞろえにインスピレーションを感じるが、REIの顧客は、店の品ぞろえにインスピレーションを受けて、ゴドウィン・オーステン山やエベレスト山に登頂してみたいと考える。

同じことが、ホームデポにいる客と、最高級の家具・インテリアを扱うドメイン社の通路を歩く客にも言える。どちらも、インスピレーションを求めて店に来たのだろうが、ホームデポの顧客はそれを玄関用の網戸に見出すかもしれないし、ドメインの顧客は、ベルベットのソファに見出すかもしれない。

改めて言うが、心に留めておきたいのは、今挙げたどの店も、商品で市場を支配していることである。しかも、その支配が、非常に限られた品ぞろえに基づいているのだ。どの店の品ぞろえも、客層に「マッチ」しているから、顧客の心に最高レベルのインスピレーションをもたらす。

すでに話したように、今日の消費者は、時間に追われ、ストレスにまみれている。だから、ほとんどの人が、認識し検証することなどできないようなちょっとした質の高さなどは、買い物がスムーズにできることや短時間ですむことに比べると重視されない。商品に関わる本当のビジネスチャンスがほしいなら、研究開発や広告、マーケティングの予算を、ほとんどわからないようなわずかな品質改善を追求することにつぎ込むのをやめて、消費者にとって本当に画期的でユニークなメリットを持つ商品の開発に充てるべきだ。

それが実現するまで、消費者は、メーカーの主張になど耳を貸さないだろうし、ばか高いブランドを買う気にもならないだろう。メーカーや店へのメッセージは明快だ。ほとんどの消費者がこう言っている。「商品がインスピレーションをくれない限り、いくら性能がいいと主張したって、耳を貸さないからね」。プライベートブランドが台頭してきたこと、お気に入りのブランドが品切れすれば、あっさり別ブランドに乗り換えてしまう消費者が多いことは、そういう理由だろう。

ブランドが問われない時代のビジネス

ブランドの垣根があいまいになっていることで、市場に新たなチャンスが生まれている。プライスラインに目を向けてみよう。同社のビジネスモデルは、航空券であれホテルの部屋であれ、ブランドに対する柔軟性をベースにしている。つまり、大幅値引きが期待できるなら、消費者はメーカーが望むほどブランドにはこだわらない、という考えに基づいている。「プライスラインがしているのは、消費者が商品にこだわりを見せる前に、需要を獲得してしまうことです。だから、一体いくらなら、お客さまが値引きと引き換えに、そのこだわりを快く手放すのか、知ることもできるんです」と、同社の創設者であるジェイ・ウォーカーは言う。「うちのサイトで買い物することは、お客さまにとって、何かを勝ち得た感覚なんですよ。多くの場合、ブランドへのちょっとしたこだわりを捨てることで、節約できたわけですから。みなさん、勝ったんですよ」

プライスラインのビジネスモデルは、航空券については明らかに成功したが、「一流の神話」の誘惑に勝てず、食品やガソリンといった幅広い商品カテゴリーに手を広げようとして、つまずいた。航空券の場合、プライスラインは、空席を埋めたい航空会社と、航空券を安く手に入れたい消費者のキューピッド役を果たした。しかし、食料品の場合、このやり方が裏目に出てしまった。

ただ、プライスラインの読み自体は正しかった。食品という消費者に最も身近なジャンルなら、当然、「最高」の品ばかりよりも、そこそこの品が受けるだろう、そして、消費者が買おうと決めている商品を値引きすれば、好評を博すだろう、と読んでいた。

だが、問題はここからだった。プライスラインのために値引きした食料品店は、普段わざと値段をつり上げているのでは、と疑われるリスクを負う羽目になった。公正で適正な価格設定の原則に反する、というわけだ（第3章参照）。おまけに、食料品店もメーカーも、永久に値引き分の費用を負担するつもりはなかったから、ビジネスの利潤モデル自体にも、致命的な欠陥があったのだ。

ここで学ぶべき教訓は何だろう？　消費者のニーズに合った商品やサービスでも、もうからなければ話にならないし、バリューチェーン〔商品が消費者に届くまでのそれぞれの工程で、付加価値を生み出していく連鎖のこと〕においては、すべての関係者が潤うビジネスモデルでなくてはならない、ということだ。

消費者が毎日のように買う商品を値引きすれば、一時的に売上を伸ばす効果はあるだろう。しかし、実は、現実の世界にもオンラインの世界にも、もうけが期待できるユニークな市場があるのだ。それは、価格にこだわらず、最高級品をほしがる人たちの市場である。

BMW、家電のシャーパーイメージ、リッツ・カールトンといった高級フランチャイズ・チェーンは、この市場に応えるべく生まれた。そして、最高の商品やサービスで顧客にインスピレーションを与え、そこにこれまた最高の料金を課すことで繁盛している。

ただ、たとえもうけを生む、無視できない市場とはいえ、規模は小さすぎる。頑張って働いたご褒美や、成功を世間に示すために車を買う一部の人たちにレクサスを売るよりは、マス・マーケットでホンダ車を売る方が賢明ではないだろうか。

「そこそこの品」でなぜ十分なのか？

ここで1つ、重要なただし書きをしておく。今日、オンライン市場の消費者たちは、実店舗に通う仲間たちとは大きく違う。オンライン空間では、ブランドがものを言い、受容されるのは、最高の商品だけらしいのだ。オンラインで買い物をする人の8割近くが、「最高の品を手に入れたい」と語り、そして6割近くの人が、オンライン企業が十分な量の在庫を確保できるのか懸念していた。

　また、オンライン企業の場合、商品主体なのかサービス主体なのかによって、消費者の態度は大きく変わる。消費者は、オンライン証券のチャールズ・シュワブのような企業なら、クレジットカードのセキュリティに不安があっても、快く受け入れる。一方、アマゾンやプライスラインなどの企業が提供する商品については、オフラインで品質を確認できる、最高級品しかほしくない、と語る。

　おそらく多くの消費者にとって、ネットはいまだ未知の空間なのだ。売れ残った商品を再販売するようなうさんくさい世界に足を踏み入れる恐ろしさがあり、品質が保証される安心感から、無意識に有名ブランドを求めるのだろう。

　そんな心理を裏づける例として、ここ数年間にウォルマートが犯した数少ない失策の1つが挙げられる。同社が初めてウェブサイトを立ち上げたとき、ネットで購入した商品の実店舗への返品を認めなかった。それが消費者の印象を悪くしたため、同社はオンラインでの商品販売・サービスを見直し、仕切り直す羽目になった。

　さて、オフラインの世界に戻ってみよう。私たちが最初に行った調査で、実店舗にいた買い物客に、商品について尋ねたときの話だ。どんな品ぞろえを望むか、ランクづけをお願いしたところ、最も多かった2つが、「店が、一貫して質のよい商品を提供している」と、「店が、最高品質の商品だけを提供している」だった。ただし、最高品質の品ぞろえよりも、一貫した質のよい品ぞろえを重視する消費者のほうが、はるかに多かった。

　それほど高価でない、あまり知られていない商品でも、「そこそこよい」と感じたら、最高級品やブランド品に余分なお金は使わない、との回答が多かった。ただ、消費者の意識が、常にそうだったわけではない。1950年代には、「一流品にはそれだけの価値がある」というスローガンが、世の中を支配していた。安い商品など信用できない時代だったからだ。しかし今日では、ほとんどの消費者がこう感じている。きちんと機能し、役目を果たしてくれる商品やサービスなら十分だ、と。

さらに言えば、消費者は品切れにすっかり慣らされ、ほしい商品がないなら別のもので妥協するのが当たり前になっている。そのため、最高の商品やサービスを1つだけ用意されるより、そこそこの選択肢を幅広く提供されることのほうが、重要になっている。実際、消費者に妥協を促すことは、広告テクニックとして有効なのだ。

その手法は、長きにわたって、量販店や家電ショップ、家具店などで使われてきた。店に数点しかないと承知の上で、超目玉商品の広告を打ち、どこかに小さく「数に限りがあります」、「品切れの際はご容赦を」と書いておく。企業はわかっているのだ。目玉商品を目当てに、消費者が店にやってくる。客の多くは、お目当てのものが売り切れたら、別のブランドや商品で妥協してくれる。

オンラインで買い物をする人たちは、品切れの問題を品質ほどには重要視していなかったが、企業が商品で市場を支配したいなら、やはり無視できない問題だ。私たちの調査によると、オンラインの世界で品切れすることは、とてつもない失敗だ。現実の世界なら、わざわざ車に乗ってほかの店へ行くくらいなら、違う色やスタイルで妥協する人が多いが、オンラインで品切れに遭うと、消費者は別の企業のウェブサイトに移動してしまう可能性が高い。

消費者に合わせた商品の選定

5つの要素はたいていそうだが、商品も多面的な要素だ。中でもとくに重要なのは、品質、品ぞろえの深さ、品ぞろえの幅広さである。商品で戦うことを選んだ企業は、この3要素の最も適切な組み合わせを決めなくてはならない。

まず、企業は、自社の商品の品質基準を設定しなくてはならない。厳しい仕様書に沿って、絶えずどこよりも画期的な（したがって極めて高価な）商品を提供していくのか？　それとも品質が低い分、より多くの消費者が無理なく買える商品を提供するのか？　あるいは、その中間あたりを目指していくのか？

企業は、商品が「よい、よりよい、最高」のどの区分に入ることを目指すのか、その「品質範囲」を選ばなくてはならない（図6・1）。最も高い区分（「最高」）に入る企業は、BMW、ティファニーなどで、最も低い区分（「よい」）に入るのは、ペイレス・シューソース、エイムスなどである。

言うまでもないが、商品の品質は、値札にそのまま反映されなくてはならない。そして品質は、どの程度までなら消費者が安さと引き換えに受け入れるのか、その妥協点を示してもいる。ペイレス・シューソースの靴は、驚くほどよく売れているが、それは価格帯が、商品を知る消費者の期待に応えているからだ。消費者は、ここでは最高級品は手に入らないが、

図6・1　商品の品質範囲

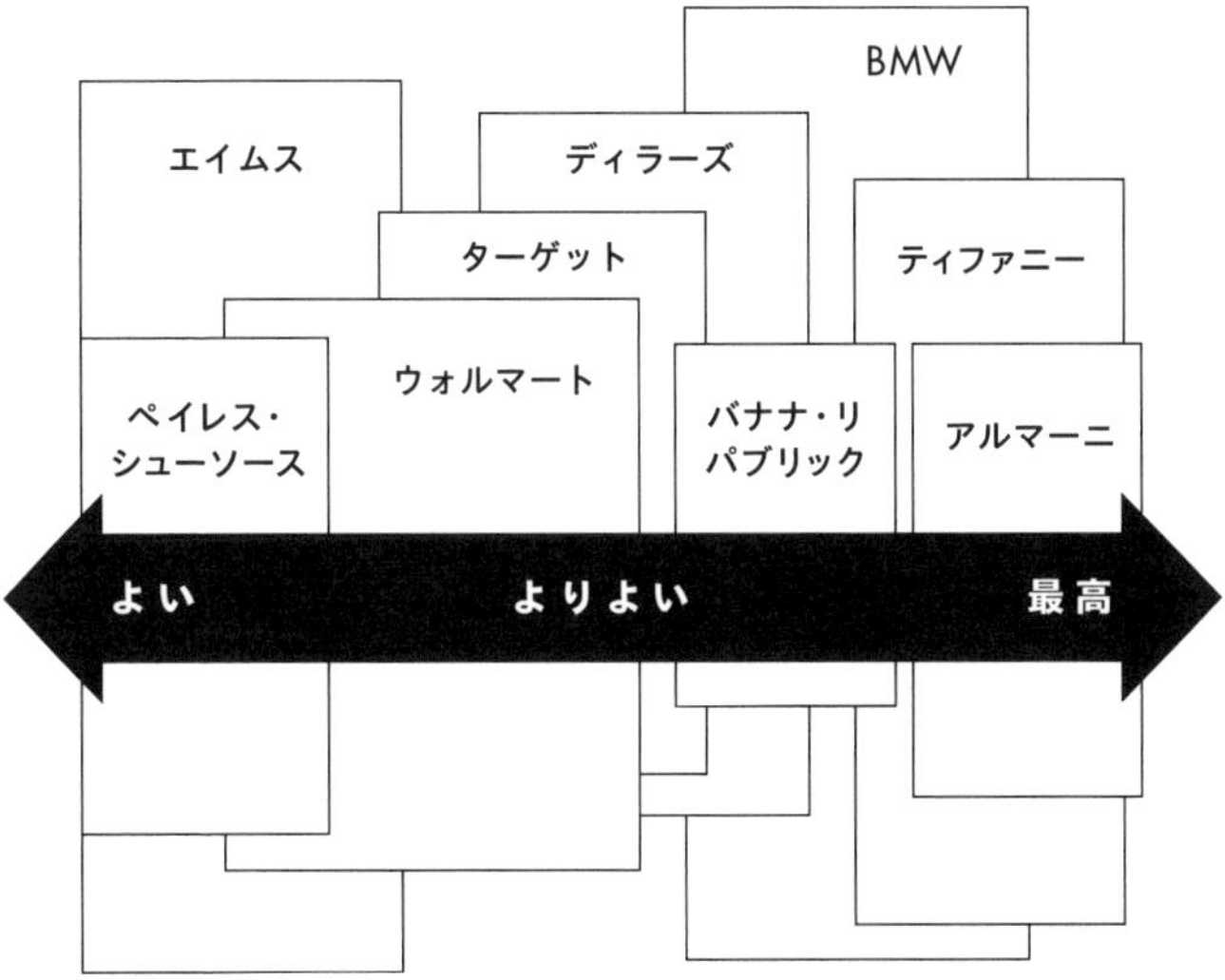

わりあいおしゃれな靴が11ドル程度で買えることを知っているのだ。

また、商品の品質によって、消費者の感情的なこだわりの範囲も異なることが、調査で判明している。その範囲は、使い捨てにしてもいいと考えるレベルから、愛着を感じるレベルまで及ぶ。もちろん、ある種の商品への感情的なこだわりは、人によってさまざまだが。

使い捨てにしてもいいと考えるレベルでは、消費者はほとんど、もしくはまったく商品に愛着を感じていない。車にこだわらない消費者は、低価格だが信頼できる中古車を買うだろうし、靴にこだわらない消費者なら、11ドルのペイレスの靴を何度かはいて、捨ててしまうかもしれない。それは、100円ライターに対する態度とよく似ている。一方、最高級の商品に対して、消費者は強い感情を抱き、絆や愛着を感じる。車にこだわる消費者は、入念に車を選び、かなりの大金を使う。そして毎週末、その愛車を自分で洗う。

第1章で展開した「インスタビジュアル」の概念がとくに役に立ったのは、商品という要素について消費者と話したときだ。どの程度の品質で十分だと感じるかは、時と場合による、とほとんどの消費者が口にしたからだ。たとえば、今すぐ何かを固定したいなら、セブン―イレブンで売っている万能レンチで十分かもしれないが、長く使える工具セットがほしいなら、シアーズのクラフツマン・ブランドを選ぶだろう。

これは、調査で浮かび上がってきた、商品にまつわるもう1つの大きな特徴を反映している。つまり、「よい」商品を探すとき、消費者が信頼の目安にするのは、メーカーだ。だから買い物客は、特定のブランドを探す。一方、「そこそこの品」でよいと考えるときの信頼の目安は、店である。つまり、その店に置いてあるブランドなら、どれでも十分だと考える。

品ぞろえの幅広さと深さも、商品という要素の重要な側面だ。商品で戦うことを選んだ企業は、決めなくてはならない。玩具店のトイザラスや事務用品店のステープルズのように、特定のカテゴリーに絞って、一貫して深い品ぞろえを目指すのか、ターゲットやホームデポのように、特定の市場向けに幅広い品ぞろえを目指すのか。

たとえば、ゼネラルモーターズのシボレー・ブランドは、幅広い商品ラインで戦うことを選び、ほぼすべてのタイプの車を扱っている。スポーツカー（コルベット）や低価格のクーペ（キャバリエ）に始まり、ファミリー向けセダン（マリブ）、ピックアップトラック（S―

10)、SUV（ブレイザー）といったように。一方、フェラーリは、高級スポーツカー市場に絞った品ぞろえで戦っている。

ミネアポリスに本拠を置くベストバイは、深い品ぞろえで勝負することを選び、アメリカ一の家電量販店という名声を確立した。同社は、1996年には倒産の危機に瀕していたが、1999年には、年間売上高100億ドルの企業になった。ベストバイが活況に転じたのは、電子機器で深い品ぞろえを持つ店、というポジショニングをしたからだ。

同社の創設者で会長兼CEOのリチャード・シュルツによると、ベストバイは、ハイテク好き、新しいもの好きの層である、大人向け玩具に並々ならぬ関心を抱く人々を取り込むことに、成長への期待をかけたのだ。

だが、ベストバイを際立たせているのは、商品への取り組みだけではない。同社が第2位の要素に据える、経験価値とのダブルパンチをライバルに浴びせているのだ。同社のセールスパーソンは、歩合制ではなく給料制で働いているので、押しの強い販売をしない。「ベストバイの全社的なアプローチは、『お客さまは商品を見て、学んで、理解する必要がある』というものです」と、シュルツ。「何か買え、と迫られずに、お客さまが気軽に情報を求められる雰囲気が大切なんですよ」

ただし今後、深い品ぞろえは、オフラインの世界で市場を支配するには、ますます難しい戦略になっていくだろう。理由は、オンライン・ビジネスの成長だ。たとえば、書店を見てみよう。ボーダーズ最大の実店舗でさえ、一オンライン書店が扱う書籍の10分の1もストックできない。深い品ぞろえを、有効な差別化戦略とする企業が増えるにつれて、オンラインの世界では、ますますカテゴリーごとの品ぞろえが充実していくだろう。

「商品」の可能性の拡張

商品の重要な3要素ほどではないが、ほかにも小さな違いをもたらす要素があることが、調査から見えてきた。商品で市場を支配したい企業が考慮すべき重要な事柄の1つは、商品の可能性をいかに広げていくかだ。企業は、商品やブランドの可能性をどこまで広げられるのだろう？

この問いは今日、とくに重要度を増している。企業がオフラインの世界からオンラインの世界へ、足場を広げようとしているからだ。そんな中、説得力を持つのが、「企業が、オフラインの世界からオンライン空間へ首尾よく移行したいなら、ブランドが保証しているものを守り続けなくてはならない」という主張である。

アウトドア・ライフスタイルを提案する小売業者、エディー・バウアーのケースを考えてみよう。同社は、ファイブ・ウェイ・ポジショニングの本質を理解しており、商品で市場を支配することに成功している。同社のブランド・マーケティング担当副社長、ジャニス・ゴーブは言う。「エディー・バウアーは、お客さまが望む価値観を、そのまま体現しています」

商品を第一に考える、その揺るぎない姿勢は、同社の経営哲学の中心を成している。エディー・バウアー・ブランドは、その着心地のよさ、高品質な素材、円滑なサービスなどで、世界的に認められている。

「私どもの服は、とても着心地がいいのですが、精神的な要素もとても大きいと思います」と、ゴーブは言う。「決して最先端のファッションではありませんが、エディー・バウアーは、本物でありたい、人生を自分で選択したい、慢心せずに、より質の高い生活を目指している、という方々のために、ライフスタイルを表現しているのです」

この哲学が、同社の商品の広がりやライセンス契約にも活かされている。商品は、家具・インテリア用品やメガネ、さらにはフォード社との提携で生まれた特別仕様車、フォード・エクスプローラー・エディー・バウアーまで、多岐にわたっている。

「うちのお客さまは、のんびりと構えて、人生を無駄にするような人たちではありません」と、ゴーブは言う。「みなさん非常にアクティブで、いろんなことを手がけるのが好きな方々です。ですから、提携先を選ぶときは、うちと同じような個性を持ち、同じようなライフスタイルを提案している企業を、戦略的に選ぶようにしています。それが、私どもの市場でのポジショニングを強化してくれるからです」

エディー・バウアーは、人々の実像はもとより、セルフ・イメージに訴えているのだ。そして、その取り組みはたいてい的を射ている。それはとても強力なアプローチなので、どんなチャネルでも効果を発揮している。ちなみに、同社が販売している3つの主要チャネルでは、第2位の要素がそれぞれ異なっている。

・実店舗（第2位の要素：サービス）

エディー・バウアーは、1988年にアパレル販売会社、スピーゲルに買収された（スピーゲルは、ドイツの大手通販企業、オットー・フェルザンドの傘下にある）。それ以降、エディー・バウアーは店舗を拡大し、全米50州に500店舗以上を構えている。さらには、日本、ドイツ、英国、カナダで、さまざまな共同事業を展開している。

・カタログ（第2位の要素：アクセス）

ショッピングモールでおなじみの店になるかなり前から、エディー・バウアーはカタログを通して、何百万軒もの家庭に届けられていた。今日でもその伝統は健在で、毎年1億2000万部を超えるカタログを郵送している。取扱商品は、フランネルのシャツからベッドシーツにまで及ぶ。

・インターネット（第2位の要素：経験価値）

1998年秋以降、ウェブサイトの展開に力を入れている。サイトは、訪問客に幅広い商品ラインと選択肢だけでなく、利用しやすいオンライン経験を提供していることから、再訪者が絶えない。とくに画期的な試みは、バーチャル試着室である。消費者は、マウスで画像をクリックしたり、ドラッグするだけで、さまざまなコーディネートが試せる。

ウェブサイトは同社にとって、商品をアピールする格好の場となった。「エディー・バウアー・ブランドは認知度が高く、消費者は、商品をとても信頼してくださっています。おかげで、あまり抵抗なくネットショッピングをしてくださいます」と、ゴーブは言う。

買った商品のサイズや色、スタイルに問題があれば、どのチャネルで買い物をしても、消費者は、郵送でも直接でもエディー・バウアーに返品できる。こうした柔軟な対応ができるのは、企業風土がそれを支えているからだ。同社の場合、こうしたリクエストに応えられるよう、スタッフを訓練し、3つのチャネルの物流システムを一体化している。

5つの要素に共通して言えることだが、商品の場合も、ほかの要素との間に多くの相互作用が起きている。おそらく商品の場合、こうした相互作用がとくに重要なのだ。今日のように、販売網が隅々まで行きわたっていると、純粋に商品だけで差別化を続けるのは難しいからだ。消費者が、同じ商品をどこででも買える今、企業が商品だけにてこ入れするのは難しい。

当然、とくに強力な組み合わせは、商品と価格である。実際、私たちが話を聞いた消費者が、価格の話を抜きに商品を語ることはほとんどなかった。この組み合わせが、T・J・マックスやマーシャルズといった、ディスカウントストアの成功を支えている。

また、商品とサービスにも、密接な関係がある。その傾向は、深い品ぞろえに力を入れる専門店、高級店でとくに顕著だ。こうした店では、接客の質と教養の高いスタッフが、買い物客の具体的な質問に答えてくれる、と期待されている。ただし、サービスのレベルが商品レベルと一致していなくてはならないのは、高級品に限ったことではない。低価格帯の商品を扱う店で、ハイレベルなサービスを提供すれば、消費者は混乱するし、サービスにも金がかかることにもなる。

商品で戦うには？

さて、商品で市場を支配するには、ファイブ・ウェイ・ポジショニングの戦略をどのように実行すればよいのだろう？　消費者が第一に求めるのは、企業の商品が「信用できる」ことである。レベルⅠでは、企業は基本的な期待に応え、最低水準の機能を果たす商品を提供しなくてはならない。つまり、安物のレンチであっても、さびついたナットを緩められなくてはならないのだ。

では、レベルⅡに移行するには、どうすればよいのだろう？　レベルⅡで、消費者が求めるのは「頼りになる」こと。つまり、一貫してよい商品を提供し、なるべく品切れを起こさないようにしなくてはならない。この時点で、消費者は企業を、よい商品やサービスの提供者として好きになり始める。では、「頼りになる」企業になるには、どうすればよいのだろう？　50ドルのスウォッチの時計であれ、500ドルの深鍋であれ、5000ドルのソファであれ、商品は、約束通りの機能を果たさなくてはならない。

フェデックスは、「何が何でも一晩で届けなくてはならないときに」頼りになる企業だ、と大々的に宣伝している。オールステート保険も、「安心してお任せください」というメッ

図6・2 商品で戦う

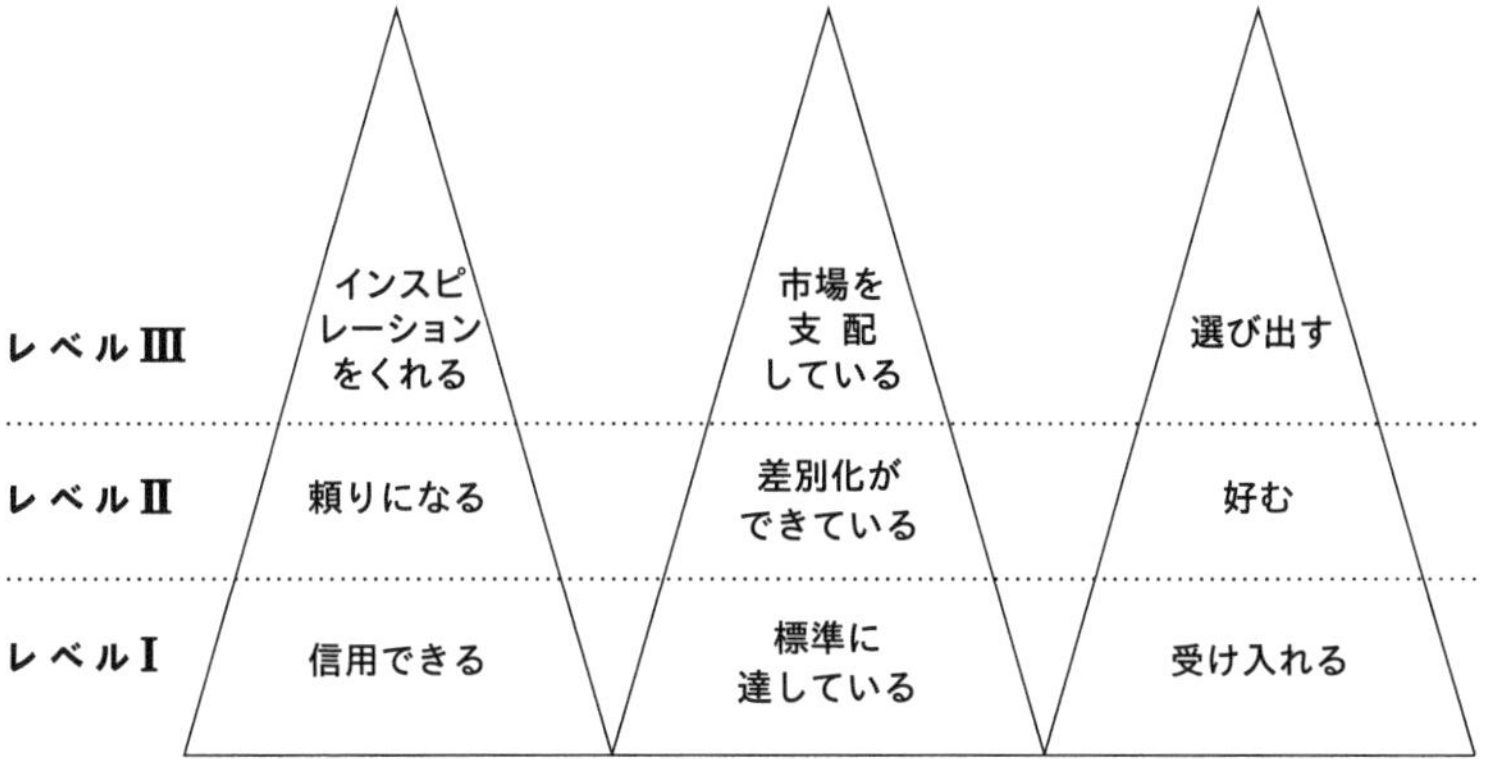

セージを送っている。家電メーカーのメイタグの、仕事がなくて退屈している修理工を描いたCMは、信頼性を訴える、最も有名な広告の1つだ。頼りになる商品と認識されることは、ブランド構築に成功し、このブランドなら一貫して役目を果たしてくれる、と期待されている証しである。

信頼性は、商品を売る企業にも求められる。消費者は、商品やサービスの提供者が、季節、曜日、立地にかかわらず、きちんと在庫を確保していると期待している。インタビューで消費者からよく聞かされた不満は、企業がある商品を広告するのはいいけれど、消費者の反応を小さく見積もりすぎだ、というもの。在庫切れが頻発すれば、買い物客はよそへ逃げてしまうだろう。

商品ピラミッドの頂点であるレベルⅢ

に到達した企業は、信用できて、頼りになるだけでなく、「インスピレーションを与える」はずである。こうした企業が扱う商品は、ユニークで珍しく、見つけにくいもの、つまり消費者に、ワンランク上のライフスタイルへの憧れを抱かせるアイテムである。消費者がこうした企業を選び出すのは、企業の選択がライフスタイルの選択になっているからだ。このレベルのインスピレーションをくれる企業に、ウィリアムズソノマ、ティファニー、ロレックス、ブルックストーン、シャーパーイメージ、フェラガモが挙げられる。

だが、インスピレーションをくれるのは、最高級の商品を扱う企業に限らない。ホームデポは、店の広さと購買力を活かして、消費者が必要とするであろうあらゆる商品を提供している。競争のこのレベルに達すると、商品重視の企業は、何年たってもひいきにしてくれる、忠実な顧客を獲得する。

中価格帯のスウェーデン家具を販売するイケアも、大胆でスタイリッシュなデザインを手頃な価格で提供することで、インスピレーションを与えるレベルⅢに達している。インスピレーションというテーマを活かして、イケアは消費者に「いろんな可能性を思い浮かべてみよう」と訴え、最新カタログの家具・インテリアコーナーに、「すべての部屋に、アイデアとインスピレーションを」というサブタイトルをつけている。

低価格帯の商品を扱っていても、商品重視の企業なら、顧客にインスピレーションを与えられる。ディスカウント店の中で、それに最も秀でているのがターゲット社だ。ターゲットは、説得力のある広告とマーケティング、さらには類を見ない業務提携によって、質のよい商品を手頃な価格で提供する企業、という評判を獲得している。

たとえば、多くの受賞歴を持つ建築家、マイケル・グレイブスと専属契約を結び、ターゲットだけで扱うヒップな商品のデザインを依頼している。

グレイブスの商品をはじめ、低価格だがスタイリッシュなアイテムを提供することで、ターゲットは、ディスカウント店だからと言って、平凡でつまらないとは限らない、というメッセージを送っている。同社はいつの間にか、多くの消費者から熱く支持されるようになっていた。常連客は、「財布を空っぽにしなくても、ファッションの最先端にいられる」と、ターゲットを頼みにしている。

はっきりしているのは、商品で戦いたい企業は、まず顧客対象となる層が受容する品質・価格の範囲を把握しなくてはいけない、ということ。また、潜在顧客が、ブランドをどの程度重視しているかも、知っておかなくてはならない。そして、どんな品質・価格レベルで戦っていようと、商品で市場を支配できるかどうかは、いかに顧客の想像力をかき立てられるかにかかっているのだ。自社の商品が主役を務めるようなライフスタイルを、顧客に思い描いてもらえるかどうかが鍵である。

ケーススタディ

レコードタイム：ファイブ・ウェイ・ポジショニングのビートに合わせて

ミュージックストアであるレコードタイムのエピソードを紹介しよう。この話は中西部の好青年が、ロックンロールのビートに乗り、いかに本当の幸せをつかんだかなどという、ただのノリのいい話ではない。私たちは何も、若い頃の情熱が40代まで持続するという根拠がほしくて、わざわざミシガン州ローズビルへ飛んだわけでもない。

私たちがそこへ向かったのには、2つの理由があった。1つは、私たちが呼ぶところの無意識のファイブ・ウェイ・ポジショニングが、いかに企業のブランド価値を生み出すか。レコードタイムが、その格好の事例であること。もう1つは、ファイブ・ウェイ・ポジショニングが大企業だけの戦略ではない、と同社が示していることだ。

私たちは、ファイブ・ウェイ・ポジショニングはあらゆる規模のビジネスに有効だ、と信じている。そして、レコードタイムのオーナー、マイク・ハイムズの話が、それを裏づけてくれた。音楽が大好きなハイムズは、今や〝クラシック・ロック〟と呼ばれるようになったものから、テクノやそれ以降のものに至るまで、ポピュラー音楽をずっと追いかけてきた。その過程で、規模はささやかだが、もうけが生まれるビジネスを築いた。

しかし、何より素晴らしいのは、ハイムズが、弱小企業であるという逆境に打ち勝ったこと。

対消費者ビジネスは、顧客の思いを企業が勝手に推測するのではなく、顧客の本当の思いに沿って進めなくてはならない、ということを理解したために、打ち勝てたのだ。アメリカ屈指の小売業者でも、それをわかっていない企業はある。

思うに、いいアドバイスをくれるビジネス書は掃いて捨てるほどあるが、それらが役に立つのは、シスコやイケア、マイクロソフト、ノキア、もしくはソニーといった大企業の場合だけだ。もっと小さな企業について、ビジネス書は何を語っているだろうか？　私たちの、5つの要素の役割や機能についての理論が正しいなら、当然規模の大小にかかわらずあらゆる企業に有効であるはずだ。

レコードタイムについて、私たちはあることに気がついた。店オリジナルのファイブ・ウェイ・ポジショニングが、資金力のある全米規模のライバルからも、テクノロジーの猛攻からも、レコードタイムを守っているのだ。

何より重要なことは、ファイブ・ウェイ・ポジショニングのビジネスモデルのおかげで、同社が〝若い顧客たち〟と対等でいられる経営システムを構築していることだ。

レコードタイム：店そのものを商品に

第1位の要素：**商品**

- 他のミュージックストアが扱わないジャンルの、最先端のアーティストを紹介し、顧客にインスピレーションを与える。
- アーティスト、DJ、もしくは熱烈なファンとして、音楽と深く関わっているセールスパーソンを採用する。
- ターゲットとなる市場で人気のない分野（クラシックやカントリーなど）の商品は、深くは扱わない。
- 「ダンスルーム」を設け、顧客が商品を聴いたり、熱狂的な音楽ファンと触れあうことで、トレンドセッターが今何を聴いているか、把握できるようにする。
- 地元アーティストを招いて、店内ライブを積極的に行う。
- 複数のレーベルを持つ卸売業者になることで、実質的に、一部アーティストのスポンサーとなる。

第2位の要素：サービス

・主要スタッフが常に店にいて、顧客に提案型の販売をしたり、アーティストやレーベル、音楽スタイルについて詳しく説明する。
・常連客には、好きなアーティストや新ジャンルの商品が入荷した、といった情報を頻繁に伝える。
・その週にリリースされた新譜情報を、店内の一番目立つ場所に掲示する。

「きのうの夜、初めてCスパン〔議会中継専門のテレビチャンネル〕を観たんだ」と、マイク・ハイムズは言い、自分の告白に戸惑っているような顔をした。2000年7月12日、ハイムズに新たな不安を抱かせたのは、デジタル音楽に関する上院司法委員会の公聴会が放映されたからだ。

ミシガン州最大の独立系ミュージックストア、レコードタイムの創業者であり、オーナー経営者兼研究開発部門ただ1人のスタッフであるハイムズは、はらはらしていたのだ。ナップスターやMP3、その他ネットベースの音楽プレイヤーの取り組みが成功すれば、世界中が、いや少なくともネットを使う人々は、基本的に無料で音楽をコピーできる技術を手にしてしまう、と。

ハイムズのターゲット層は、社会や政治の動きに敏感な世代だ。こうしたテクノロジーが出回れば、ハイムズは廃業に追い込まれかねない。レコードタイムを廃業に追い込むことは、地元の強力なライバルであるハーモニー・ハウスにも、ベストバイやボーダーズといった全米チェーンにも、アマゾンやCDナウのようなネット企業にも、これまでできなかったことだ。

「彼ら（若い顧客）は、〝権威〟ってものが大っ嫌いなんですよ」と、ハイムズは言った。「音楽をコピーしちゃうとか、〝権威〟を傷つけるようなことなら、何だってカッコいい、と見なされるんです」。ハイムズ自身、若者から「あんたってすごいな」と言ってもらえる、流行りものに詳しい〝カッコいい大人〟なのか、彼らがぎゃふんと言わせたい〝権威〟なのか、日々綱渡りを続けている。〝カッコいい大人〟でい続けるのも、骨が折れるのだ。

ファイブ・ウェイ・ポジショニングを続けること自体、簡単なことではないが、思春期直後の若者たちのめまぐるしく変わるトレンドやスタイルを前に、商品重視の企業がそれを貫く難しさは、また別物である。

その上、客層は、「次にミシガン・スタジアムをいっぱいにするのはおれだ！」とダンスミュージックやテクノ、ヒップホップのアーティストを夢見ている、都会のアフリカ系アメリカ人の若者から、最新のインディーズバンドやゴス、ヘビメタ音楽を探しにくる、郊外の不満をため込んだブルーカラーの白人の子までさまざまだ。彼らのニーズを公平に満たし、経営していかなくてはならない。それを思うと、ファイブ・ウェイ・ポジショニングに根ざした商品づくりの難しさが、わかってくるだろう。

しかもそんなすべてを、大企業なら可能な手法を使わずに、やり遂げなくてはならない。広告代理店も、マーケティング部門も、大手エンターテインメント企業との大掛かりなコラボもないのだ。ハイムズ版ファイブ・ウェイ・ポジショニングは、こつこつと築き上げられたものだ。毎回、お客さま1人ひとりに対応していくほかない。

「若い子が店に来て、おれにわからない音楽の話を始めたら、この商売をするには年を食いすぎたな、って気づくんでしょうね」と、ハイムズは言う。「この間ふと、ここで働いている女性スタッフの1人が、おれが1号店をオープンしたとき、まだ生まれてなかったことに気づいたんですよ。そういうことがやたらと頭を占めるようになったら、年を取ったと実感するようになるんでしょう」。だが、あまり心配はなさそうだ。ハイムズは、四六時中音楽のことで頭がいっぱいのようだから。

ハイムズのファイブ・ウェイ・ポジショニングに根ざした起業家への道は、ささやかに始まった。「最初は、(ミシガン州)アナーバーのミュージックランドで、1979年のクリスマスから81年の5月まで働いたんです」と、ハイムズは振り返る。「クリスマス・シーズンのバイトとして入ったんですが、その後、副店長に昇進して、そのあと、ある店を任せてもらえるようになりました。そのとき気づいたんですよ。ミュージックランドでは、何もかもががちがちに決められています。要は『会社組織』なんです。だから、おれのアイデアもエネルギーも活かせないなって。まだ若かったから、それでピーチズに移ったんですよ」

ピーチズ・エンターテインメント社で、ハイムズは、マイク・ルゾと出会った。当時は店長で、のちに共同経営者となる人物だ。ピーチズがミシガン州から撤退したとき、ハイムズとルゾは、元雇い主からタダ同然で設備を譲り受け、イーストデトロイト（現在のミシガン州イーストポイント）に、100平方メートルほどの店を開いた。

「65平方メートルほどを売り場にして、売り場の奥に壁を設けました。売上が伸びていくに従って、壁をさらに奥にずらしていったんです。最後には、壁を取り払ってしまいました」と、ハイムズ。「何年かして、共同経営者の権利を買い取りました。ルゾには家族がいたので、日中しか働けないし、あまり本腰を入れてくれなかったのでね。その点、当時のおれは独り身で、身軽でしたから。6年後、グラティオットとテンマイルの角（郊外の大きな交差点）にある、450平方メートルほどの場所に移ったんですよ。さらに6年たって、同じグラティオット通りにある、今の場所へ引っ越しました」

1996年には、郊外の高級住宅地、ロチェスターに2号店をオープンした。この店は結局、1999年、さらに流行に敏感で、断然労働者が多いファーンデール郊外に移った。だが、今もレコードタイムのカラーを決めているのは、やはり本店だ。

そう、ここは「スリム・シェイディ」でデビューする前のエミネムが、マーシャル・マザーズ3世という本名で通い、キッド・ロックがブレイク前によく足を運んでいた店だ。そして大勢のテクノミュージシャンやレイブパーティ好きの人たち、さらにはハウスDJがたむろし、みんなが「おれの（私の）」店だと思っている。

ハイムズは、3年間ほど、店から一銭ももらわなかった。「もうけは、どんどん店につぎ込んでいましたから」と彼は言う。「特別注文が入ったら、翌朝、デトロイトの卸売業者まで車を飛ばして、買い取ったらまた大急ぎで店に戻って、『入荷しましたよ』ってお客さんに電話するんですよ。お客さんを獲得するためなら、できることは何だってしましたね。おかげで、店は繁盛しました。

もちろん、何よりタイミングがよかったんです。うちが急成長した時期は、5年連続で、売上が倍増していったんですが、CDが初めて世の中に、広く受け入れられた時代でした。レコード盤を抱えたお客さんが、CDを買いにどっとやってくるんですよ。つまり、中古レコードを山ほど売りさばいて、CDを買って行かれるんです。こんな中古レコードのおかげで、売上が倍になりました。売り上げはどんどん雪だるま式に増えていって、1985、86年頃から1990、91年頃にかけて、一気に膨らんでいきましたね」

のちにハイムズは、社是をつくった。「おれたちの使命は、基本的にみんなを幸せにすること。みんなが買える価格で商品を提供し、また店に来てもらうこと」

「今はちょっとそうは言いにくいですけどね。謙虚でいるのが一番だから。ただあの頃は、おれの個性と音楽の知識で、お客さんがつき始めていたんです。

みんながここへ来てくれるのは、音楽を求めているからです。おれがここにいるのは、音楽を知っているから。だから、ここへ来れば楽しく過ごせる、っていう環境を用意したいと思っています。日々のストレスから逃れられる場所ですね。音楽は、感情のはけ口です。楽しくて、そう、少なくとも楽しいはずのものなんです。

おれたちはみんな、忙しい毎日を送っています。みんながここへ来るのは、おれたちの愚痴を聞くためじゃない。楽しくて、明るくて、いつも何かが起こっているにぎやかな場所だから。それに、探しものをスタッフに言ったら、『ああ、あれね』ってすぐにわかってくれたり、パソコンや本やなんかで見つけてくれたりして、さっと家に帰らせてくれる、そんな場所だからです」

音楽の小売ビジネスは、常に競争が激しいが、とくにハイムズを苦しめているのは、ベストバイでもウォルマートでもない。テクノロジーだ。「最悪のシナリオに目を向ければ、結局のところ、レコード会社はレコード店なんかすっ飛ばしたって構わないし、アーティストも、レコード会社抜きでやりたければやれるわけです。デヴィッド・ボウイがまさに今、やっているようにね」と、ハイムズは言う。

「一番難しいのは、スタッフにわくわくしながら働いてもらうこと。それから、少しは、ラップやヒップホップ、オルタナティブ・ロック、それにエレクトロニック・ミュージックをわかっている人間が店にいるように、ちょうどいい割合でスタッフをそろえることです。そういった分野でサポートしてくれる人材を、頑張って見つけています。音楽に情熱を持っていて、店で働けるタイプで、しかも何より、うちが払える給料で働いてくれる人を見つけるのは、至難の業なんですよ」

「今の世の中には、音楽があふれていて、ジャンルも多岐にわたっています。うちは、50年分の音楽を扱わなくちゃいけない。1950年代のロックンロールに始まって、さらに斬新なものまでね。誰かが店に来て、ある時代の何かがほしいと言ったら、スタッフの誰かがわからなくちゃいけません。うちがその商品を扱っていて、どこに置いてあって、お客さんが何を言っているのか。

だからおれ自身が、今も売り場で積極的に動いて、仕入れも結構担当しています。ほかの誰よりも、必死に働かなくちゃいけません。ここ何年も、『おれについて来い』じゃない、創意に富んだ経営スキルってやつを学んできたんですが、どうも一番効くのは、やっぱり『おれについて来い』みたいなんですよ」

ハイムズの顧客の大半は、15～30歳だ。「一番買ってくれるのは、17～25歳のお客さんですね。うちの業績がいい理由の1つは、店にもそれなりの歴史があることかな。小さい頃から来てくれている人たちが、今稼いでいる年代になっているからなんです。彼らには自由に使えるお金があるし、レコード会社も彼らに合わせて、ヘアメタル・バンドのリマスター版を出したり、ポイズン、ウォレント、L. A. ガンズといった80年代の人気バンドの再結成ツアーを企画したりしていますからね。まあ、ベビーブーム世代のために、ザ・ビートルズの『イエロー・サブマリン』を再リリースしたのと同じやり方です」

それに、顧客の心理的な側面もあるだろう。「うちはある意味、ブルーカラーの店なんです」と、ハイムズは言う。「ブルーカラーのお客さんは、まあ中流階級から下の人たちですが、パーティ好きなんですよ。お金を音楽に費やす割合も高いです。彼らは、どちらかと言えばその日暮らしですが、財布のひもはそう堅くなくて、パーッと使ってしまいます。ブルーカラーの人たちのほうが、音楽好きも多いようです」

ハイムズは、売上が伸びるにつれて、店で過ごす時間の大切さをますます感じるようになった。店にとって一番の脅威は、自分がある朝目覚めて、「もう十分成功したから、そろそろのんびりしてもいいだろう」と、接客を部下に任せてしまうことだという。

「この業界で、うちより繁盛していた店を、つぶしてしまった人はたくさんいます」と、ハイムズは言う。「なぜかって？　経営者が仕事に興味を失うか、うちはすごい、って自己満足してしまったからですよ。おれもこれまでの業績を振り返って、言いたくなることがある。『おれは店をでっかくしたし、2号店だって成功している。だから、朝から晩までゴルフしてたっていいじゃないか』ってね。

でもおれは、まだ音楽にもお客さんにも、情熱やこだわりを感じているんです。オフィスにいるより店に出て、お客さんの相手をするのが好きだしね。この業界では、現場に出てなきゃ、流れについていけません。おれは今でも、流行りの曲を店で買っていますよ。おれは音楽のためにここにいるんです。それに人が大好きだから、ぴったりな仕事をしてるなあ、と思いますよ」

すべての人のニーズに合わせているから、むろん回転の遅い在庫も大量に抱えることになる。「おれの哲学は、なるべくたくさんの人を幸せにすること、特別サービスを提供することですからね。よほど無名なアーティストの輸入盤じゃない限り、1週間もあれば何でも手に入ります。お客さんがまた足を運んでくださる理由は、どうもこのあたりにあるみたいなんです」と、ハイムズ。

「でも、あまりに過激で、ワイルドで、前衛的な店にはしないようにしています。年配のお客さんが、気まずい思いをされますからね。実は年配の方は、店へ来ていきなりハッとするらしいんです。若い子ばっかりじゃないか、って。そしてボーダーズに駆け込まれます。あそこは、まるで音楽業界の老人ホームですよ」

熱意も哲学もあるハイムズだが、「アグレッシブ・ロック」のようなジャンルについては、その分野に詳しい社員に、仕入れの判断を任せている。「〝触角〟のような存在が必要なんです。最前線でその音楽に触れていて、その音楽を買う人たちと話ができて、それを報告してくれるスタッフ。あるいは、あるジャンル専門の卸売業者さんも頼りになります。今はスタッフに予算を与えて、仕入れてもらうようにしています」。ハイムズの店のスタッフは、客層を反映している。年齢は17〜43歳で、75パーセントが男性だ。

ここ何年か、レコードタイムの売上の多くを占めているのは、中古テープやアルバム、さらに最近では中古のCDだ。だが、『レッド・ツェッペリンII』の廉価版を売るだけで、帝国が築けるはずもない。ハイムズは、ある時期、いくつものレコードレーベルを立ち上げ、あるジャンルの音楽を救ったことがある。これこそ究極のファイブ・ウェイ・ポジショニングではないか。

「1985年か86年だったかな。デトロイトの若者が3、4人、斬新なエレクトロニック・ダンス・ミュージックを始めたんです。それは、ハウス・ミュージックよりもうちょっとエレクトロニックな音楽で、その後、テクノとして知られるようになりました」とハイムズ。「そのサウンドは人気が出て、みんなアメリカでインディーズ・デビューを果たしたんですが、結局、イギリスやヨーロッパのほうが受けたから、みんな向こうへ渡りだした。で、大手レコード会社と契約して、それぞれメジャーになったんですよ。

うちが最初に関わったのは、やっぱりおれが、画期的なものや新しいものが好きだったからだな。でもあの頃は、何と言ってもヒップホップにハマっていたんです。耳障りでやかましい音楽なら何でも好きでしたから。そうしたら、テクノバンドがいくつか登場して、一気に夢中になりました」

当時のレコードタイムは、デトロイト郊外の独立系ミュージックストアの中でさえ、2位に大きく引き離された3番手。カー・シティ・レコーズ、(今でもクラシックやジャズのレコード・コレクターたちが集う)ハーパー・ウッズといったライバルを追いかけていた。しかも、当時は州最大の独立系ミュージックストアだった、サムズ・ジャムズもファーンデールに店を構えていた。だが、テクノとその熱狂的ファンのおかげで、ハイムズの店は、トップに躍り出ようとしていた。

「お客さんはいつも、売らなきゃならないレコードを抱えて、よその店を1、2軒回ってからうちに来ていました」と、ハイムズは言う。「だから、ライバルが買うレコードのパターンが見えてきたんです。ダンスミュージックや耳障りなオルタナティブ・ロックには、絶対に手を出さない。そこで、『おい、待てよ。おれはこういう音楽が好きだよな。それに、大きな店とまともに戦ったって、勝てっこないよな』って、つぶやいたわけです。ライバル店が買わないような商品をどんどん扱うようにして、得意分野を広げていったんですよ。

売り場の一角に、ダンスミュージックだけをダダッと並べました。それからバンドを呼んできて、そのうち別のバンドも連れてきて、そうこうするうち、初めての引っ越しをしました。この新しい店の中に、ステレオシステムを備えた部屋をつくったんです。そうしたら、地元のミュージシャンたちが、一番に足を運んでくれる店になったんですよ。

彼らが自分たちのCDを持ってきて、置いていくようになりました。全米で彼らを認めていた店は、うちだけでしたからね。彼らの曲を大々的に売るようになったら、ＤＪも買いに来てくれるようになりました。ほとんど宣伝もしなかったんだけど、ＤＪっていうのは、とにかく顔が広いですからね。あっという間に名前が売れて、気づいたら、地元一のダンスミュージックの店になっていたんです。おまけに、中古品の販売でもトップに立っていました」

そんな中、ハイムズはバンドやＤＪと知り合うことが増えていった。「当時は、全米で彼らのＣＤを買う卸売業者は、ほかに2軒しかありませんでした。しかも、彼らは海外に輸出していたんです」と、ハイムズ。「そこで、うちが独占販売権を持つことにしました。海外にはあまり送らず、国内市場に専念しました。オハイオ州のオバーリン大学とか、キャンパス内の小さな店に置いてもらったんです。ニューヨークで開催されるニューミュージック・セミナーに足を運んで、ほかの店にチラシを配って宣伝したり、そこに商品を置いてきたりしたこともありますね。

でも、卸売業っていうのは、山ほど売っても、あまりもうからないんです。利幅は20パーセントしかありませんでしたし、最後の数年間は、実質、店のもうけで卸売業を補っていたくらいでした。それで、うちはもうレーベルとしてそれほど必要とされていないかな、って気づいたんですよ。うちが参入した頃は、レーベルは5つか6つしかなかったけど、今ではデトロイトだけで50か60はあります。始めた頃は、すべてがうまく回るようにと、いくつものレーベルを持っていましたね。

最終的には、輸出を始めたことで、うちは世界的に有名になりました。まあ、当時はテクノでもうけるには、それしかなかったからなんですけど。あるレコードが全米で100枚しか売れなくても、ヨーロッパだと1軒の得意先が、一度に300枚仕入れてくれたりしました」

ハイムズは、常にどこよりも安くダンスミュージックやテクノを販売していたが、彼と契約したアーティストやＤＪの中には、安く売り払われたと感じる者もいた。だが、今ではレコードタイムの総売上の25パーセントを、ダンスミュージックが占めている。

ダンスミュージックとテクノが、レコードタイムを有名にしたのはたしかだが、ハイムズはどのようにして、ライバル、とくにベストバイやメディア・プレイによる価格攻勢に吹き飛ばされずに済んだのだろう？

「価格の問題は、今より2～3年前のほうが深刻でした」とハイムズは言う。「うちは、嵐を乗り切ったんですよ。ここ3年ほどで、独立系レコード店の3、4割が閉店しました。ベストバイやメディア・プレイ、サーキット・シティーなどの原価を割るような価格攻勢にやられたんです。価格は大問題でした。みんな言ってましたからね。『CDを3枚買うとして、ベストバイで5ドルずつ安く買えたら、ランチできるよね』って。

でもその後、そういった店が前ほど音楽を扱わなくなったんです。だから、価格はそう大きな問題ではなくなりました。お客さんは今でも安いものを探されますよ。でも、うちの店が世の中に認められるようになったからでしょうか、うちの価格は適正で決して高くない、と見なされるようになりました。

もちろん中には、1セントでも安いものを、といろんな店を回る人もいます。まあうちも、他社が広告している値段には合わせていますけどね。ところが、信じてもらえないかもしれませんが、広告の商品は買わない、ってお客さんもいるんです。その値段じゃあうちが損をするとわかっているから、うちの店が困らないようにと、広告の商品だけをベストバイかどこかで買って、残りの買い物をうちでしてくださるんです」

ハイムズはまた、ファイブ・ウェイ・ポジショニングの商品づくりを貫く中で、経営上の妥協もしてきた。店内に、しぶしぶ視聴コーナーを設けたのだ。費用はレコード会社持ちなのだから、もっと早く導入できたのだが、どんな商品を視聴対象にするか、強制されるのがいやだったのだ。

ハイムズは今も、視聴コーナーで扱うCD選びの主導権を握っている。繰り返しになるが、〝カッコいい大人〟でいるのは、骨が折れる。とくに、〝カッコいい〟客を相手にした商売の場合は。

顧客と顧客が愛する商品に忠実であることが、今もハイムズのファイブ・ウェイ・ポジショニングの要であり、これまでのところ、それが功を奏している。かつて顧客だったキッド・ロックもエミネムも、レコードタイムを応援しようと、今も足を運んでくれる。キッド・ロックのプラチナアルバムは、本店に額入りで飾られている。

なぜ彼らは、今もハイムズを応援するのだろう？　「エミネムは、子どもの頃にここでよく買い物をしていたから、みんなで面倒を見ていたんですよ」と、ハイムズ。「お客さんのお世話をすれば、みんなまた来てくれるものです。キッド・ロックも同じですね。ブレイクする前に、店でライブをやっていたんです。お客さんたちも、彼を最初にここで見たことを覚えていて、あちこちで話してくれるんですよ」

ハイムズの場合、顧客との強い絆が、ビジネスの哲学をつくっている。社風について尋ねてみると、こんな答えが返ってきた。「自分が買い物したい店かどうかを、自分に問いかけてみるんです。ほしいもののために、払える価格がついているかどうか。いい雰囲気だとおれなら思うかどうか、ってね。初日からずっと、それをルールにやってきました」

「自分が買い物したい店だ、って言えないくらいなら、店を開いちゃいけない。何かが間違っているんですよ。おれは、教科書通りのビジネスをする人間じゃありません。経理のことなんか、よくわかっていないくらいです。それはカミさんの担当で、おれにわかるように報告してくれています。おれは音楽とお客さんに突き動かされているだけで、あとのことは、おれよりよくできるスタッフ任せなんですよ。おれの役目は、店に出て、音楽を語ることです」

あなたの会社を診断しよう（商品）

Q メーカーに勤めているなら、クライアントがあなたの会社の商品を仕入れるのは、消費者にインスピレーションを与えてくれるから？　それとも、単に棚を埋めたいから？

Q 一番のお客さまがほしがる商品を、どれくらいの頻度で品切れさせている？

Q あなたが小売業者か再販業者〔商品やサービスをエンドユーザーに販売する企業や個人。認定販売店という形を取ることも多い〕なら、あなたが扱う商品は、すべて信用できるものだろうか？　つまり、どの商品も消費者から見て、きちんと役目を果たしているか？

Q あなたの会社の商品やサービスのおかげで、顧客は新たな自分を思い浮かべて、わくわくできるだろうか？

Q ついこれまでの習慣で、気まぐれに商品を選んだり、販促・マーケティング費を使い切ろうと、顧客が求めていない商品まで扱っていないだろうか？　顧客がほしがる商品、顧客にインスピレーションを与える商品を犠牲にしていないだろうか？

CHAPTER 7

Do You Really Get Me?: The Experience Factor

経験価値で市場を支配する

「楽しませさえすればいい」という誤解

その店の狙いは実際の売上にはつながっていなかった。私たちはその日、セントルイスのとある小売業者を訪れていた。その企業は、この土地の古くからある地区の住民やアフリカ系アメリカ人のコミュニティに尽くしていると自負していたし、実際、その通りだった。

いかにもビジネスマン、といったスーツにネクタイ姿で、私たちは、市の中心部にある同社のある店舗へ入った。ちり一つ落ちてはいない。町の購買動向をセンスよく押さえた商品の構成もさることながら、品質、清潔さ、目を引く販促のどれを取っても、すでに視察を終えた同社のいくつもの郊外店に劣らぬ配慮が感じられた。価格設定は、チェーン全体の方針に沿っているようだし、従業員の多くは、近所の住人だった。

正直なところ、私たちはかなりの好印象を抱いていた。しかし、それは顧客の目線でなかった、と間もなく知ることになる。次に訪れたのは、郊外にある同じチェーンの店舗だった。中心部にある店舗に比べると、半分の魅力も感じられなかった。設備は古く、薄汚れている。通路をうろうろしていると、年配のアフリカ系アメリカ人の客に、声をかけられた。服装から、同社の幹部と間違えられたのだろう。

男性は、中心部の先ほどの店から歩ける場所に住んでいるのに、40キロも車を飛ばし、この店に買いに来ていた。「どうして向こうの店で買わないんです？　あの店のほうがずっと感じがいいのに」と私たちが言うと、「人種差別だよ」と男性は言った。「人種差別？」「あ あ。でっかい貼り紙を見なかったかい？　あそこで小切手を切るには、いろんな身分証明書を見せなきゃいけない、ってこまごま書いてあるんだよ。ここには、そんなのないだろ？ あの店は黒人を信じてない、ってことさ。そういうのは人種差別だ、っておれは思うね」

実を言うと、私たちももちろんその貼り紙を見ていたが、男性のようには受け止めていなかった。翌日、経営陣との会議の席で、私たちはその話を始めた。「あるお客さまが、あの店は、アフリカ系アメリカ人を差別している、っておっしゃるんです。理由は……」と、説明しかけると、「小切手の貼り紙、ですよね」と、幹部の1人が、代わりに答えてくれた。そして、「たしかに、あれはいけない」とうなずいた。

素晴らしい店をオープンしたことで、同社が近隣住民を大事に思っていることは、伝わっていたかもしれないが、たった1枚の貼り紙が、「信用してないぞ！　敬意も払ってないぞ！」と大声で叫んでいたのだ。経験価値という要素で戦いたい企業にとっては、深刻な問題だ。

深刻な問題なのに見落とされやすい理由は、しごく単純だ。経験価値とは楽しませること《エンターテインメント》だ、楽しませさえすればいい、と多くの企業が誤解しているからだ。

サウスウエスト航空や、スーパーマーケットのスチュー・レオナードのように、エンターテインメントが、良い商品やサービスを補強し、経験価値を高めている場合もある。だが、エンターテインメントは、良い商品やサービスの代わりにはならない。いまいちな商品やサービスと顧客の間に介在するのが、エンターテインメントだけだったとしたら、消費者は間違いなく、新鮮味が薄れた頃には、飽きてしまうだろう。

ファッション・カフェ、プラネット・ハリウッド、オールスター・カフェ、ハードロック・カフェといった「テーマ型レストラン《イータテインメント》」を思い出してほしい。実際、イータテインメント業界が険しい道のりを歩んでいる理由は、まさにこのあたりにある。

調査の結果、私たちは、次のような結論に達した。企業としてたしかな価値を提案する代わりに、エンターテインメントを差し出すのは、価格のハイロー戦略と同じで、勝てる戦略ではない。でもみんな、楽しみたくはないのだろうか？　もちろん、楽しみたい。でも、企業に楽しませてもらわなくても、みんな自分で楽しめるのだ。

紛争地をマウンテンバイクで走る、超高層ビルからパラシュートをつけてジャンプする、シー・カヤック、高空での危険なスポーツなど、今や選択肢はあまたある。おまけに、100チャンネルのケーブルテレビやインターネット、映画、文化イベントやスポーツ大会など、エンターテインメントには事欠かない。消費者は、スーパーの駐車場でのふれあい動物園やマジシャンなど、求めてはいないのだ。

「一流の神話」の支持者たちは、でたらめに必要もない値引きをするが、同じように、何の根拠もなく商品やサービスにエンターテインメントを盛り込みたがる。そして、経験価値を重視する顧客が、本当に求めているものを見落としている。彼らは親密さがほしいのであって、消耗品売り場で踊るクマさんを見たいのではない。

多くの企業経営者は、こう思いたがる。時間に追われる今日の消費者は、クリーニングの集配のついでに、ジャグリングも見せてくれるような企業に感謝するはずだ、と。だが、現実は違う。今日のインスタビジュアルたちは、時間のやりくりがうまく、日常生活にどの活動を加えて、何を省くべきか、絶えず判断を下しているのだ。

消費者は、企業からの敬意を求めている

たしかに、消費者が小売業者をはじめとした企業に、エンターテインメント性を求めた時代もあった。ただし、それは今日のように、飽きるほどたくさんの娯楽がなかった頃の話だ。過去を振り返れば、誰もがそんな例を1つや2つ、挙げられるだろう。

著者の1人、ライアンは、母親がいろんな店でよく楽譜を手に、ポピュラー音楽を披露していたことを覚えている。彼女がピアノの弾き語りを始めると、お客がわっと集まって耳を傾けていたものだ。エンターテインメントは間違いなく、買い物客の経験価値の重要な一部を占めていた。当時、大切なのは時間ではなく、エンターテインメントだったのだ。

今日、たいていの人は、当時ほどの穏やかさも時間も、持ち合わせていない。楽器店で誰かが15分も歌うのを、立ったまま聴くことはまずないだろう。代わりに、CDを買って帰るか、アマゾンやCDナウで注文するか、エムピースリー・ドットコムから直接ダウンロードするはずだ。

はっきりしているのは、エンターテインメントだけでは、何度も店に来てもらうことはできない、ということ。過去20年間にアメリカ社会はすさみ、相対的に礼儀正しさが失われ、

孤独感が増している。共同体がある意味、衰退してしまったせいで、消費者は企業から敬意を払われることを、前より重視するようになった。なぜだろうか？　ほかの場所では、敬意を払ってもらえないからだ。

近年ますます、消費者と企業が、互いに敬意を払い合えなくなっている。それは、社会の著しい変化を象徴している。だからこそ、「敬意の文化」を生み出せる企業にとっては、チャンスなのである。

そんな企業なら、商品やサービスと引き換えにお金を払う、というだけのやり取りを超えた、経験価値を提供できるだろう。そういう意味では、経験価値とは、消費者が店を訪れたり買い物をする際に抱く、感情にほかならない。それは、単なるエンターテインメントをはるかに超えた感情である。

スターバックスのCEO、ハワード・シュルツは、この手の経験価値の重要性をよく理解している。毎日のようにスタバに立ち寄る何十万人もの人々が、1杯のコーヒーのためだけに来るのではないことをシュルツは承知している。

「コーヒーはね、何百年間も会話の中心にいるんですよ」と、シュルツは言う。「私たちは、お客さまの〝第3の場所〟をつくろうとしているんです。家と職場の間にあって、そこへ来れば1人で一服できて、何かの集まりに参加している気分になれる。スターバックスは、近所の人が集う玄関先のポーチのような存在になったんです。うちが体現しているものを、みなさん信頼してくださっています。お客さまが何度も足を運んでくださるのは、質の高い経験価値のおかげです」

アクセスに、物理的アクセスと心理的アクセスがあるように、経験価値にも2種類あるということを調査が示している。1つは、外的な経験価値。店でピアノが聴ける、シェフがシカバブを目の前で料理してくれるなど、要はエンターテインメントだ。もう1つ、内的な経験価値のほうは、ある企業とのやりとりについて、消費者が抱く感情と結びついた、はるかに個人的な経験だ。

消費者ならその違いを、こう説明するかもしれない。「肝心なのは、店でどんな経験をするか、というより、店で私自身がどんな気分でいるか、なのよ。店では、どんなふうに感じている？　礼儀正しく敬意を払ってもらえている？　大切なお客さまとして扱われている？　私の用件に、店は積極的に取り組んでくれている？」

外的な経験価値と、内的な経験価値を、同時に提供することはできるのだろうか？　もちろんできる。たとえば、高級デパート、ニーマン・マーカスの経営者であるスタンリー・マーカスは、店を劇場の舞台のように演出する一方で、消費者に「自分だけの経験」を提供する大切さも理解していた。マーカスがよく話していた、ある顧客のために「100万ドルのパフェ」をつくった話を紹介しよう。

マーカスはまず、高価なシャンパングラスを用意して、その内側をシルクのスカーフで覆い、そこにダイヤモンドとエメラルドとルビーを、何層にも重ねていった。出来上がった作品は、アイスクリームパフェにそっくりで、誇らしげに100万ドルの値札をつけていたという。マーカスは、取引の場でのエンターテインメント――外的な経験価値――を、そのお客さまだけの劇場――内的な経験価値――に変えたのだ。

コネティカット州に本拠を置くスーパー、スチュー・レオナードも、外的、内的な経験価値をうまく組み合わせている。スチュー・レオナードには、リアルに動くロボットや試食コーナーなど、さまざまな仕掛けがこれでもかとそろっているが、このエンターテインメントを裏で支えているのが、親切で礼儀正しく、知識豊富で丁寧なスタッフだ。彼らが、内的な経験価値を提供している。

企業に対して一番言いたいことは何か。あらゆる企業資源をエンターテインメント――外的な経験価値――につぎ込んで、お客さまに敬意を払うことを忘れている企業は、金を失うということだ。敬意を求める消費者の思いは切実なので、本書で定義している5つの要素の中で、ビジネスに最大の宝の山を提供してくれるのは、もしかしたら経験価値かもしれない。

顧客の気分で利益が変わる

経験価値はおそらく、正確に定義するのが最も難しい要素だ。サービスと同じように、おおむね主観的な上に、実際のところ、すべての要素に対する消費者の反応を表しているからだ。ファイブ・ウェイ・ポジショニングを知って間もないうちは、たいていサービスと経験価値を区別するのに苦労する。つまるところ、取引の経験価値を主に形づくっているのは、取引の際に受けたサービスを自分がどう感じるか、だからだ。

では、どこまでがサービスで、どこからが経験価値なのだろう? こんなふうに考えてほしい。顧客は当然、取引を主観的に分析するものだが、サービスには、数字で表せる客観的・具体的な側面もある。結局、サービスとは、取引を行った結果、顧客がその企業をどう感じるかで、経験価値とは、取引の結果、顧客がどんな気分でいるか、なのだ。

企業が顧客に便宜をはかり、情報を与え、商品やサービスをカスタマイズすれば、消費者はたいてい、「いいサービスだった」という印象を持って、店をあとにするだろう。だが経験価値は、それよりはるかに主観的で、数字で表すのがとてつもなく難しい。なぜならすべて、「私の気分」が基準だからだ。敬意を払ってもらえたか、企業が本当に気遣ってくれたか、親密な態度を示してくれたか？　ただしその親密さは、差し出がましかったり、なあなあで済まされたと感じさせるものではなく、「私は上客だ」と感じさせるものでなくてはいけない。

家電量販店ベストバイの創業者であり、会長兼CEOのリチャード・シュルツは、同社がいかに経験価値というコンセプトを行動に変えたか、説明してくれた。「私たちは、消費者が本当に求めていたものを提供して、お客さまとの絆を手にしたんです。それは何よりも、楽しくて夢中になれるようなショッピング経験でした。萎縮したり、強引に迫られることなく、買い物を楽しめるようにしたんです」

「この戦略の最初の成果は、女性客を引き寄せたことです。女性は昔から、歩合制で働く営業マンに、見下されたような口の利き方をされていました。彼らがお客さまを萎縮させて、強引に買い物の主導権を握ろうとするものだから、女性客の多くはウォルマートやターゲットやサムズのような店に流れてしまいました。あんな営業マンに耐えるくらいなら、たまたま棚に載っているものを買って、『これでいいわ』ってつぶやくほうがよほどましだと思っていたんですよ。

その点うちの戦略は、はるかに友好的です。自然と女性市場を取り込むことができました。ある時点でのうちの顧客ベースは、48パーセントが女性、52パーセントが男性でした。うちが戦っている、昔ながらのある家電量販店の場合は、男性75、女性25でした。私たちは、女性が大好きなショッピングする楽しさを提供したことで、アメリカの女性消費者の心をつかんだんです」

企業が経験価値で市場を支配したいなら、鍵となる要素は、明らかに顧客と従業員とのやり取りだ。インタビューで消費者は、経験価値で最も重要な点として、次のことを挙げていた。

- 従業員が、礼儀正しく敬意を払ってくれる。
- 消費者が、大切なお客さまとして扱われる。
- 従業員が、消費者の用件に積極的に対応してくれる。
- 従業員が、自社の商品やサービスのイメージを高めている。
- 従業員の服装が、企業の雰囲気を反映・補完している。
- 店内の装飾、表示、レイアウトなどが、見ていて楽しい。

・消費者の経験価値を高めるような、ＢＧＭやビデオが店内で流れている。

店内の表示、ＢＧＭ、従業員の服装などの環境要素は、消費者の心をつかむきっかけとなる。こうした要素が、企業の第一印象を生み出し、店や企業の個性を示し、消費者がその企業にどんな経験価値を期待できるかを伝えている。

たとえば、キッチン用品店のウィリアムズソノマは、強力な第一印象を与えるのに、環境要素が果たす役割をよく理解している。だから、店内には必ず、珍しい紅茶や新しいブレンドコーヒー、クリスマスなら温かくスパイスの効いたリンゴ酒など、試飲できる商品を用意している。香りが、人々をぐいぐいと店へ引き寄せるからだ。

同じように、ジェネレーションＹ（アメリカで１９７５～89年に生まれた世代）に人気の音楽関連グッズの店、ホット・トピックの店内に大音量で響きわたる強烈な音楽は、ターゲット市場にマッチしていて、「ここはあなたの場所だ」と顧客に伝えている。

環境要素は店の第一印象を生み出すが、その後、消費者が従業員からひどい扱いを受けると、その印象はなかなか消えない。39歳の美容師タラは、多くの消費者の思いを代弁して憤る。「店のスタッフが客を見た目で判断するのに、うんざりしてるの。ホームレスみたいに見えても実は億万長者、なんて人だっているかもよ。何で客が店員にああだこうだ決めつけられて、失礼な態度を取られなくちゃいけないの？」

反対に、好ましい経験を提供すれば、それも同じように胸に残る。それが結果的に、会社の利益につながるかもしれない。実は、調査で明らかになったのだが、今の世の中では、企業にまつわる好ましい経験は、当たり前ではなく特別なこと、と受け止められている。「お店に入ったら、スタッフがみんな親切で感じがよくて、笑顔いっぱいだなんて、最高の経験じゃない！」と、ある消費者は言った。「そんなお店に入ったときは、こう思ったわ。『まあ！　ここのオーナーって、デキる人なのね』って」

　これは、実店舗での営業だけでなく、オンライン・ビジネスにも当てはまる。インタビューした消費者の大半が言った。メーカーとの直接の取引において、好ましい経験をもたらす最大の要素は、大切なお客さまとして扱われることだ、と。また、多くの消費者は、「ウェブサイトやカタログに掲載された商品のビジュアルを見れば、その会社でどんな経験をすることになるか、予想がつく」と話していた。

　そして、オンラインの世界でも、消費者は、生身の人間とコンタクトを取りたがっている。ＲＥＩのような小売業者のウェブサイトは最近、カタログの内容をそのまま転載したものではなく、さらに充実したつくりになっている。ＲＥＩのサイトでは、消費者がスタッフに質問したり、競合他社の価格チェックができる上に、ほかの消費者とコンタクトを取ることもできる。ハイキングシューズにお墨つきをもらったり、ウェストバージニア州でお勧めの山道を尋ねたりできるのだ。

　ただ、企業がオンラインでの存在感を確保しよう、遅れを取り戻そう、と焦った場合、顧客のブランド経験〔あるブランドの商品やサービスに触れたときに感じる、満足感や不満〕を混乱させるリスクもある。

　書店チェーンのバーンズ・アンド・ノーブルは、実店舗では、喫茶コーナーやアームチェアを設け、心地よい環境づくりに力を入れている。オンラインサイトでも同じ戦略を取り、消費者がほかの読者の書いた書評を読んだり、それに応えたりするコーナーを設け、仲間とつながる機会を提供している。ただしウェブサイトは、実店舗が抱える在庫問題とは無縁だ。

本の購入経験という視点で見れば、実店舗を利用する消費者が、何週間も待つように言われた本が、オンラインで注文すれば、数日で手に入ってしまう。バーンズ・アンド・ノーブルは、オンラインと実店舗の差をなくそうと積極的に取り組んでいるが、ほかの企業は、オンラインと実店舗での購入経験を均一にするのに苦労している。

実店舗とウェブサイトの矛盾に気づきながら放置していたら、その企業が生み出そうとしている経験価値が、いずれ損なわれてしまうかもしれない。オンラインのほうを別会社の別ブランドとして独立させないのなら、ウェブサイトが提供する経験価値は、実店舗とまったく同じか、それを補うものでなくてはならない。

経験価値で戦うには？

では、企業が経験価値で競争に勝つためには、何をしなくてはならないのだろう？ ファイブ・ウェイ・ポジショニングの概念モデルを適用すると、経験価値が何を意味するかが見えてくるだろう（図7・1）。最低水準（レベルⅠ）では、消費者は、次のように言う。「私に敬意を払って。でないと、必要な商品やサービスを求めて、あなたのライバルに目を向けますよ」

図7・1　経験価値で戦う

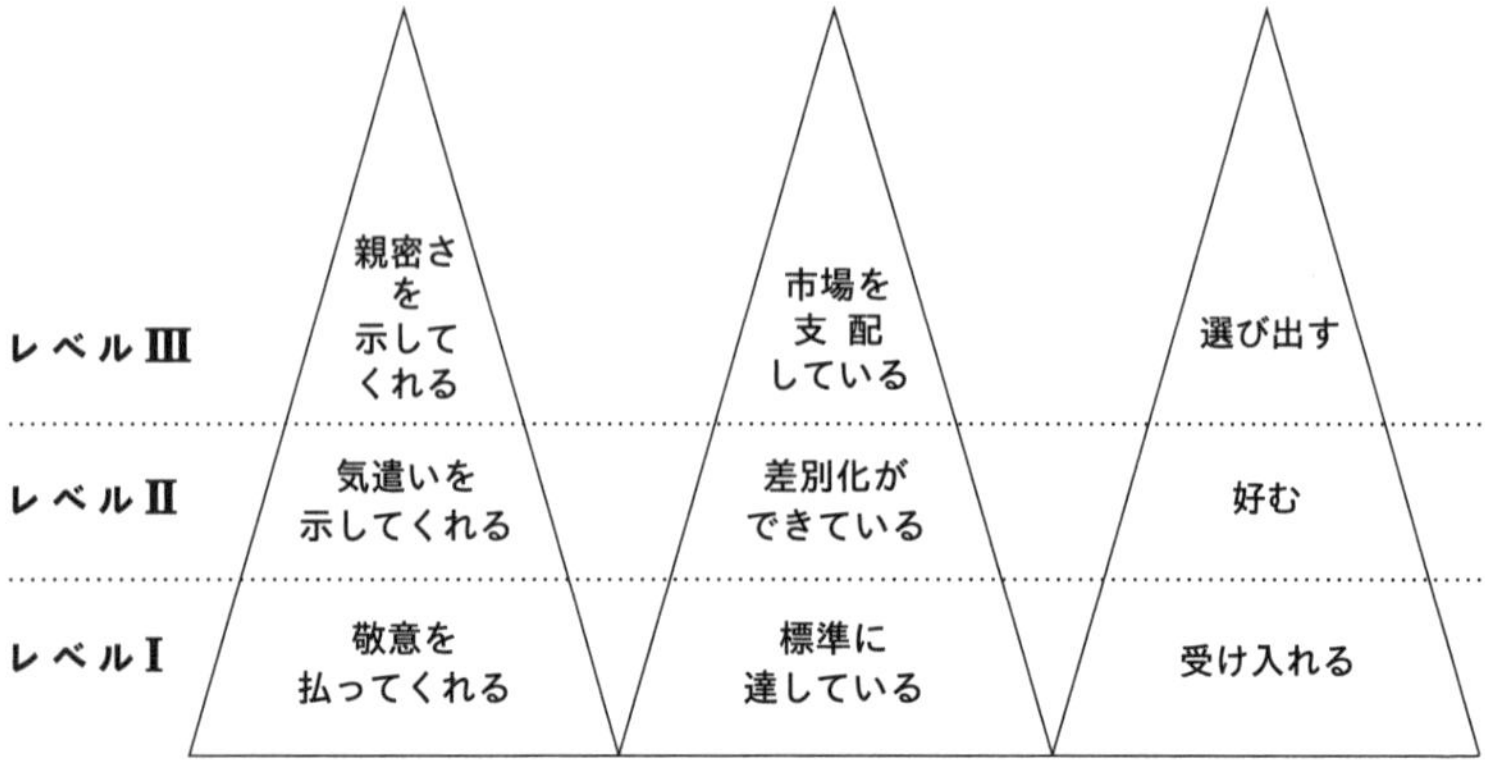

消費者は、ただ人として扱ってほしいだけだ。「感じがよくて、親切なスタッフを雇うべきだよ」と、ある消費者は言った。「何か買え、ってプレッシャーをかけないでほしい」と言った人もいた。いずれも基本的でシンプルなことだが、調査から判断すると、ほとんどの企業が見落としている。

消費者が企業を好きになりだすレベルⅡでは、消費者と企業の関係が深まり、「気遣い」が示されるようになる。このレベルでは、消費者はこんなふうに言うだろう。「私と私のニーズを心から気遣っている、と示してほしい。そうすれば、ほとんどの状況で、ほかの企業よりもあなたを好きになります」

従業員の態度だけでなく、店内の表示やBGM、従業員の服装といった環境要素も、気遣いに含まれる。そもそも、従業員や店舗が与えるイメージを気遣わない企業が、顧客を気遣えるだろうか？　いずれにせよ、気遣いを示すなら、心からのものでないと、顧客には受け入れてもらえないだろう。ある消費者が、婦人服の店、アンテイラーでの経験を語ってくれた。

「若い女性スタッフが、とても熱心に接客してくれたの。最初から最後までずっとそばにいて、いろいろ提案してくれたり、正直なコメントをくれたり、いい買い物ができるように気遣ってくれていると感じたわ。だから、いつもよりお金を使いたい気分になったし、素敵な経験ができたから、惜しいとは思わなかった」

リッツ・カールトン・ホテルは、お客さまにハイレベルな気遣いができるようにと、具体策を取っている。客室掃除係から経営陣に至るまで、従業員1人ひとりに、顧客のトラブルや不満に対処する費用として、2500ドルを与えているのだ。

ある晩、私たちは、フロリダ州ラグナ・ネープルズのリッツ・カールトン・ホテルのバーに座っていた。すると、私たちのクライアントの1人が酔っ払って、14杯目のスクリュードライバーをあおりながら、カクテルウェイトレスを相手に長々と演説を始めた。酒にまみれてふやけた葉巻《マカヌード》が乗っかった、目の前の灰皿がどんなに素敵か、語り出したのだ。

「この灰皿、いくらなら売ってくれるかね？」ややろれつの怪しい口調で、クライアントが尋ねた。「お売りできないんですよ」とウェイトレスが言うと、「でも、ほしいんだよ。どうしてもほしい。だって美しいじゃないか」と、彼は食い下がった。「お客さま、この灰皿は、売り物じゃないんです」と、ウェイトレスは礼儀正しく、だがきっぱりと言った。そして、「でも、まだお帰りにならないでくださいね。すぐに戻ってきますから」と言い足した。

10分もたたないうちにテーブルに戻った彼女は、センスよくラッピングされた小さな箱を持っていた。「お客さま、どうぞ」。クライアントが箱を開けると、中にはさっきから彼が欲しがっていた灰皿の、新品が入っていた。「でも、売り物じゃないって言ったじゃないか」と、クライアントが面食らって言うと、ウェイトレスは言った。「ええ、そうなんですよ。ですから、私が代わりに買ってきました。そちらは汚れていますから」

レベルⅢとは、顧客を肯定する経験価値である。ここでは、消費者は企業との強い絆、一定の「親密さ」を感じ、触れ合いも信頼感も生まれてくる。この信頼感が長期にわたる関係につながっていく。このレベルでは、消費者は次のように言うだろう。「あなたが心底私のためを思ってくれている、本当のことを言ってくれている、と信じています。なぜなら、私に人として敬意を払ってくれるし、売上よりも私を、私が満足しているかを気遣ってくれるから」。デパートで仕入れを担当している、23歳のサンドラは言う。「いつも行く店が、私を個人的に知ってくれているのは、素晴らしいことよ」

オンライン企業も、こうした姿勢を失っていない。私たちの多くは、アマゾンから本やCDを勧める個人的なメールをもらっている。だが、現実の世界で、こうしたコミュニケーションがどれほど行われているだろう？　ライアンが、オフィスにほど近いある店での経験を話してくれた。何年も前にオープンして以来、彼はずっとこの店で買い物をしているという。

「この店では、文字通り何千ドルも買い物をしてきたけど、店に入っても誰もあいさつしてくれないんだ。ぼくが誰かなんて知りもしないし、誰一人、『しばらくぶりですね』なんて言ってくれない。でも、アマゾンにログインしたら、『こんにちは、ライアン・マシューズさん。おすすめ商品があります』って言ってくれる。少なくとも、アマゾンのソフトは、ぼくが誰かを知っているんだよ」

過去の購買パターンに基づいて書籍やCDを推奨する、アマゾンの協調フィルタリング・ソフトにとっての課題は、顧客の今後のニーズをいかに満たすかだ。そもそも購買傾向は多岐にわたり、明確なパターンなどないのだから。

もちろん、好ましい経験価値を提供する大切さを理解しているのは、オンライン企業だけではない。たとえば、送迎サービス企業のボストンコーチは、それを明確な差別化のポイントに据えている。ニューヨークを走るタクシーは、態度がいいとは到底いえない代物だ。そんな中、全米で旅行者の数が増えるに従って、ボストンコーチは、空港と目的地を結ぶ、高価だが文明的な移動手段の代名詞となった。

投資会社フィデリティ・インベストメンツの完全子会社であるボストンコーチは、快適なサービスに関わるすべての要素――安全性、利便性、信頼性、快適さ、そして何より顧客への敬意――を一まとめにして、「ボストンコーチ経験」と称する商品にしている。

ボストンコーチを利用すれば、礼儀正しいプロのドライバーが迎えに来てくれる。ドライバーはあなたの名前を呼び、ドアを開け、荷物を受け取り、あなたがくつろいでいるかどうかに気を配り、あなたが望めば今日のウォール街の様子を話してくれるだろう。そして何より、ボストンコーチは、望んだ時間に目的地へ運んでくれる。同社の定時到着率は、99パーセントなのだ。

消費者から信頼される企業の実態

サウスウエスト航空とミッドウエスト・エクスプレス航空もレベルⅢに位置し、消費者から絶対的な信頼を得ている。

日常的に飛行機を利用している誰かと、話をしてみてほしい。空の旅のレベルがどれほど落ちているか、耳にすることになるだろう。問題は、荷物の紛失や飛行機の遅れ、狭苦しい座席や食べられないような食事にとどまらない。すでに一触即発とも言えるこんな状況に油を注いでいるのが、航空会社の社員の態度や仕事ぶりなのだ。もし航空会社が、顧客への敬意を今より優先すれば、はるかに素晴らしい経験価値を提供できるだろう。

だが、具体的にどうすればいいのだろう？　サウスウエスト航空とミッドウエスト・エクスプレス航空の事例を紹介しよう。両社は、航空業界が誇る、2大サクセスストーリーの主役だ。

サウスウエスト航空は、余分なサービスをしない。座席指定も、食事もお菓子も、優待サービスもないが、空の旅の利用者は一貫して、同社を全米最高の航空会社の1つに挙げる。利用者の心の中で、サウスウエスト航空は、顧客に素晴らしい経験価値を提供する企業として定着している。

サウスウエスト航空で顧客担当取締役副社長を務めるコリーン・バレットは、顧客の受けがいいのは、ハイレベルな接客、つまり乗客1人ひとりに礼儀正しく対応しているからだ、と話す。「私どもの基本的なビジネスは、2つの空港を往復する短距離フライトです。つまり、ビジネスの9割が、小型機で2都市を結ぶ地域航空サービスなんですよ。こうしたフライトは低料金で提供していますので、頻繁にご利用くださる方も多く、私どももお名前までご存じ上げています。お客さまのほうも、私たちをよくご存知です。

お客さまから、何度お電話をいただいたかわかりません。『サンアントニオの3番ゲートにいるサンドラ・スミスのことなんだけど、ここ2週間ほど見かけないな。何かあったのかい?』なんてね。同じように、スタッフから電話をもらうこともあります。『17年もご利用くださっているジョン・ジョーンズさんが、心臓発作を起こしたって新聞に出ているんですが、会社からお花を送れませんか?』って。これは、サウスウエストのスタッフとお客さまの絆を示すエピソードの、ほんの一部にすぎませんが」

こうした絆を評価し、それに報いる企業文化を、サウスウエスト航空はどのように築いたのだろう? とくに秘訣はない、と言いつつ、バレットは1つだけ答えをくれた。「社の内外で毎日、黄金律を実践することです。『己の欲する所《ところ》を人に施《ほどこ》せ』と言うでしょう?」

サウスウエスト航空は、社員を採用する際には、「姿勢」を重視している。社員になるには、人に興味を示し、敬意を払い、相手のニーズに喜んで応えられる人材でなくてはならない。「私どもは、技能ではなくその人の姿勢を見て採用しています」と、バレットは言う。「技能は教えられますから。でも姿勢、たとえば、人を助けたい、お世話したい、気遣いたい、といった気持ちは、新入社員でもすでに持っていなくてはならないものです。もちろん、パイロットの技能を見ないわけではありませんよ。サウスウエストがパイロットに求める要件は、非常に厳しいものですから。それでも、上院議員の推薦状つきのエリートを落とすこともあります。その人の姿勢が私どもの基準に合わないと感じたらね。

ニューヨークの空港の荷物係を1人雇うのに、50人も面接したことだってあります。私どもは、お客さまに率先して仕え、自分よりも人を優先できて、おまけにユーモアセンスもある、利他的な人材を求めているからです」

ウィスコンシン州ミルウォーキーに本拠を置くミッドウエスト・エクスプレス航空も、素晴らしい経験価値で、ライバルに水をあけている。ミッドウエストは、1980年代前半、キンバリークラーク社の社員用シャトル機としてスタートした。ミッドウエストの業績担当部長であるダン・スウィーニーは、「キンバリークラーク社の社員は、一般の航空会社を利用する時は、大変な不満を抱いたものでした」と語る。それから2年もたたないうちに、同航空は、民間航空業界に参入した。

「空で最高の気配り」をスローガンに、ミッドウエストは、3000人の社員を擁する4億ドルの国内航空会社に成長し、最高級のサービスを提供している。「私たちは、企業としての価値観をよりどころに仕事をしています」と、スウィーニーは言う。

「たとえば、常にお客さまを第一に、わが家にお招きしたゲストのように扱いたいと考えています。常に正直に、誠実に、お客さまのニーズや期待に応えられるよう努力したいと思っています。お客さま1人ひとりへの敬意が、何より大切なんです。ですから、うちは、人一倍顧客志向で、親切で気配りのできる人材を採用しています」

「楽しくて愉快な」経験価値を提供しているサウスウエスト航空と違って、ミッドウエストは、機内食サービスも含め、高級で洗練された機内環境を提供している。「メニューごとにカラー写真を用意して、キッチンで働く全員が、お皿の上に料理をどう盛りつければいいか、わかるようにしています」と、スウィーニー。

「それに私どもの場合、キッチンから機内へ料理を運ぶ後方プロセスも、かなり複雑です。リネンのクロスと陶器の上に載せた料理を、こぼしたりひっくり返したりせずに、運ばなくてはなりませんからね。ですから、客室乗務員には相当時間をかけて、食事という経験価値を支える要素の1つひとつを、理解してもらっています。料理の出し方、メニューの示し方、ワインやシャンパンの持ち方や注ぎ方、サービスのタイミングや流れなどをね」

実質本位なサービスを身上とするサウスウエストは、価格を第2位の要素に据えて戦っているが、ミッドウエストの第2位の要素は、商品だ。同社の飛行機は、革張りの2列席を採用しているため、座席が広く、足元のスペースに余裕があるのが特徴だ。さらに乗客全員に、新聞と機内で焼いたチョコチップクッキーが無料でふるまわれる。

だが、結局のところ、ミッドウエスト・エクスプレス航空の勝利の秘訣は、人にある。「採用するときは、その人の価値観をじっくり見るようにしています。私たちの価値観に合う人材かどうか、判断しなくてはなりませんから」と、スウィーニー。

「人を思いやれる、チームプレイができる人材を求めているんです。いったん採用したら、私たちは、訓練に多額の投資をします。全員が2日間のオリエンテーションを受けますが、そこでわが社の戦略や哲学を伝え、どうすればみんなでそれを形にできるか、話し合うんです。そのあと、8〜10週間に及ぶ技術訓練プログラムで、それぞれの仕事について具体的に学んでもらいます。たとえば、客室乗務員なら、航空機器についてや心肺蘇生法、応急手当などを勉強します。しかし、こうした訓練中も、お客さまへの気配りというわが社の戦略を、絶えず社員に伝えています」

スウィーニーによると、ミッドウエスト・エクスプレス航空の最大の課題は、自己満足に陥らないこと。「今の私たちのようなポジションを手に入れたら、『やったぞ、目標達成だ！』と言いたくなるものですが、ご存知のように、顧客の期待というのは、常に変わっていきます。だから、どんなときも一貫して、信頼に足るたしかな経験価値を提供できるよう、やるべきことをやらなくてはいけないんです。清潔な機内、親切で気配りのできるスタッフ、最高の料理——お客さまは、私どもの飛行機に乗るたびに、それを期待してくださっているんですから」

経験価値で市場を支配し、顧客に絶えず高い敬意を払える企業は、大きな利益を得ることになる。ただし経験価値は、規模を拡大するのが難しい要素だ。相手に敬意を払い、気遣い、顧客の信頼を確立するのが会社の方針だとしても、現場のスタッフにそれを実行させるのは至難の業だからだ。

レベルⅠで営業している企業は多く、中にはレベルⅡに進める企業もあるが、経験価値で市場を支配できる企業はほんの一握りだ。そんなレベルⅢの企業に数えられる、アイルランドのキャンベル・ビューリー・グループとグルメ・ガレージを紹介しよう。

ケーススタディ1

キャンベル・ビューリー・グループ：本物のアイルランドを体験できる

シアトルっ子にとって、ピーツ・コーヒー&ティーやシアトルズ・ベスト・コーヒーと言えば街の名物だが、ダブリンにとって、ビューリーズのコーヒーと紅茶は、それ以上の存在だ。実のところ、ビューリーズとグラフトン通りにある同社の代表的なカフェこそが、ダブリンなのだ。

ビューリーズを訪ねることは、ダブリンの、そしてアイルランドの歴史に足を踏み入れることだ。店の片隅には、若きジェイムズ・ジョイスが書きものをしていた場所がある。だがその席は、ブロンズの記念碑ではなく、別のダブリンっ子に占居されている。彼はアイルランドの上院議員かもしれないし、街路の掃除人かもしれないが、そんなことは誰も気にしていない。

ダブリンにしばらく滞在すると、おいしいコーヒーや紅茶が飲みたくなる。ヘビーな朝食や、ぜいたくな午後のお菓子も食べたくなるだろう。そして気がつけば、ビューリーズに足が向いている。同社と商品、そしてカフェは、それほどまでにダブリンのイメージに欠かせない役割を果たしている。

1980年代にビューリーズが経営不振に陥ったときには、同社を政府が買い取るべきか、国会で正式に討論が行われたほどだった。論点はシンプルだ。ビューリーズなしに、ダブリンがどうやって生きていけるのか。

どうやら、アイルランドの男も女も子どもも大人も、観光客でさえも、ビューリーズのコーヒーと紅茶に慣れ親しんでいるらしいのだ。ほとんどの、とは言わないまでも多くのダブリンっ子が、街のあちこちにあるビューリーズの有名なカフェで、何時間もくつろいでいる。なぜビューリーズは、これほど特別な存在なのだろう?

「ビューリーズの何が最も評価されているかと言えば、間違いなく、アイルランドらしさでしょう」と、同社の小売・フランチャイズ担当責任者、ドーナル・オブライエンは言う。

「目下のところ、アイルランドは『旬』な場所とされていますから、たくさんの企業が、『アイルランドらしさ』を醸し出そうとしているんです。でも、私たちにはその必要はありません。何しろ1840年から、アイルランドらしい店なんですから。うちのカフェは、ジェイムズ・ジョイスをはじめ、作家たちがやってきて、作品の着想を得ていた場所なんですよ。そんな店の歴史は今も、地元の人たちや、本物のアイルランドを体験したい観光客の心の中に、しっかりと息づいています」

ビューリーズは1840年、サミュエル・ビューリーと息子によって設立された。クエーカー教徒だった2人は、クエーカー教の原理に則って会社運営を行い、アイルランドの人々に紅茶をもたらした。1893年には、アイルランドにコーヒーをもたらし、1927年頃には、数多くのカフェやパン屋、チョコレート工場まで経営するほどになった。カフェは、人々が会って会話を楽しみ、何かを食べ、詩や文章のひらめきを得られる場所として、瞬く間に評判になっていった。

ビューリーズは、1980年代初頭から半ば頃までは繁盛を極めていたが、一転、経営難に陥った。少なくとも理由の1つは、ビューリー家が一貫して、利益よりもクエーカー教の哲学を優先すべきだ、とこだわったこと。経営の手綱は今後もビューリー家が握るとしても、同社には財政援助が必要だった。しかも、早急に。そこで登場したのが、パトリック・キャンベルとキャンベル・ケータリング社だった。同社がビューリーズを買い取り、再び息を吹き込み、ブランドを拡大し始めた。

芸術家としても有名なキャンベルは、北海の石油掘削現場へのケータリング業務を皮切りに、食品サービス業で財を成した。あるとき、掘削現場周辺でストライキが発生し、せっかく軌道に乗りかけた会社の将来が危ぶまれると、キャンベルは自ら嵐の中へ乗り込んで、食料を届け、契約破棄を免れた。

キャンベルは、そろそろビジネスの世界から足を洗い、画家の道に専念しようかと真剣に検討していたが、ビューリーズを救うチャンスが到来したことで、計画を棚上げした。「ビューリーズに関わることで、ここまで成功させてもらった恩返しができるんじゃないか、と感じたんです」と、キャンベルは言う。「ほかの選択肢は、考えられませんでした」

面白いことに、キャンベルは、いくつかの約束を交わしたあとで、ビューリーズを買収している。1つ目は、これまでビューリーズに関わっていた創業家の面々に、これまで通りビジネスに関わってもらうこと。もう1つは、どんな状況においても、利益改善のために、商品の品質を犠牲にしないこと。キャンベルは言う。「（当時会長だった）ビューリーさんに伝えたんです。引き続き商品を担当してほしい。私は銀行に対応しますから、と」

今日、キャンベル・ビューリー・グループと改名し、パトリック・キャンベルを会長に頂くこの企業は、アイルランドのみならず英国全土、さらにはアメリカにも出店し、30店を超える店舗を運営している。ビューリーズの名前で展開している店もあれば、同社が1998年に買収したチェーン店、レベッカ・カフェの名で営業している店もある。また、ビューリーズのコーヒーと紅茶は今や、ネットでも買える。

ビューリーズの第1の要素は経験価値だ。さらに、優れた商品の品質で、明らかに差別化に成功している。価格について言えば、同社のカフェの価格は、競争力を持っているが、一部のコーヒーや紅茶の小売価格は、ライバルより心持ち高いかもしれない。

サービスについては、ビューリーズのカフェは、基本的にセルフサービスで、顧客が好きな商品を選んで、レジで支払う形を取っている。ショッピングモールで展開する補助的な店舗も、空港にあるスターバックスの売店と同じで、フルサービスを提供する機会はあまりない。

アクセスについては、ビューリーズは、店舗の数もそれほど多くはないし、小売用の商品も、至るところで販売するより、特定の小売店で販売する戦略を重視している。たとえば、スーパークインのような店で売りたいのだ。

ビューリーズの経験価値

ビューリーズの成功の秘訣

第1位の要素：経験価値

・店の細部にまで、常に細心の注意を払っている。
・顧客がくつろいで長居し、自分のペースで過ごせるよう、ウエイター・サービスは提供していない。
・カフェのスタッフを、徹底的に訓練している。
・カフェのスタッフ全員を、レベルで分類している。
・カフェでは、店内のあちこちに表示やテーブルカードを置いて、どんなサービスが受けられるか、顧客に説明している。
・顧客からのフィードバックを積極的に募っている。
・顧客からのフィードバックを元に、インセンティブを設定し、報酬を与えている。

顧客がまずビューリーズに惹きつけられるのは、歴史とアイルランドらしさによるところが大きいが、ビューリーズ・ブランドの魅力は、過去との絆だけではない。同社は、ふんだんに時間と労力と金をかけて、顧客が何度も足を運んでくれる経験価値を維持している。この姿勢は今日、とくに重要である。ダブリンが再注目されている中で、新しいアメリカンスタイルのカフェが、次々とオープンしているからだ。オブライエンが「カプチーノ通り」と呼んでいるこれらの店は、若い世代を取り込もうと猛攻を仕掛けている。

ビューリーズは、次の5つの要素に力を入れることで、常にライバル店の一歩先を行き、国内外での成長を目指している。

1 常に細部にまで注意を払う

ビューリーズ・カフェのつくり自体が、経験価値のとびきり重要な要素を成している。高い天井、ステンドグラスの窓、マホガニーの壁や家具、石炭で赤々と燃える暖炉、真ちゅうの調度品、赤の布張り椅子――いずれも、コーヒーと紅茶に負けないくらい大切な、ビューリーズの経験価値の一部だ。

そういうわけで、ビューリーズは、店舗にかける費用を惜しまない。たとえば、同社は今、ダブリンのカフェ全店を現代風に改装中だが、ビューリーズならではの特徴や細部へのこだわりは残している。ダブリンのおしゃれなグラフトン通りにある代表的な店舗の改装には、先ごろ500万ドルをかけた。「もっと安く済ませることもできたでしょうが、その場合、ビューリーズ・ブランドの価値をいくぶん損なってしまったでしょう」と、オブライエンは言った。

2 ウエイター・サービスをしない

ほとんどの飲食店の慣行を破って、ビューリーズは、接客係を置かずに営業している。オブライエンによると、理由は、来店したお客さまにゆっくりしてほしいからだという。絶えず注文を取りにくるウエイターがいなければ、顧客は心置きなく「くつろげる」。顧客の6割以上が1人で来店するのも、この方針によるところが大きいのだろう。

同じように、カフェ業界の客の45パーセントを占める女性たちも、ビューリーズの雰囲気が好きだ、とオブライエンは言う。1人で気兼ねなくサンドイッチやコーヒーを楽しめ、そわそわせずに友達を待てる場所だからだ。

「アイルランドにはいまだに、『女性が1人でパブに座って、誰かを待っているなんて』と眉をひそめる雰囲気が残っているんです。でも、私どものカフェなら、男性に声をかけられたり、変な目で見られる心配もなく、くつろげるとみなさんご存知なんですよ」

3 スタッフを訓練する

店のつくりだけが、ビューリーズの経験価値を支えているわけではない。スタッフも、大きな役割を果たしている。ビューリーズのカフェの店員は、5つのレベルのいずれかに分類されている。入ったばかりの研修生はホワイト、次いでブルー、シルバー、ゴールド、そして時間帯責任者《シフトリーダー》になるとダイヤモンドの色をもらえる。テーブルに置かれた表示が、システムを顧客に説明している。

スタッフが上のレベルに移行するには、いくつかの研修セミナーを修了し、店頭で一定の経験を積まなくてはならない。レベルアップするたびに、責任と給与が増えていく仕組みだ。そしてレベルによって、名札の色が違っている。オブライエンによると、これが「レベルアップしたい」というスタッフの向上心に火をつけると同時に、トップに上り詰めたスタッフに誇りを与えている。また、スタッフ1人ひとりの能力や権限を、顧客に知らせる効果もある。

ビューリーズでは、いくつもの仕事を同時にこなす「マルチタスク」をコンセプトに、訓練を行っている。ダブリンの労働力市場は近年すっかり干上がっているため、こうした訓練がなおさら重要なのだ。「たくさんの仕事に3人も4人も雇う代わりに、1人のスタッフが全部こなせるよう訓練しています。その分、給料も弾んでいます」と、オブライエンは言った。

4 顧客とコミュニケーションを取る

ビューリーズの顧客は、ビューリーズのカフェでは、どんなことが期待できるのかを大々的に知らされている。たとえば、全店の入り口に掲げられた表示は、こんなことを告げている。「うちのスタッフはフレンドリーで親切です。カフェも清潔で居心地がいい。スタッフはどんな問題にも、てきぱきと対処します！」

店はこのメッセージを、テーブルやカウンターの表示でも、しっかりと伝えている。「それを見てお客さまは、『ああ、この店は、私を本心からもてなしたいんだな』と感じてくださるんです」と、オブライエン。「これも、お客さまに満足していただくための要素です」

また、店内に何らかの変更が生じる場合は、１週間前には顧客に通知している。ビューリーズには常連客が多いので、こうした気遣いがとくに重要なのだ。さらに店長は、どんな変更も顧客にきちんと説明し、意見を求めるようにしている。この戦術は効果的だ。顧客は店の気遣いをうれしく思うだろうし、店も予定している変更の受けがいいか悪いかを、事前に知ることができる。

5 フィードバックを活かす

顧客が求めるものを与え続けるには、顧客の声に耳を傾け、彼らの言葉に従うほかない、とビューリーズの経営陣は信じている。同社は、カフェ全店にコメントカードを置いて、顧客の声を募っている。カードには、店の「改善すべき点」だけでなく、「評価できる点」も記入できるようになっている。

「コメントカードというのは、ネガティブなものになりがちです」と、オブライエン。「店の不備を指摘してくださいという趣旨だからです。でも私たちは、お客さまの『ここが気に入っているんだよ』とか、『メアリーの接客は、素晴らしいね』といった声を拾えたら、スタッフの励みになるんじゃないか、と考えたんです」

コメントカードからのフィードバックを、店のスタッフも経営陣も、真摯に受け止めている。名指しでほめられた店員には、店長からすぐさまご褒美が与えられる。たとえば、映画のチケット2枚、といったふうに。店長については、フィードバックの良し悪しが、その月の査定に響くこともある。

「コメントカードで突然お叱りが増えたり、ほめ言葉が増えれば、しっかりチェックされて、店長の評価に影響します」と、オブライエン。「極端にネガティブなコメントが増えれば、評価も下がって、ボーナスに影響が出るんです。逆に、プラスのコメントが増えれば、評価が上がって、ボーナスも増えます。お客さまに不満だけでなく、好ましい体験についても書いていただくのは、そういう事情からです」

商品の品質で妥協はしない

ビューリーズの成功の秘訣

・コーヒーと紅茶の仕入れ係が、世界中の栽培農家やブローカーと、親密な関係を築いている。
・コーヒー豆と茶葉の焙煎やブレンドを、厳しく管理している。
・ブレンドの品質を保つために、大規模な追跡システムを維持している。
・カフェのスタッフと、契約した法人顧客に対して、コーヒーと紅茶の正しい淹れ方、出し方を教える総合的な訓練を実施している。
・法人顧客が適切なマシンを使うよう、さまざまなコーヒーメーカーを貸し出し、修理やメンテナンスを行っている。
・カフェのスタッフに、3カ月ごとに追加訓練を実施している。

ビューリーズの経験価値は、素晴らしいコーヒーと紅茶なしには成り立たない、と経営陣は言う。かつてビューリーズは、最高の紅茶とコーヒーの会社、という名声をよりどころに成長したが、品質は今も、ライバル店との明確な差別化ポイントなのだ。実際、1986年にキャンベル・ケータリングが同社を買収する決め手となったのが、ビューリーズの名声だった。

「うちが買い取ったとき、ビューリーズは大赤字で、まさに倒産寸前でした」と、パトリック・キャンベル会長は言う。「もはや名声以外に、ほとんど何も残っていない状態でした。ですが、私たちは、この素晴らしい遺産を糧に、きっとまた息を吹き返すことができる、と確信していたんです」

高品質なビューリーズのコーヒーと紅茶は、コーヒー豆と茶葉が栽培されているアフリカ、東アジア、中央・南アメリカの大地から生まれる。ビューリーズの常駐「バイヤー兼ブレンダー」であるポール・オトゥールは、最高品質の商品を仕入れるべく、仕入先との強い絆を維持している。世界中の栽培農家やブローカーを数年おきに訪ね、個人的な関係を築いているほか、ビューリーズの創業者のひ孫にあたる、パトリック・ビューリーと緊密に連携して働いている。コーヒーの仕入れの責任を主に担っているのが、パトリックだからだ。

コーヒー豆と茶葉はすべて、ダブリン郊外にある同社の新しい工場に送られる。そこで厳しい管理のもと、焙煎やブレンドが行われる。オトゥールは、さまざまなコーヒー、紅茶のブレンドを一定に保つため、月単位で生産者を追跡できる、きめ細かなシステムを維持している。「アイルランド人は、世界一紅茶を飲む人たちなんです」と、オトゥール。「自分たちがどれほど高級な紅茶を飲んでいるか、自覚していない人も多いのですが、たとえほんのわずかでも品質が落ちれば、直ちに気づかれます」

コーヒーの焙煎プロセスに欠かせない要素は、全工程が密閉され、完全一貫システムを取っていること。オトゥールによると、これが極めて重要なのは、焙煎されたコーヒー豆の香りをぎゅっと閉じ込めることで、風味をしっかり確保できるからだ。コーヒー豆を詰める袋も、焙煎プロセスの一部だ。豆を真空パックする代わりに、ビューリーズでは特殊パッケージを考案し、香りに包まれた状態で豆を包装できるようにした。「真空パックすると、袋の中の空気を残らず吸い出してしまいます。そのときに、豆の風味も奪ってしまうんですよ」と、オトゥールは説明してくれた。

焙煎・包装を済ませたコーヒーと紅茶が、その後も適切に扱われるよう、ビューリーズは法人顧客とカフェに対し、一連のサービスや指針を提供している。たとえば、オトゥールと部下たちは、本社の研修室で、カフェのスタッフや法人顧客に、コーヒー・紅茶の淹れ方、出し方を教えている。同社はまた、法人顧客に対して、コーヒーメーカーの貸し出し、メンテナンス、修理のサービスも行っている。

カフェのスタッフの訓練は、延々と続く。どの店員にも3カ月に1度、コーヒー・紅茶の正しい淹れ方、出し方の訓練が行われている。いずれも、素人が思うほど単純な手順ではないからだ。たとえば、カプチーノ一つ取っても、スタッフは、コーヒーを適温に温める方法に始まり、ミルクをきれいに泡立てるには、泡立て器をカップのどのあたりまで入れなくてはいけないのか、コーヒーを注ぐときには、カップをどの角度に傾けるべきなのか、とみっちり仕込まれる。そして、紅茶なら、カップをまずお湯で温めてから注がなくてはならない。

「そうでなければ、正しく淹れたことにはなりません」と、オブライエンは言う。

「私たちは、常連のお客さまを相手に商売しています。ですから、コーヒーも紅茶も、例外なく、最高においしい1杯をお出しできなくてはいけません。80個のティーバッグがあるなら、お客さまに喜んでいただく機会も、怒らせてしまう機会も、80回あるということです。

ポットに300杯分のコーヒーが入っていて、それがビューリーズの基準に満たないものだったとしたら、300人ものお客さまを悲しませることになります。

だから、どの段階においても、商品を構成している要素を勝手にいじることは許されません。お客さまは、一定レベルの味と香りを期待して、ビューリーズに足を運んでくださるのですから。うちのスタッフが胸に刻んでいる言葉があるとしたら、『コーヒーと紅茶は、心して扱え』でしょうね」

人材をめぐる課題

キャンベルは言う。カフェでの経験価値と商品の優れた品質が、ビューリーズの2大成功要因であることは間違いないが、企業風土と人材も、同じくらい重要な役割を果たしている、と。「よい人材を選ぶことが、何より大切です。管理職であるわれわれは、優れた人材を選び、何をしてほしいのかを伝える。そして、積極的に取り組む彼らに余計な口出しをしなければ、うまくいくものなんですよ」

たとえば、私たちは、ポール・オトゥールの仕事への情熱に舌を巻いた。オトゥールは「マナーなんか気にせず、ズズーッと音を立ててコーヒーや紅茶を飲んで、くつろいでくださいね」と伝えたあと、半日がかりで、庶民的な舌を持つ私たちに、紅茶のブレンドによる微妙な違いを教えようと骨折ってくれた。ズズーッとすすっては吐き出すのを何時間も繰り返した頃には、世界広しと言えども、オトゥールほど紅茶を愛している人はいない、と思い至った。

その日の午後遅く、パトリック・キャンベルと会った私たちは、オトゥールから受けた試飲の特訓コースの話をした。「アメリカなら、オトゥールのような人は、マスコミで人気者になれますよ。彼なら、最高の宣伝マンになってくれるんじゃないでしょうか」と伝えると、「ええ、たしかにね」と、キャンベルは笑った。「ただ、1つ小さな問題があるんです。ポールは、大勢の人と話すのが苦手なんですよ。たとえば、部屋に5、6人知らない人を連れてきて、ポールに紅茶の話をさせれば、みなさんうっとりされます。でも、人がいっぱい集まった部屋で、壇上に立たせると、1対1の親しい関係がつくれないせいか、すっかり自信を失ってしまうんです」

ということは、オトゥールには出世の見込みはないのだろうか？「何を出世と見るかによりますね」と、キャンベルは答えた。「ポールは、とんとん拍子に出世しているかのような報酬をすでにもらっています。今の仕事で、彼の右に出る者はいないからです。でも私は、彼自身が居心地の悪いような、彼の能力を活かせないような仕事をさせるつもりはありません。それはポールにとっても、会社にとっても、ひいてはお客さまにとっても、よくないことですから。ポール・オトゥールが品質に目を光らせているからこそ、お客さまはうちの商品を信頼してくださるんです」。その言葉は感動的だった。これこそが、まさに人を活かす経営モデルではないだろうか。

とはいえ、優れた人材を選び、働き続けてもらうことは、今も企業が抱える課題の1つだ。

とくに、アイルランドの労働市場は、相変わらずの売り手市場なので、なおさらである。ビューリーズは、入社して丸2年たった社員には、自社株を提供することで、やる気と見返りを与えている。経営陣はまた、優秀な仕事ぶりには、さまざまな賞で応えている。こうした取り組みは成果を上げているようだ。キャンベルによると、ビューリーズの離職率は業界のほとんどの企業よりも低く、社員の多くは順調に出世を果たしているという。「皿洗いからスタートして、支店の責任者になった、という社員もたくさんいます」と、キャンベル。

実際、同社のグラフトン通りのカフェで長年働く社員は、ビューリーズきっての有名人になった、とキャンベルは言う。彼女は、経験価値重視の小売業で抜きん出るとはどういうことかを体現している、という。

「彼女はうちで、50年も働いています。今や会社の一部ですね。しかも、自分の力で会社の名物になったんですよ。なぜ彼女がこんなに有名かわかりますか？　必ず『いらっしゃいませ』、『おはようございます』とあいさつをして、『またお越しください』、『ありがとうございました』って言うからです。何でもないことですよね、ほんとに。でも、社員全員にそれを徹底させられたら、どれほど評判になるか、考えてみてくださいよ」

グルメ・ガレージ

：ロックンロールなスーパーマーケット

グルメ・ガレージは、珍しい食品を発見・宣伝するその手腕で、ニューヨークの食品業界に特殊な市場を開拓した。同社は、「ロックンロールなスーパーマーケット」と称するユニークな店内環境をつくり、外的・内的な経験価値を提供している。

どの店もエネルギッシュで、居心地がいい。狭い通路を行けば、豊富な品ぞろえを誇る高級チーズ・コーナー、広い青果コーナー、そして調理済み食品のカウンターへと続く。店のスタッフが選んだBGMは、由緒あるジミー・クリフのレゲエから、ジョン・メレンキャンプの極上のロックまで切れ目なく続き、大音量だが店にしっくりとなじんでいる。

実は各店の施設自体が、並んでいる商品に負けないほど面白い。アッパー・イースト・サイドの64丁目にある店は、生協の1階の駐車スペースを改装したもの。ソーホーにある本店は、1870年代に営業していた店の店頭部分を活用したもので、ブリキの天井と高窓をそのまま使用している。96丁目の店は、その地区の代表的な建物である30階建てビルの中に押し込まれている。そして、ビレッジの中心にある7番街店は、バウハウスの影響を受けた1930年代風の建物の、ある一角を占めている。

こうした施設とユニークな商品構成をさらに引き立てているのが、スタッフだ。笑顔と親切な応対が、店にあふれている。同じように、マンハッタン南部の店に来る専門職の30代やニューヨーク大学の学生から、64丁目の店へ来るやや年配の高所得者に至るまで、客層はさまざまだが、どの店の顧客もみんな楽しそうだ。

手頃な価格を重視していることも、数ある高級食品専門店の中で、グルメ・ガレージが際立っているゆえんだ。グルメ・ガレージは、経験価値に主眼を置き、価格を第2位の要素に据えて戦う小売業者として、成功を収めている。

グルメ・ガレージの経験価値

グルメ・ガレージの成功の秘訣

第1位の要素：経験価値

- 経営陣がビジネスに情熱を持っている。
- 店内のイベントや販促活動が、「楽しくて、ファンキーで、あか抜けた」企業イメージをさらに高めている。
- 各店でロックンロールなBGMを流している。

・施設や店構えが、ユニークで型破り。
・珍しい高級食品を、視覚的効果を考えて面白く販売している。
・親切で笑顔あふれる、「磨けば光る」社員を雇っている。

経験価値と価格、という珍しい組み合わせが、グルメ・ガレージに真の競争力を与え、目を見張るような数字をもたらしている。同社は、1992年にソーホーのウースター・ストリートにある倉庫で開店したのを手始めに、マンハッタンに4店を構えるに至り、年収は概算で3500万ドルに上っている。外部から資金を調達していない、設立9年の会社にしては、悪くない数字である。同社は、経歴も職務経験もばらばらな3人の男性、CEOのアンドリュー・アロンズ、社長のジョン・ゴットフリード、COOのネッド・ビザーの着想で設立された。

アロンズは、アメリカの高級食料品ビジネスの草分け的存在だ。1980年代初頭にフライング・フード・インターナショナルを設立し、その後、クラフト社に売却した。ゴットフリードは、銀行家からフードエディターに転身した人物で、フリーペーパー「ザ・ビレッジ・ボイス」で食とワインの批評家を務め、「ザ・ニューヨーク・タイムズ」紙や「フード・アンド・ワイン」誌、「トラベル・アンド・レジャー」誌に時折コラムを執筆していた。

そして、建築家でもあるビサーは、ニューヨークで有名なバー、ザ・マックスウェルズ・プラムの元店長だ。

何が3人を一つにしたのか？「ぼくらは食料雑貨商というより、グルメなんですよ」と、ゴットフリードが言った。「食べものへの情熱で集まった3人なんです。まあ、ダンス好きがダンスで集まったようなものですね」

この種の情熱は、経験価値で戦う企業が成功したいなら、何より大切な資質である。「開店した頃、うちは本当に特別な店でした」と、アロンズは言う。「まさに理想の店でしたね。ディーンアンドデルーカなどのライバル店と比べても、最高だったと思います。当時、よその店は、とんでもなく高かったですから。その点うちは、素晴らしい商品を魅力的な価格で販売していました。

ところが不本意ながら、うちの存在が、20年、30年とこの業界でやってきたビジネスパーソンたちのやる気に火をつけてしまったんですよ。そういうわけで、同業者のみなさんとの関係も大事にしながら、仲良く商売していくほかなくなりました。その中で、変革していきたいし、常に改革する姿勢を持っていたいですね」

3人の創業者たちは、毎日店に立って、顧客と話をしている。ライバル店との違いを今後も明確に打ち出していきたいし、常に買い物客のニーズにぴたりと合う店でいたいからだ。アロンズはこうした作業を、ミュージシャンがほかのミュージシャンと即興でセッションする様子にたとえてみせる。「セッションでギターを弾くなら、耳に入ってくる別の音も聴かなくちゃならないでしょう？　自分の指が奏でている音が、耳に入ってくる相手の音と合っているかどうか、確かめなくてはいけないはずです」

しかし創業者が情熱を持つことと、社員がそれを受け継いでいることは、また別物である。ふさわしい人材を確保する難しさを、アロンズも認めている。競争力を保つべく賃金を抑えなくてはならない場合、労働者が売り手市場のニューヨークでは、なかなか難しいのだ。

「うちは、『磨けば光る』人材を求めています」とアロンズ。

「都会に住んでいて、素晴らしい資質を持っているけれど、頭角を現すにはそれなりの環境が必要、という人たちです。瞳に知性が感じられて、笑顔いっぱいで、ユーモアのセンスがある人がいいですね。ほかの人たちに与えられたようなチャンスがあれば、企業の幹部として働ける資質、そんな個性を持つ人なら、うちで教育すれば、驚くほどの成果が上がると思います」

店長のマーティン・ヌニェスは、そんなサクセスストーリーを地で行く1人だ。ヌニェスは当初、時給6ドル50セントで青果コーナーの在庫を担当していたが、今ではアロンズも「店一筋のやり手店長」と、一目置いている。オフの日でも「店が順調かどうか気になって」たびたび来店するというヌニェスは、今や家族と快適な暮らしを楽しみながら、子どもたちの大学進学資金を貯金できるほど稼いでいる。

店内での経験価値を充実させるグルメ・ガレージの取り組みは、社員と顧客の好ましい関係、という形で実を結んでいる。「私たちの店は地域密着型ですから、常に同じ顔ぶれのお客さまがいらっしゃいます」と、ゴットフリードが言う。「ですから、レジ係にはお気に入りのお客さまがいますし、お客さまのほうも同じです。みなさん、お気に入りのレジ係の前に列をつくるんです。びっくりしますよ。でも、同じお客さまが来てくださるので、毎日のように店に手を加えて、常に新鮮な経験を提供できなくてはいけません」

現在のところ、グルメ・ガレージの社員訓練プログラムは、ワシントンDCに本拠を置く産業団体、食品マーケティング協会が提供する一般的な社員訓練プログラムと、自社の就業規則、店内研修で構成されている。だがアロンズは、いつか「ガレージ大学」を開いて、正式で総合的な社員教育をやりたい、と話している。

グルメ・ガレージはまた、店内での経験価値を補強すべく、販促活動にとても力を入れている。グルメ・ガレージの基本的な信条は、「パブリック・リレーションズ（PR）にかける1ドルは、1000ドルの広告費に値する」。だから、ジャーナリストとのコミュニケーションは、新たな食の開拓者・情報源としての同社のイメージを維持するのに、欠かせないのだ。

同社のPR活動は、一連の店内イベントを軸に展開される。それが、「楽しくて、ファンキーで、洗練された」企業イメージを広げ、顧客のかなりを占めているプロの料理人との一体感を支えている。たとえば、ナショナル・パブリック・ラジオのローカル局と手を組んで、ゴットフリードは毎年、1週間にわたる店内料理番組を企画している。出演者の多くは、全米に名を馳せる有名シェフだ。

「お客さまに、『価値のあるものを得ている』、『気遣ってもらっている』と感じていただける環境づくりが、とても大切なんです」と、ゴットフリードは言う。「これは、一方通行の関係ではありません。シェフのシリーズ番組は、たしかに最高のPRになりますが、同時に、お客さまの勉強にもなっているんです。プロのシェフから買い物や料理の仕方を学んでいただけます。それに、シェフが使う食材がうちにあることにも、気づいていただけますしね」

手頃なグルメ

グルメ・ガレージの成功の秘訣

第2位の要素：価格

- グルメ・ガレージのオーナーのうちの2人が所有する食品卸売会社、メトロ・アグリと特別な関係を結んでいる。
- プライベートブランド事業を積極的に行い、成功を収めている。
- セントラルキッチン〔複数店舗分を1ヵ所で集中的に調理する施設〕方式を取り、各店で売れ残りそうな商品に付加価値をつけて、安く販売している。
- どの店も「倉庫」のような店構えだ。
- 多額の予算をかけた広告キャンペーンではなく、低予算のPRを利用して販促に力を入れている。

グルメ・ガレージは、ロックンロールな経験価値を生むことを何より重視しているが、第2位の要素である価格にも力を入れている。同社は、斬新で高品質な商品を手頃な価格で提供できるよう、全社的な努力をしている。だがこの戦略には、課題もある。

たとえば、グルメ・ガレージの規模では、仕入れ業者に対して大きな影響力は振るえない。それでは、4店舗しかないこの高級食料品店は、いかにしてA&Pのフード・エンポリアムやフェアウェイといった大型店と、価格で競い合っているのだろう? ライバル店は、スケールメリットも、マス・マーケットをターゲットにしている強みもあるため、購買力が高いのだ。

アロンズとゴットフリードとビサーは、価格を維持できている理由として、多くの要因を挙げている。まず1つ目は、一番の仕入れ業者であるメトロポリタン・アグリビジネスとのユニークな関係だ。メトロ・アグリは、ニューヨークの200軒のレストランに肉、チーズ、青果、その他の食材を卸している。

同社と特別な関係が結べるのは、ゴットフリードとアロンズがメトロ・アグリのオーナーでもあるからだ。おかげでグルメ・ガレージは、ニューヨークの料理人の多くが使う商品を、手頃な価格で手に入れられる。実は、グルメ・ガレージは、メトロ・アグリの副産物なのだ。「ジョン(ゴットフリード)はメトロ・アグリを設立して、卸売業者として大成功していたんです」と、アロンズは振り返る。「そこで彼に、一緒に小売店をやらないか、って持ちかけたんですよ。まあ、『コストコ、ディーンアンドデルーカと出会う』って感じの店ですね。ジョンも賛成してくれて、1992年の11月に店をオープンすることになったんです。初日は、2000人もの人が店に来てくれました。以来、私たちは小売店に比重を置いていますが、卸売業のほうも続けています。卸売業は楽しいですよ。でも、小売店は基本的に現金払いですから、資金繰りがずっと楽なんです」

グルメ・ガレージの仕入れ先は、メトロ・アグリだけではない。ほかの仕入れ業者もメトロ・アグリとしのぎを削っており、グルメ・ガレージの各店も、条件がよければほかの業者に注文してよいことになっている。「メトロ・アグリの価格がほかの業者と同じか、それより安ければ、店はメトロに注文します。でも、価格や品質や信頼性でほかの仕入れ先が勝っていれば、そちらを選びます」と、ゴットフリード。

青果の場合は、果物や野菜の8割が、カリフォルニア州の農家から直接購入・配送されている。そのほうが品質が保てるし、中間業者を排除できるからだ。

グルメ・ガレージが低価格を維持できるもう1つの理由に、プライベートブランド事業がある。プライベートブランドには、ひと目でわかるグルメ・ガレージのロゴがついている。プライベートブランドは、グルメ・ガレージの商品構成の約2割を占めているが、総売上の5割にあたる。つまり、確実な利益に貢献しているのだ。

グルメ・ガレージは、品質に気を配っている。プライベートブランドが経営に大きな役割を果たしている以上、グルメ・ガレージ・ブランドの公正さを守る必要があるからだ。ゴットフリードは、グルメ・ガレージを、お客さまの「買いつけの代理人」と考えるのが好きだ。手頃な価格で質のよい商品を見つける手助けをしているのだ、と。

「商品を探すときは、お客さまの代理人だと意識するようにしています」と、ゴットフリードは言う。「6万くらい行きそうなSKU（最小管理単位）を、5000くらいに抑えていま す。お客さまの代わりに私たちが走り回って、商品をすでにセレクトしているわけです。ただし、マス・マーケット向けのセレクションではなく、最高の商品だけを選んでいます」

グルメ・ガレージのセントラルキッチンも、低コスト構造に貢献している。この460平方メートルほどの施設は、1日16時間の稼動で3000～4000食の調理済み食品を製造し、年間数百万ドルの収入を上げている。ある店舗の地階で運営しているため、低コストで済む。その上、店で売れ残りそうな商品に付加価値をつけて安く売る手法のおかげで、そのままなら無駄になってしまう食材を、利益性の高い商品に変えることができている。「果物や野菜は熟れていなくてはいけませんが、あと1日も持たないくらいに熟れ切ってしまったものは、お客さまのお宅まで持ちません」とゴットフリードは言う。

グルメ・ガレージの店舗の見た目や雰囲気は、基本的に倉庫のイメージだ。段ボール箱を什器にしたカットケース陳列や、業務用の備品、むき出しの配管などを特徴とするこの店舗は、戦略上、2つの役割を果たしている。まず、実用的なデザインと内装が、店内での経験価値に貢献していること。そしてもう1つが、最高級の店構えにするより、安くついていることだ。

アロンズは、この「気取らない店構え」が、グルメ・ガレージの大きな強みだと信じている。「この形態が、買い物客への誠実さだと受け止められているんです。ぴかぴかの真ちゅうの備品や豪華なイタリアの大理石にお金を払わされているわけじゃない、とわかるからでしょう。ここでぼられていないことは、みなさんご存知です」

そして、最後にもう1つ。低めの価格を重視しているから、グルメ・ガレージは、莫大な予算がかかる広告キャンペーンは行わない。その代わり、PRに力を入れている。ゴットフリードによると、この戦略のほうが、広告よりはるかに安い上に効果も高いので、メディアとの個人的なつながりを活用しているのだという。

PRに力を入れた結果、グルメ・ガレージの名前は、ニューヨークだけでなく全米の新聞・雑誌の食のコラムや記事の中に、繰り返し登場するようになった。さらには、どんな企業もうらやむような、素晴らしい機会を手に入れた。テレビ番組「グッド・モーニング・ニューヨーク」のロケ地に採用され、3時間も店の様子が報道されたのだ。

今後の課題

アロンズとゴットフリードとビサーがこの方針を貫けば、ロックンロールなスーパーマーケットは、ニューヨーク以外でも楽しめるようになるだろう。同社は、大掛かりな拡大計画を抱き、間もなくマンハッタン以外の場所、おそらくは隣のニュージャージー州に、何店舗かオープンしたい考えだ。同社の評判と商品ラインは、オンラインでの展開にも打ってつけなので、いずれはウェブを通して全米、ひいては世界にコンセプトを拡大していく予定だ。

それには無数の課題が伴う、と3人の創業者は理解している。とくに、グルメ・ガレージの経験価値を、ほかの市場に拡大していく難しさがあるだろう、と。多くの小売業者が思い知ったことの中に、規模を広げると、経験価値を維持するのは難しい、時には全て不可能だ、という事実がある。

　ゴットフリードも、新たな市場のまったく違う顧客を理解し、彼らのほしいものを学び、ふさわしい物流のインフラを整えるのは簡単ではないと認めている。だが、課題は克服できる、と信じてもいる。同社にとって最大の課題であり、拡大計画の成功に欠かせないのは、グルメ・ガレージの哲学に合う建物を見つけ、その空間、たとえば、古い駅舎や使われなくなった裁判所、警察宿舎などを、集客できる店に変えることだ。それには、必死の努力とぴったりな立地、それに幸運が同じだけ必要だ、とゴットフリードは言う。

「ある空間に足を踏み入れたとき、心にしっくりくるかどうかを決める、何かがあるんですよ。それは、計算し尽せるものではありません」と、ゴットフリード。「うちの父がよく言っていました。人は店に入ったら、買わなくて済む理由を探すものだ、って。だから、『この店には何があるんだろう？』と、お客さまが前のめりになれる空間をつくれたら、それが正解なんですよ。ただし問題は、公式がないこと。できることは1つだけです。いちかばちか、勝負するしかないんですよ」

あなたの会社を診断しよう（経験価値）

Q あなたの会社の社員は、顧客とのどんなやり取りにおいても、敬意を示すよう訓練されているか？　そして、その訓練がいきるような、人材の評価基準を採用しているか？

Q 顧客を心から気遣っていることを、どんなふうに示している？

Q 見せかけの親密さや、差し出がましさではなく、顧客とほどよい親密さを保つために必要な知識を持っているか？

Q 顧客に、ほかでは得られない何かを提供しているか？

Q 顧客のニーズや懸念を幅広くつかんでいるか？　それとも、知っているのは顧客の購買行動だけだろうか？

CHAPTER 8

Making Consumer Relevancy Work

ファイブ・ウェイ・ポジショニングを実践するには?

企業の今とこれからを指し示すツール

ここまで示してきたように、ファイブ・ウェイ・ポジショニングとは、企業の活動や商品・サービスを、新たな市場やターゲット市場に合うよう調整し、時間をかけて前進させていくプロセスだ。では、それをどのように実践すればよいのだろう？　ファイブ・ウェイ・ポジショニングの戦略を立案し、それをスムーズに実践していく基盤をつくるには、何が必要なのだろう？

業界や企業によってファイブ・ウェイ・ポジショニングの活用の仕方はさまざまだが、作業のプロセスは同じだ。第1のステップとして、企業は、ファイブ・ウェイ・ポジショニングの枠組みを使って、自社の商品やサービスが、顕在顧客、潜在顧客のいるマス・マーケット、自社の経営陣、社員、場合によっては供給プロセス《サプライチェーン》のパートナーに、どのように定義されているかを評価していく。

「うちの会社には、ひょっとしたらファイブ・ウェイ・ポジショニングが必要かもしれない」と感じたら、こんな実験をしてみよう。経営陣に白紙の用紙を配り、5つの要素（価格、サービス、アクセス、商品、経験価値）のどれで自社が市場を支配していると思うか、書いてもらおう。次に、自社が差別化に成功している、と彼らが感じている、第2位の要素も書いてもらおう。最後に、残り3つの要素のうち、少なくとも直接のライバルたちのレベルに達していない、と感じる要素についても書き出してもらおう。

全員が、「市場の標準に達していない要素はない」と回答した場合、同じテストを現場の一部の社員にもしてみよう。あなたの家族や近所の人にもしてみよう。それでも全員が同じ答えを出したなら、あなたの会社はおそらく、最高の仕事をしている。だが、答えが分かれてしまったら、ファイブ・ウェイ・ポジショニングが必要かもしれない。

ファイブ・ウェイ・ポジショニングが必要かも、と認める覚悟ができたなら、第2のステップに移ろう。まず、幅広く回答が得られるよう、十分な数の顧客に調査を行う。現在の顧客層が、あなたの会社と競合他社をどのように見ているか、そしてファイブ・ウェイ・ポジショニングのマトリックスのどこに各社を配置するか、調べていくのだ。

調査の結果、あるクライアントは気がついた。彼が思っていたより相当広い範囲の企業を、顧客は彼の会社のライバルとして認識している、と。このクライアントは、直接のライバルとして3社の存在に気をもんでいたが、私たちが最初に行った調査によると、彼の忠実な顧客たちは、10数社の企業でたびたび買い物をしていた上に、そのうちの9社は、彼が頑としてライバルとは認めなかった企業だった。

第3のステップは、調査対象を自社の顧客かどうかにかかわらず消費者全体に広げ、同じ調査を行うことだ。その際、統計上の妥当性を確保できるよう、幅広い層に調査をしよう。

加えて、あなたの会社がさまざまな消費者層を相手にビジネスをしているなら、幅広い層から地理的、人口統計学的に抽出した複数のフォーカスグループ〔グループインタビューのために選ばれた少数のサンプルグループ〕を設け、調査を補うことをお勧めする。調査結果を分析する際に、いくつものフィルターをかけることができるからだ。顧客に対する調査と同じように、目的は、消費者が自社と競合他社をどのように見ているか、マトリックスを作成することだ。

第四のステップは、社内に同様の調査を行うこと。主な管理職に、自社と競合他社の第1位、第2位の要素を挙げてもらうのだ。ここでも、調査のあとにインタビューを行って、管理職の見方をしっかり把握しておくことが大切である。同じような調査とインタビューを、オフィスのスタッフから現場スタッフに至るまで、さまざまな社員に対して行う必要がある。場合によっては、調査を仕入れ業者など取引先にも広げることも、役に立つだろう。

意見を集め終わったら、結果をファイブ・ウェイ・ポジショニングのマトリックスにマッピングしていこう。そうすれば、主な利害関係者が連携できているかどうかが一目でわかる。

見解のズレを生み出す原因

調査には、大企業なら6週間、中小企業なら2週間ほどかかるが、調査結果は驚くほどの力を持っている。企業を構成するさまざまなメンバー間のズレが特定できるからだ。きちんと連携できていない企業には、ズレが見られる。これは、企業が提案している価値を十分に届けられないシステムで運営していることが原因だ。

クライアントに調査を行うと、必ずこうしたズレが経営陣の間でさえ浮上してくる。実際、役員室で殴り合いのけんかに発展しかけたケースもあった。各部門の責任者たちが、自分の担当分野の重要性や優位性を主張するため、こういった議論は感情に流されやすいのだ。
自分が担当する部門への責任と、市場に提供する商品・サービスをきちんと区別できなくなるのは、「一流の神話」に足を取られる第一歩だ。

経営陣は全員、理解していなくてはならない。企業資源の多くは、その企業が「市場を支配している」「差別化に成功している」と消費者に捉えられている要素と、それを支えている分野に費やされるべきだ。そのためには、経営陣全員が同じ考えを共有していなくてはならないが、そんなケースはまれである。有能な幹部はたいてい、個人としてそれぞれの部門で一流を目指している。そのため、つい市場ポジショニングとの関係を見誤り、各部門が資源や資本を必死で奪い合うことになる。

多くの経営チームはこのように運営されているため、多くの企業は結局、どの要素においても一流になれず、差別化もできず、いざというときに消費者の頭に浮かばない。こうした経営チームは、「一流の神話」に惑わされ、連携を失い、社員にも顧客にもあいまいな印象を与えている。

このズレは良い結果には絶対につながらない。「うちの強みは何と言っても価格設定です」と、あるCEOは私たちに胸を張った。「何年か前は、うちの商品は高い、という印象がありましたが、問題はすべて解決済みです」。だが翌日、同社の人事担当重役は言った。「価格設定の問題は、解決できていないと思います。私はたくさん給料をもらっていますし、会社への忠誠心もありますが、一部の商品については、競合他社のものを買っています。お金や忠誠心のあるなしじゃないんです。ただ、こんなに高い値段は払えない、と思ってしまうんです」

私たちは、この企業と契約し、調査を行うことになった。調査の終了と共に明らかになったのは、ターゲット市場の見方が、ＣＥＯではなく人事担当重役のそれに近かった、という事実だ。

経営チームが、第1位、第2位の要素をめぐって連携できて初めて、企業は、さまざまな関係者が自社をどう見ているかと、自分たちはどう見られたいかの比較ができる。経営陣の見方は一致していても、店舗の管理職やスタッフが別の見方をしている場合、その企業は、コミュニケーションと報酬・評価プログラムに問題を抱えている可能性がある。経営陣と潜在顧客の見方にズレがある場合は、広告とマーケティングに問題がある。現在の顧客と潜在顧客の見方にズレがあるなら、店舗運営と広告に問題が潜んでいるかもしれない。

ふと思い出すのが、優れた商品と経験価値で市場で優位に立っていた、ある素晴らしいクライアントのことだ。精肉部門には何人ものスタッフがそろい、店内で新鮮なすしが握られ、えりすぐりのワインをソムリエが勧め、高価な葉巻が保湿ケースの中で正しく管理され、グルメ料理教室まで開かれていた。それなのに、毎週配られる広告チラシの一面には、でかでかとこう書かれていた。

コカ・コーラ（12本入り）
1ドル89セント
お1人さま3パックまで

もしくは

トロピカーナ・ピュアプレミアム（2リットル）
2ドル49セント
お1人さま2本まで

どう見ても、同社が提案していると思われる価値と、顧客へのコミュニケーションの間には大きなズレがあった。経営陣と店のスタッフとのズレは、社員教育や訓練に問題があることを示している。一方、経営陣と仕入れ業者の評価にズレがある場合は、必ず供給プロセス《サプライチェーン》で何らかの価値が失われている。

供給業者（仕入れ業者）は自社の商品を、価格設定、販促、広告、商品の補充、物流のあらゆる面で、小売店などのチャネル・パートナーが消費者に提供する価値に合わせて、調整することができる。それを承知していたダラー・ジェネラル（小売店）は、P&G（仕入れ業者）にこう持ちかけた。食器用洗剤ドーンを、ダラー・ジェネラルの掲げる「究極の価値」に合わせて、何とか低価格で提供してもらえないか、と。

P&Gは、「あらゆる顧客に対し、明確で平等な価格設定を行う」という厳しい方針に貫かれている。そこで特別に、通常の濃縮タイプではなく、非濃縮タイプの小型パッケージをつくり、ダラー・ジェネラルの市場ポジショニングに合う価格で販売できるようにした。その結果、ウォルマートを除けば、ダラー・ジェネラルは、世界最大のドーンの販売業者となった。

自社の価格に合わせてくれるよう仕入れ先に依頼し、商品のサイズや処方まで変更してもらったことで、ダラー・ジェネラルは、自社のビジネスモデルを守ることができた。同時に、メーカーとの協力と連携のおかげで、消費者により価値の高い商品を提供し、すべての取引先の売上を伸ばすことにも成功した。

居心地の悪い企業になる原因

ところで、自己認識と市場認識のズレが大きくなると、幹部1人ひとりが状況を正当化するようになり、結局、企業全体が現状を否認することにつながっていく。そうなると、ブランド価値が低下し、市場シェアを失うことは必至である。1970年代にはアメリカの自動車メーカーが、1980年代には労働組合が、そして1990年代には地域の大型小売店が、こうした行動パターンに陥った。

最近私たちは、5年連続で市場シェアを落としているある企業と仕事をした。顧客と売上が確実に失われていく現状に戸惑いながら、ファイブ・ウェイ・ポジショニングの評価を行ってみると、価格と商品という2つの要素をめぐって、大きなズレが見られた。このズレは、経営陣VS社員・顧客・消費者という図式で生まれていた。

長年にわたる同社の市場での地位を思えば、価格設定にズレがあることは、そう意外ではなかった。だが、商品をめぐるズレが見つかったことには、誰もが驚いた。何しろこの企業は最近、店内の商品を2倍以上に増やし、客観的に見ても最高品質の商品と豊富な品ぞろえを提供していたからだ。さらに分析してみると、いくつか重大な問題点が浮かび上がった。

まず、商品の種類が増えたことに、顧客の多くが圧倒され、戸惑っていたこと。第二に、新しい商品のせいで、顧客になじみの深い地元の商品が棚からどんどん消えていたこと。そして第三に、新たな商品が高品質なのはいいが、その多くが、現在の顧客にはしっくりこない、ニーズに合わない商品だったことだ。

その結果、どうなったか？「居心地の悪い店になった」と、顧客は私たちにこぼした。クライアントが、価格と商品をめぐる認識のズレに対処すべく、いくつかの手段を講じたおかげで、客足は戻りつつある。

連携状況の評価を行えば、企業は必ず一連の重大な決断を迫られる。最初に迫られるのは、今選んでいる第1位、第2位の要素をこのまま強化していくのか、それとも選び直すのかという、ビジネスを左右する決断だ。

あなたの会社が、顧客や一般の消費者が評価する要素で戦えている場合は、今後の成長も期待できるので、今の地位を守るような業務の改善を優先し、実行していくべきだ。だが顧客が、直接的もしくは間接的なライバルに流れていくのを目にしたら、そして、今後の成長の見込みも疑わしいなら、そろそろ第1位、第2位の要素を見直す時期だ。

経営戦略の変更についての注意点

ただし1つ、注意書きを掲げておこう。第1位の要素を変える決断には、リスクがつきものなので、細心の注意を払って行わなくてはいけない。ここ何年も、Kマート、ホリデイ・イン、ビュイック、シアーズ、トランス・ワールド航空、JCペニーをはじめ、多くの企業が苦しんでいるのは、新たに提案した価値に、消費者がなじんでくれないからだ。

差別化ポイントである第2位の要素を変えるほうが簡単な上に、リスクも小さい。たとえば、商品で市場を支配している小売業者が、ベストバイのように、第2位の要素を価格から経験価値に変えてもよいし、ホームデポのように、価格からサービスに変えても構わない。

第1位の要素の変更が難しいのには、いくつか理由がある。まず、今日の消費者はとても疑い深くて慎重だということ。消費者は常に企業に、彼らとコミュニケーションを取り、徹底的に方針を貫き、忍耐強く振る舞うことを求める。2つ目は、変更による業務への影響が、社員の負担になること。社員は、一般の人たちと同じで、たいていは変化を嫌う。3つ目は、変更すれば、市場や組織が慣れるまでの短い期間、ほぼ間違いなく売り上げが落ちること。そういうわけで、上場企業をはじめ、ほとんどの企業にとって、変更のハードルはますます高くなっている。

それでも、第1位の要素を変更すべき場合もある。ゴードン・ベスーンは、コンチネンタル航空をサービス重視の企業に変えたことで、社運を好転させた。エビアンは、アクセスの向上に力を入れ、ミネラルウォーターの有力ブランドの1つになった。家電販売チェーンのラジオシャックは、第1位の要素を首尾よく価格から商品に移した。オンラインでの電子機器の売上の伸びを思えば、おそらくベストなタイミングだったろう。

ただし、こうした大きな決断のあとには、きつい仕事が待っている。ファイブ・ウェイ・ポジショニングは、問題を即座に解決する特効薬ではないのだ。決断したあとは、本書で説明してきたように、戦略に合った選択をし、その企業ならではの実践に移らなくてはいけない。とはいえ、どんな企業にも当てはまる、一般的なルールもいくつか存在する。

まず、優先順位をつけるなら、5つの要素すべてを、少なくとも業界の標準レベルに引き上げる活動に力を入れるべきだ。5要素すべてを通して、日々消費者の最低基準を満たせていないとしたら、ブランドに傷がついているはずだ。

2つ目に、自社がどういう企業であって、どういう企業でないのか、把握しなくてはいけない。ファイブ・ウェイ・ポジショニングとは、選択することにほかならないのだ。すべてに秀でている組織など、どこにもない。だから、経営陣はきちんと連携し、企業資源の配分を決断しなくてはならない。資源、時間、取り組みの大半を、自社が提案する価値として合意した要素と、それを支える分野に、注がなくてはならない。

ダラー・ジェネラルは、常連客を優遇するポイント・システムのようなプログラムは実施していないし、広告もしない。いずれも、価格とアクセスを重視する同社の方針とかみ合わない、金のかかる活動だからだ。ウォルマートは、顧客に業界最高レベルの経験価値を提供しようとは思っていないが、代わりに、サプライチェーンやインフラに投資して、仕入れ原価を徹底的に安く抑えている。

ここまで、ファイブ・ウェイ・ポジショニングの最も重要なポイントを説明してきたわけだが、プロセスマップや理論だけで結果を導き出せるわけではないと、上級管理職なら誰でも知っている。実際に、私たちがファイブ・ウェイ・ポジショニングを活用する際には、たいていフィールドワークを追加で盛り込むようにしている。私たち自身が参加して、人間観察を行うのだ。たとえば、顧客と一緒に買い物に出かけることから、立場を伏せて商品やサービスを利用し、実際に顧客になることまで、ありとあらゆることをする。酒やディナーの席で、ビジネスについて議論したり、ただひたすら歩き回るのに莫大な時間を費やしたり、飛行機の中や球場で、人々に話しかけてみることもある。こうした観察によって得られた結果は、調査結果が告げた事実を証明してくれる。

きちんと連携すること、それは、単なる商品・サービスの提供から関係づくりへと移行する、大切な一歩だ。つまり、連携は、商品やサービスに付加価値を盛り込むレベルから、顧客との関係に価値観を盛り込めるレベルへと移行する、第一歩なのだ。

ファイブ・ウェイ・ポジショニングにおける人材

すでにお話ししたように、ファイブ・ウェイ・ポジショニングへの標準的なアプローチなどない。整備工の道具箱のように、ファイブ・ウェイ・ポジショニングには、ビジネスを調整するツールや手法が詰まっている。中でもとびきり重要なツールが、人材である。人材は、ファイブ・ウェイ・ポジショニングを実践する際の、秘密兵器なのだ。

社員が、ファイブ・ウェイ・ポジショニングという理論を理解している企業は、戦いを制するだろう。人材不足で労働力が売り手市場の今、忠誠心などまったく当てにはならないが、5つの要素のどれで市場を支配するにせよ、人材は決定的な意味を持っている。適材適所でなければ、どの要素で差別化をはかるにせよ、なかなかうまくはいかないはずだ。

たとえば、経験価値で戦っている企業なら、その使命に熱意を感じるスタッフを雇う必要がある。経験価値を重視している企業と言えば、サウスウエスト航空、ＢＭＷ、リッツ・カールトン・ホテルなどさまざまあるが、どの企業の成功も、社員と顧客との好ましいやり取りに依存している。

経験価値で市場を支配している企業の社員は、企業文化を実践する責任を負っている。社員の振る舞いそのものが、顧客の印象や記憶に直接影響を及ぼすからだ。こうした企業では、報酬や業績の評価は通常、顧客からのフィードバックと上司の判断に基づいている。上司は、社員が顧客とのやり取りをいかに上手にさばくかを観察している。

一方、商品で戦っている企業は、自社の商品を、それがどんな商品で、どのように使われ、どんな機能を持っているのか、知的に語れる社員を雇わなくてはならない。こうした社員を持つ企業に、ウィリアムズソノマ、ホームデポ、ベストバイが挙げられるが、扱っている商品が、家電のように複雑だったり、自動車のように高額なもの、音楽やファッションのように流行りものである場合はとくに、そうした社員が欠かせない。報酬は、関連商品を扱ってきた経験に基づいて決めるべきだし、継続的な教育も必要だろう。一般的に、こうした業界の報酬や業績評価は、商品知識の豊かさと顧客からのフィードバックで決められている。

一方、ダラー・ジェネラルやレッド・ルーフ・インのように価格重視の企業は、サービスや経験価値重視の企業よりも、売上に対する経費が少ない。そういうわけで、価格重視の企業はたいてい、磨けば光るタイプのスタッフの確保に心を砕くことになる。頭がよくて、訓練しやすく意欲的な人柄のよいスタッフを求めている。

こうした人材は、ワーキングマザーや主婦、10代の若者、定年退職者、といった特殊な層からパートタイマーとして雇われることが多い。価格で市場を支配している企業は、定型化されたプロセスや手順の中で快く働ける、規律ある人材を探している。

むろん、こうしたビジネスモデルにも例外はある。思い出すのは、カナダの大手小売業者を訪れて、夜間の在庫管理チームの責任者と話したときのことだ。彼は定年間近で、30年ほどどこの仕事に携わっていたが、部下もほとんどが勤続20年を超えていた。言うまでもなく、このチームは年齢が高い分、時給労働者としては、同社の賃金のトップクラスを占めていたが、社内を見回しても、彼らほど生産性の高いチームはなかった。仕事の水準が高く、欠勤や店の商品を盗むといった問題もない。時給は相当高くても、明らかに優れた労働価値を提供していた。

こうした例外を除けば、価格重視の企業の報酬・評価システムは、比較的シンプルでわかりやすい基準に基づいている。明確に定義された、繰り返しの多い作業をきちんとこなせることに、重きを置くべきなのだ。このように手順と繰り返し作業を重視する姿勢は、経営状態のよい価格重視の大手企業によく見られる特徴だ。

価格重視の企業で成功する社員は、商品や経験価値を重視する企業文化にはなじまないだろうし、その逆もまたしかりだ。先ほども触れたように、高齢者や主婦といった労働者は価格重視の企業に引きつけられやすい。ただしそれは、時間の融通が利くこと、女性や高齢者に偏見のない雇用方針や、頻繁に募集していることが理由かもしれない（一方で、離職率の高さは、こうした企業の課題の1つだ）。価格重視の企業の考え方や成功モデルは、独特である。企業は、自社のビジネスモデルで成功できる人材を見極め、基準に合ったスタッフを採用しなくてはならない。

アクセスで市場を支配している企業は、顧客に簡単で便利な状況を提示し、顧客の問題を解決したり、顧客に代わって解決策を生み出さなくてはならない。そのため、スタッフは、販売やサービスのニーズに機敏に対応でき、問題解決や総合的な解決策の提案に関心を持ち、それがこなせる人材でなくてはならない。

タイドや、ベビーフードのガーバー、ゲータレードのコールセンターでは、きちんと訓練を受けたスタッフが電話を取っている。スタッフは、商品の使用法に関する質問にすらすら答えられるだけでなく、衣類の手入れや赤ちゃんの栄養・水分補給でパニックに陥った顧客に、解決策を示すことができる。

宅配サービスのコズモやサークルズのスタッフなら、期限を守ることに情熱を燃やし、顧客の問題解決に満足感を覚える人間でなくてはならない。たとえその要求が、夜中にビールを届けることでも、低脂肪食品を探すことでも、クリスマス・シーズンにニューヨークのホテルを予約する、などといったことであっても。アクセス重視の企業では、独立心や創造力、期限やこまごまとした事柄への目配りを評価するような、報酬・表彰の基準を設けるべきだ。

サービス重視の企業は、採用、訓練、社員の離職防止に関して、おそらく最も厳しい課題を抱えている。こうした企業には、顧客とのやり取りやコミュニケーションに秀でた人材が必要だからだ。本書を執筆する中で、私たちはたびたび目を丸くしてきた。ランズエンドやオールステート保険、シティバンク、デル、といったサービス重視の企業は、ほかの企業と同じ労働市場から社員を採用しているというのに、明らかに仕事が大好きな人材を、適材適所うまく登用できている。こうした社員は、顧客とのやり取りの中で、熱意を伝え、商品・サービスを相手のニーズに合わせてさっと差し出す能力を、備えているようだ。

　サービス重視の企業の社員は、融通が利き、差し出がましくなく、学ぶ力があり、学んだことをコミュニケーションに活かせて、臨機応変な判断ができなくてはいけない。こうした企業での報酬・評価システムは、顧客からの直接のフィードバックや顧客満足度に基づいているべきだが、同時に、商品やサービスについて継続的に学ぶ姿勢も評価すべきだ。

　サービス重視の企業に勤める優秀な社員は、価格やアクセスを重視する企業の社員に比べると、高給である場合が多い。だが、商品や経験価値を重視する企業の社員と同じように、一流のサービス従事者も、自社の使命やビジョンへの情熱を共有していなくては勤まらない。そういう意味では、彼らも、実際の報酬よりも心の報酬に重きを置いているのかもしれない。

リーダーの役割とは？

当然のことだが、どんなに強力で装備の整った軍隊でも、優秀な司令官なしに勝つことはできない。同じように、企業を変革するプロジェクトにおいて、リーダーが果たす役割の重要性は計り知れない。ファイブ・ウェイ・ポジショニングの重要性を理解し、それを力説し続けることと、ファイブ・ウェイ・ポジショニングを成功させるのに必要な企業資源を統率できることは、また別物である。

リーダーであるあなたが、ファイブ・ウェイ・ポジショニングを明確に伝えることも、自ら実践することもなく、どうすればうまくやり遂げられるか、社員1人ひとりに理解させることもなければ、会社がファイブ・ウェイ・ポジショニングになるはずはない。

優秀なリーダーには、めったにお目にかかれない。Kマートで会長、社長、CEOを務めたジョー・アントニーニにまつわる、あるエピソードを紹介しよう。何年か前、ウェスタン・ミシガン大学で、学生が主催したビジネスフォーラムに招かれたアントニーニは、講演を行った。Kマートの将来について、それは楽しげに話していたのだが、数行おきに、必ずウォルマートの名前を出した。

質疑応答の時間になると、後ろのほうに座っていた小柄な白髪の女性が、立ち上がって言った。「アントニーニさんは、Kマートの会長さんだと思っていました」。アントニーニは笑って答えた。「ええ、そうですよ。私は、Kマートの会長で社長で、CEOでCOOでもありますよ」。少し困ったように、女性は言った。「でも、スピーチの間中、ウォルマートの話ばかりしていましたよね」。アントニーニは、こう切り返した。「ええ、その通りです。うちと比較したんですよ。何しろ、最大のライバルですから」。女性はためらうことなく、こう畳み掛けた。「ウォルマートは、なぜおたくに対して、あれほど巧みに戦えるんでしょうか?」。会場全体が、水を打ったようになった。アントニーニはしばらく口をつぐんだ後、こう答えた。「ウォルマートの一番の財産は、うちが最大のライバルだということですよ」。

その女性が直感的に理解していたことを、どう考えてもアントニーニはわかっていなかった。ウォルマートは、一味違うことをしていたのだ。そもそもサム・ウォルトンは、ごく普通の人々に並外れたことをさせる天才だった。

アントニーニのもとで、Kマートは、正しいことをしていると思い込み、変化を拒んだ。一方ウォルトンは、常にこう言い続けた。「これでいいんだよ。今年は、このやり方が一番いい。でも、来年は違うやり方をしなくちゃいけない」。実際、Kマートには厄介な話だが、サム・ウォルトンは、ウォルマートに、毎年基本戦略の練り直しをさせることに成功した。

ウォルトンは、ウォルマートを正しい方向へ導くためなら、できることは何だってした。顧客への一貫した姿勢が大切だとウォルトンが信じたおかげで、社員は、ウォルマートがお客さまに何を届けるべきかを知り、全員でそれを届けた。説明責任が大切だとウォルトンが信じていたから、現場の社員も、ウォルマートとしての約束を果たし、ウォルトンがそれをチェックすることになった。

ウォルトンはまた、コミュニケーションの大切さを信じていたので、（インターネットの到来前に）衛星システムを使って、社員全員にリアルタイムでニュースを届け、経営陣が知っていることを誰もが知れるようにした。ウォルトンは利益配当の大切さを信じていたので、社員全員に、会社の成功を共有できるチャンスを与えた。

ウォルマートの経営陣は知っている。目標を指示するだけでは足りない、社員1人ひとりに、自分の仕事や責任が会社の目標とどうつながっているのか、教えなくてはならない、と。そのためには、リーダーが仕事の細部にまで目を光らせ、しっかりと指揮を執り、明確で一貫性のあるメッセージと理念を、会社全体に繰り返し伝える能力を備えていなくてはならない。

何よりも重要なのは、企業のリーダーたちが、理解していることだ。ファイブ・ウェイ・ポジショニングとは持続可能であり、あるリーダーから別のリーダーへ、ある部門から別の部門へと伝えることができるものだ、と。実際、ウォルマートは企業理念を、メキシコをはじめ世界中の国々に輸出することに成功しているのだから。

CHAPTER 9

Supply-Chain Realities

供給プロセス《サプライチェーン》の現実

メーカーの狙いは、消費者まで届くのか？

時には、神話と神話がぶつかり合うことがある。供給業者の「一流の神話」と販売業者の「一流の神話」が、真っ向からぶつかるときだ。

メーカーにしろ、再販業者にしろ、消費者の価値観に合わせるのはたやすいことではないが、その商品やサービスが、取引先のビジネス様式に左右されるものであれば、なお難しくなるだろう。自社の価値観を追求しようにも、取引先の市場ポジショニングに足を引っ張られるケースが多いのだ。

たとえば、高級車の販売店から電子機器の専門店など、高級品の再販業者が価格という要素で市場支配を目指すのは、そもそも難しいだろう。だから、商品の価値を訴えることで差別化、もしくは市場の支配を考えるだろう。一方、ペーパータオルや野菜の缶詰など、回転の速い消費財を製造するメーカーは、いかにその商品の品質や効能が良いとしても、結局は価格やアクセスで評価されることが多いと気づくだろう。

商品の価値やファイブ・ウェイ・ポジショニングに対する消費者の評価を最終的に左右しているのは、商品・サービスと、販売チャネルとの微妙な関係性だ。この駆け引きが、街では毎日行われている。メーカーは、商品の効能やマーケティング情報を強く訴えようとするが、小売業者や再販業者は、消費者との直接のやり取りや売り場スペースを重視する。取引のコンテンツを握っているのは今もメーカーだが、取引のコンテクストを牛耳っているのは、たいていの場合、小売業者のほうなのだ。

これは、マス・マーケットをターゲットにしているメーカーにとって、ありがたい話ではない。店頭という接点を手中に収めている販売チャネルが、消費者に対して、ますます幅を利かせるからだ。そういうわけで、消費者と直接、効果的な関係を結ぶ手立てを見つけることが、メーカーにとってますます重要になっている。

ただしこれは、口で言うほど簡単ではない。販売業者のほうは、消費者との関係も、その関係に根ざしたデータも独占していたい、と考えているからだ。中には、クリスピー・クリーム・ドーナツ、パタゴニア、ゲートウェイのように、供給業者兼小売業者として成功を収めているメーカーもある。だが、実質成長率が伸びず、市場シェアが減り、資本がもっと魅力的な部門へと流出していくことに苦しんでいる巨大ブランドのほうが多いのだ。

消費者は明らかに、ややこしい効能のアピールや好戦的なマーケティング・スローガン、急激な商品ラインの拡大よりも、売買のシンプルさや明快さ、スピード、簡単さを評価している。だが、消費者が評価するこうした要素を、メーカーが商品に直接盛り込むのは難しい。こうした要素は、販売業者が、売買のコンテクストに盛り込んで表現していくほうが、よほど簡単なのだ。

消費財の分野で、プライベートブランドが台頭している理由は、このあたりにもあるのだろう。プライベートブランドは今や、食品、医薬品、量販のチャネルにおいて５００億ドルのビジネスを形成している。ちなみに１９９６年には、３００億ドルの市場だったという。

プライベートブランドの市場シェアも延びている。１９９９年、プライベートブランドは、スーパーマーケットの販売個数の20パーセント以上を占めるに至り、売上高でも約16パーセントを占めた。１９９５年には、販売個数の18・６パーセント、売上高の約14パーセントに留まっていた。

消費者のニーズをとらえたメーカー

しかし、メーカーのブランドが、世界のビッグ・ビジネスでなくなったわけではない。取引の両面――供給面と販売面――を支配すれば、競争上とても優位に立てる。たとえば、ギャップのデニム商品のように、実際に店を構えるメーカーのブランドや、消費者に直接販売しているゲートウェイ、マーサ・スチュワートとKマートのようにメーカーと再販業者が独占販売協定を結んだケース、そのどれもが成功している。垂直統合〔企業が商品の開発・生産・販売を自社で一手に行うこと〕の力を無視しているブランドメーカーは、大変な危険を冒している。

従来型のサプライチェーンの常識では、今の市場の現実に対応できない。とくに、新たな消費者とは誰なのか、彼らが何をほしがり、企業に何を求めているのか、に対応できていない。たとえば、多くの企業の短期的・長期的なマーケティング、マーチャンダイジング、広告の計画はこれまでずっと、長期的な人口統計データや販売データに基づいて立案されていた。だが、ファイブ・ウェイ・ポジショニングは、さらに多くのデータを求めている。

ファイブ・ウェイ・ポジショニングに必要なのは、これまでとは違う情報だ。コンテンツだけでなくコンテクストも伝え、エンドユーザーをこれまでと違った視点でとらえられる情報である。これまで私たちは、常に年齢や年収など人口統計上の情報で消費者を分析してきたが、消費者の価値観や消費者が5つの要素のどれに親近感を覚えるか、といった視点で、彼らを分類することが必要なのだ。

ファイブ・ウェイ・ポジショニングに学べば、サプライチェーンに関わるすべての企業は、取引の背景にある消費者の動機や行動に目を向けるほかなくなるだろう。

1つ例を挙げよう。私たちは以前、マルチメディア向けエンターテインメント商品と耐久消費財を扱う、再販業者のプロジェクトに関わったことがある。そのときは、高齢者と若者を集めて、調査を行っていた。

どちらの年齢グループも、同じように、急かされないこと、仲間に会える居心地のいい場所、コーヒーとお菓子、アーティストの情報が簡単に手に入ることを求めているとわかったが、求めている商品も、求めている環境の見た目も雰囲気も、まるで違っていた。ただ皮肉なことに、どちらのグループも共通して要求したものがあった。それは、店側は思いも寄らなかったのだが、カウチだった！　おそらく若者と高齢者では、カウチの使い方は違うのだろうが、どちらのグループも、カウチがあれば、店での経験価値が高まると感じていた。

最終的に、この調査は店のレイアウトとデザインに影響を及ぼした。店の中央部にファストフード店が設けられ、店の両端に食事スペースが用意された。一方はジェネレーションY向け、もう一方は、60代のグループ向けだ。ただし残念ながら、今のところはまだ、店内にカウチは置かれていない。

この事例では、消費者がどんな商品をほしがっているかだけでなく、どんな環境で買い物をしたがっているかが見えてきた。こうした取り組みを行えば、メーカーは、取引先選び、マーケティング・販促予算の配分、広告、消費者へのサービスなど、さまざまな問題についての結論が広く導き出せるだろう。

私たちから見ると、ほとんどの企業は、広告に金をかけすぎて、消費者サービスには微々たる額しか投資していない。だが、あらゆる客観的な尺度から見て、広告費の効果は薄れる一方だ。なぜだろうか？　ほとんどの広告が、ひたすら価格や商品の特徴、機能を訴えるばかりで、コンテンツとコンテクストをうまく取り混ぜたメッセージを送れていないからだ。消費者との関係づくりより、ものを売ることだけに気を取られ、価値観よりお得感ばかりを訴える広告が多すぎる。要するに、ほとんどの企業が犯している過ちの数々が、広告に反映されているのだ。

こうした過ちは、企業がエンドユーザーから離れるたびに、1つ、2つと増えていく。そのため、メーカーなどの供給業者は、時と共に消費者のニーズからどんどん離れていく、という危険を冒している。ファイブ・ウェイ・ポジショニングを知れば、メーカーは必ず、次の2つのことをするだろう。

まず、広告メッセージを、コンテンツとコンテクストをうまく取り混ぜたものに変えるだろう。次に、価値観に基づく関係を、ターゲットとなる顧客と築くことに、企業資源や取り組みの多くを費やすようになるだろう。

ファイブ・ウェイ・ポジショニングをないがしろにする過ちは、新商品開発の分野でも見られる。果てしなく商品に特徴を追加し、処方や濃度、配合を変えたり改善したり、技術的に可能だからとどんどん機能を付加していく。さして画期的でもない商品をうわべの新しさだけでごまかす手法も、消費者に評価されるどころか、混乱を及ぼしている。

企業は、消費者から見て本当に画期的で、消費者の真のニーズをとらえていて、消費者に明らかなメリットをもたらす商品・サービスだけを、開発したほうがいい。デルやラジオシャック、コンパック、エイサーなら、消費者向けのパソコン教室を開くことが、それにあたるかもしれない。

メーカーの中には、本能的にこの原則を理解している企業もある。BMWは明らかに、コンテンツとコンテクストの組み合わせが生む力を理解している。BMWは、一連の高性能テストを行い、お得意さまが、自社と他メーカーの高級車に乗る機会を提供している。

このテストには、2つの目的がある。まず、コンテンツという観点で言えば、高性能テストは、BMWが世界レベルの高性能車であることを証明してくれる。2つ目に、コンテクストという観点で見れば、参加資格を得た大の車好きたちは、安全なテストコースで車をスピンさせたり、障害のあるコースを走ったり、時速70マイル（約113キロ）で思い切りブレーキをかけたり、と運転スキルの限界を試して1日を過ごし、「BMW経験」に花を添えられるのだ。

クラフトやケロッグ、クローガー、アホールド、デルモンテといった食品会社の場合は、栄養相談を行ったり、各地で料理教室を主宰するのもよいだろう。インターネットを使って、コンテンツとコンテクストの融合を試みる企業も多い。クラフトのウェブサイトは、忙しい母親など、手早く簡単につくれる料理に興味を持つ人たちの、オンライン・コミュニティをつくろうとしている。

多角化戦略の整理のために

ファイブ・ウェイ・ポジショニングを活用すれば、企業は新商品開発に留まらず、ブランドを戦略的にポジショニングしたり、全社的にブランド・ポートフォリオ〔自社の複数のブランドを管理すること〕を作成するなどの、さまざまな分野に着手できるようになる。

アジアでもヨーロッパでも、北米でも南米でも、企業を悩ませているのは、同じ問いである。「もっと大きな市場を取り込むことのできるブランドのために、付加価値の高いサービスを展開したいのだが、代わりに、最高級のブランドか低級ブランドへの出費をやめるべきだろうか?」、「長年会社の『顔』として親しまれてきたものの、最近低迷しているブランドより、将来性の高いブランドに投資すべきだろうか?」

言い換えれば、「P&Gが、ここ何十年もさして売れていないプリングルズを支えてきたのは、正解だったのだろうか?」、「クラフトは、クラフト・キャラメル・ブランドを守り続けるべきだったのだろうか?」という話になる。これらには、なかなか明快な答えは出ない。

最初に挙げたプリングルズは、結局地道にファンをつかみ、利益の出るブランドになった。

間食に対する消費者の姿勢が変わったことが大きいのだが、そこには、プリングルズというブランドも少なからず貢献していた。クラフトの場合、この小さなキャラメルは消費者にとても愛されていたのだが、クリスマスなど1年のうちのある時期にしか求められないため、ブランド・ポートフォリオから外さざるを得なくなったのだ。

よく似た例で言えば、ダイムラー・クライスラーが挙げられる。同社ほどの世界企業が、富裕層向けに高性能で高価なスポーツカーを開発するのではなく、途上国向けの燃費のよい小型車の開発に、研究開発費の大半を費やしていてよいものだろうか？　という疑問がわいてくる。

小売業者なら、こんな疑問を抱えているだろう。「販促の値引きをするより、もっと消費者に受ける、目を引く品ぞろえに力を入れるべきではないだろうか？」、「うちで扱っているブランドを、どうすれば客層に合うものにできるだろう？」。ウォルマートは、自社の洗剤に力を入れて利益率を上げるべきか？　それとも、もっとタイドを売るべきだろうか？　ウィリアムズソノマは、カルファロンの調理器具だけをそろえておけばいいのか？　それとも、リビアウエアも扱うべきだろうか？

取引先と同じビジョンを描けているか？

また、ファイブ・ウェイ・ポジショニングに立てば、取引先の選び方も大きく変わってくるだろう。とくに、商品を提供する環境が、商品に負けないほど重要な場合は、そうだ。第1章で話したように、ジターノのジーンズは、Kマートで売られるまでは、どちらかと言えば高級ファッションと見なされていた。

ファッション・ブランドとしてのジターノの転落は、チャネル選びだけが原因ではなかっただろう。だが、VFコーポレーションが、破綻したフルーツ・オブ・ザ・ルーム社から1800万ドルでジターノの商標と在庫を買い取った2000年6月12日は、長年の思い出を抱えるファンや批評家にとっては、悲しい1日だったに違いない。

炭酸飲料から手頃な価格のペンや鉛筆に至るまで、さまざまなカテゴリーに目を向けると、あらゆるチャネルで販売していること、もしくはそれに近い状況が、どれほど大切かはわかる。ただ、メーカーにとっては、どのチャネルも同じ、というわけではない。中には採算性がもともと高いチャネルもあれば、大量に売れるものの、短期的には採算性を、長期的にはブランドの価値を損なうようなチャネルもある。

それを思えば、ソニーの高性能の電話機は、ラジオシャックに置くべきだろうか？　答えが「イエス」なら、ソニーは、ラジオシャックと高級電子機器の専門店に、それぞれどの程度の支援をすべきだろう？　ソニーは、別ブランドをつくるべきか、それともラジオシャックのために低価格のプライベートブランドを製造すべきだろうか？　両社が最もよい関係を保つには、融通の利かない標準的な対応でよいのか、それともソニーは、ラジオシャックと共同で商品開発に乗り出し、ラジオシャックの顧客ニーズにぴたりと合うラジオシャックだけの商品を提供すべきだろうか？　ソニーの商品について学ぶよう、ラジオシャックのスタッフを訓練するのに、ソニーはいくら投資すべきだろうか？

理想を言えば、どのメーカーも、幅広く販売するメリットと、特定の顧客層にカスタマイズするメリットのどちらも享受していたいだろう。ただ、長い目で見れば、企業が採算性を最大限に伸ばしていけるのは、5つの要素のうち、自社が重視している要素に同じく力を入れている企業と提携した場合なのだ。

ファイブ・ウェイ・ポジショニングはさらに、自社だけでなく、ライバルを定義し直すことを求める。一見競合しているようには見えない企業も含めて、考え直さなければいけない。バーンズ・アンド・ノーブルが、消費者のアクセスの広がり、という視点でライバルを定義していたら、そして、実店舗の数以外のものもアクセスの定義に含んでいたとしたら、アマゾンに先手を打てたかもしれない。

同じことは、どの業界にも言える。老舗の企業がある日突然、新たなライバルの脅威にさらされる。サム・ウォルトンは、競争価格の設定を、単に低い価格ではなく、公正で適正な価格設定であると定義し直した。その再定義のおかげで、ウォルマートは、当初は戦いの土俵にも上れなかったカテゴリー（食品・飲料）でも、世界を制覇した。

シャープやパナソニック、ブラザー工業といったメーカーが、家庭用ファクスを大量販売したことで、フェデラル・エクスプレスやUPSなど、宅配業者の競争市場の定義は、瞬く間に変わってしまった。そして、アクセスとサービスに対する顧客の考え方も、がらりと変わることになった。

時には、脅威がもっと意外なところからやってくることもある。パソコンをカスタマイズして翌日には届けてくれるデルやゲートウェイのサービスに対して、当初、小売店に依存していた従来型のコンピューター会社は、手の打ちようもなかった。

誰が取引のコンテクストを牛耳っているか、まだ確立していないオンライン空間では、ファイブ・ウェイ・ポジショニングがなお重要だ。特にメーカーにとってインターネットが、消費者と直接やり取りし、関係を築き、深めていく大きなチャンスであることは間違いない。ただしファイブ・ウェイ・ポジショニングによれば、受注から発送までのコストはさておき、メーカーのオンライン空間の設計は、メーカー自身ではなく、消費者が何に重きを置いているかで決めるべきだ。サイトのデザイン、コンテンツ、メニューバーをどうするかに始まり、コミュニティをつくるのか、つくるならどんなコミュニティにするのか、そして、実際にどんな商品・サービスを提供するかに至るまで。

チャネル戦略の重要性

ファイブ・ウェイ・ポジショニングに立てば、メーカーの提携・買収戦略も変わってくる。たいていの場合、私たちはメーカーに、消費者と直接やり取りをしているチャネルと、もっと積極的に関わるよう、アドバイスしている。それが直販事業を立ち上げることでも、垂直統合でも、ほかの戦略的な提携をすることであっても。メーカーが、消費者と直接やり取りする現場に近づけば近づくほど、ファイブ・ウェイ・ポジショニングにならざるを得ないからだ。もちろん、どう意識を向ければいいか、知っていればの話だが。

とはいえ、商売というのは単独ではできない上に、昔ながらのチャネル・パートナー、とくに大手の小売流通業者の場合、供給業者がエンドユーザーに近づく動きを歓迎しない向きがある。たとえば、ホームデポは、店で扱っている商品を、供給業者がウェブサイトで直接販売するのを認めていない。

一方で、本書の出版元をはじめ多くの出版社はアマゾンと提携しているが、そのせいでボーダーズやバーンズ・アンド・ノーブルといった既存の書店との関係が損なわれた様子はない。また、化粧品をカスタマイズして販売するウェブサイト、リフレクトを立ち上げたP&Gは、この事業を独立させて、今では現実の世界でしのぎを削っているライバルたちとの新たな関係を楽しんでいる。この関係は、リフレクトのユーザーにも、P&Gにも、ライバルたちにも、メリットをもたらしている。

オランダに本拠を置く世界的な小売チェーンのアメリカ支社であるアホールドUSAは、消費者に近づく手段として、オンラインの宅配サービス業者、ピーポッドを買収し、(破綻前の)ストリームラインの資産の多くを買い取った。

結局のところ、消費者がメーカーの商品以外の要素(価格、サービス、アクセス、経験価値)をどう感じるかについて、ほとんどのメーカーは、販売チャネル頼みなのだ。そのせいで、時にはチャネル・パートナーと反目し合う羽目になる。

カナダのスーパーマーケット・チェーン、ロブローのデイビッド・ニコルは、消費財のプライベートブランド〝プレジデンツ・チョイス〟を立ち上げた。このブランドが提案する価値は、「プライベートブランドがナショナルブランドと『変わらないか、むしろよい』なら、消費者は『ブランド税』など払うべきではない」というもの。

〝プレジデンツ・チョイス〟のチョコチップクッキーのおいしさを宣伝するために、悪い意味で引き合いに出されたのが、ナビスコのクッキー〝チップスアホイ〟だった。チップスアホイのブランド・マネージャーが迫られた選択は、シンプルなものだった。自社のブランドがチャネル・パートナーに攻撃されるのを黙って見ているか、攻撃を阻止して、カナダ最大のスーパーマーケット・チェーンに置いてもらえなくなるか。

昔話に、罪人に2つのドアのどちらかを選ばせる——片方のドアの向こうには娘が、もう片方にはトラが待っている——というのがあったが、それよりはるかに過酷な選択だったろう。どちらのドアを開けても、腹ペコのトラが待っているのだから。

あるいは、高品質な商品、たとえば神戸牛を扱う食品サービス企業が、値段は高いが失礼な店員が給仕し、掃除も行き届いていないレストランに商品を提供しているとしよう。そうした場合、消費者の心の中で、店の好ましくないイメージと神戸牛が結びついてしまう危険性がある。今の世の中では、「もっといいネズミ捕りをつくりなさい。そうすれば、世界中からお客が来るから」という古い格言は、たいてい通用しないのだ。

インターネットがメーカーに与えた影響

アクセスは、チャネルを所有しているのがメーカーでも第三者でも、おおむねチャネル次第だ。いつでもどこでも買えると謳っているインターネットですら、明らかに昔からある経済のコンセプト、サプライチェーンやリバース・ロジスティクス〔消費者から生産者にさかのぼる物流のこと。商品の返品や、再生資源の回収など〕に依存しているのは、何とも不思議な話だ。

ペプシコ社の菓子ブランド、フリトレーや、コカ・コーラのような商品なら、そのカテゴリーで市場を支配する鍵は、物流基盤にあるだろう。だが中には、アクセスで市場を支配したばかりに、皮肉にもダメージを負ってしまったブランドもある。かつて、ミシシッピ川の東側で暮らす大学生にとっては、クアーズ・ビールは何世代にもわたり、渇望の的だった。当時、川の東側でクアーズを販売するのは違法だったため、こっそり手に入れるには、懐が暖かく、社会的地位がなくてはいけなかった。

低温殺菌されていなくても、クアーズの人気は衰えなかった。そのため、フォルクスワーゲンのバンで全米に注意深く運ばれたクアーズは、お世辞にも本来のおいしさを保ってはいなかったが、そんなことは問題にもならなかった。ところが、クアーズが販路を拡大し、全米で売り出されるようになると、ただの一銘柄にすぎなくなり、価格にも名声にも影が差すようになった。これとよく似た事例は、枚挙にいとまがない。

メジャーなレーベルと契約して、販路を大いに広げたインディーズのバンドは、熱狂的ファンから「裏切り者」呼ばわりされることが多い。あるいは、バーナーズのジンジャーエールと言えば、かつてはデトロイトっ子の自慢のタネだったが、広く販売されるようになると、地元でさえ、そのユニークな魅力を失った。もしくは、わざわざフロリダ州オーランドまで足を伸ばさなくても、ディズニー・ワールドやユニバーサル・スタジオの雰囲気が味わえる、と気づく人も増えている。地元のショッピングモールで、お土産が買えるからだ。

サービスもまた、たいていはチャネル頼みだ。絵の具を好みの色に調合する、スーツのオーダーメイド、車の掃除・装飾などを請け負うカーディテイリング……どれもこれも、チャネルに大きく依存したカスタマイズの例だ。ただし、いくつかの手段を取れば、メーカーが差別化をはかることはできる。たとえば、購入後に消費者に直接働きかけること、個人や世帯ごとの購入を分析すること、カスタマイズした商品を通じてコミュニケーションをはかること、アフィニティ・マーケティング〔職業や年齢、趣味などの共通項でつながった団体に商品を販売する手法〕をすること、新商品を開発をすること、などである。

インターネットは、メーカーが、経験価値やサービスで市場を支配するのを大いに助けてくれるだけでなく、チャネルへの依存も減らしてくれる。メーカーのウェブサイトが、面白くてためになる情報を発信していて、注文した商品の発送状況が確認できて、常に在庫をそろえていて、有意義な交流もできて、コミュニティがつくれるなら、メーカーの経験価値やサービスに対する評価が上がる可能性もある。

これは、パンパース、ＣＮＮなどの企業が学んだ貴重な教訓だ。これらの企業は、ウェブサイトで消費者と好ましいやり取りをしたことで、サービスや経験価値の評価を上げることに成功した。メーカーのウェブサイトへの注力は、ますます重要度を増していくだろう。メーカーが、取引のコンテクストを、オンライン空間では取引先に譲り渡すつもりがないのなら、なお一層そうなるだろう。

あなたの会社を診断しよう（サプライチェーン）

Q あなたの会社が重視する第1位、第2位の要素を、取引先も同じように重視しているか？　それとも、あなたの会社が重視する要素と対立する要素に力を入れているか？

Q メーカーに勤めているなら、消費者が商品を目にするコンテクストを、自分たちがコントロールできないことを懸念している？　もしそうなら、何か対策を取っているか？

Q あなたが小売業者なら、取引先が、消費者と直接コンタクトを取った場合、どんなスタンスを取るだろう？　それをブランド構築の努力と見るか、顧客を横取りする行為と見るか？

Q あなたが再販業者なら、ファイブ・ウェイ・ポジショニングに照らして、自社のポジショニングをじっくり考えてみたことがあるか？　あるなら、それを取引先に伝えたことはあるか？

Q メーカーに勤めているなら、現在（オンライン時代）の消費者の価値観に効果的に対応できるコンテクストをつくろうと、明確で一貫性のある戦略を立てたことがあるか？

CHAPTER 10

Consumer Relevancy and the Future

ファイブ・ウェイ・ポジショニングは未来にも通用するのか?

ウィリアム・シャーデンが著書『予測ビジネスで儲ける人びと――すべての予測は予測はずれに終わる』〔ダイヤモンド社〕で指摘したように、予測というのは、世界で2番目に古い職業だという。ただし、最古の職業である売春ほど、モラルも、包容力も、社会的信用もなかったようだ。ではどうして、わざわざここで未来について語ろうとしているのだろう？

それには、いくつか理由がある。

第一に、いくら否定したくても、未来は、今の私たちが知っているものとは違うだろうし、その違いはおそらく、チャンスか脅威、もしくはそのどちらも運んでくるからだ。第二に、運がよければ、未来は必ずやってくるから。そして第三に、今日のめまぐるしく変わる世の中やビジネス環境において、これまで仕事で学んできた古いルールが、昔ほど役に立たないように思われるからだ。

スカンジナビア諸国きっての総合広告代理店に数えられる、デンマークのクンデ・アンド・コーの共同創設者であるジェスパー・クンデは、著書『CORPORATE RELIGION〔未邦訳：企業という名の宗教〕』の中で、次のように語っている。

「国際的な企業が漏れなく抱えている問題は、売上予測に基づく予算管理が、今や建前だけの役に立たないメカニズムと化していること。面白いのは未来だけなのに、管理ツールの大半は、過去のもので使いものにならない。人々が真剣な面持ちで、こんなふうに言うのを耳にするようになった。『未来を予測するなんて意味がないよ』。だが、未来に対して何の考えも持たず、未来と関わる気もないとしたら、あなたはすでに負けているのである」

未来は予想できるか？

今から2つの事例を通して、未来について考えることが提供してくれるチャンスと、そのチャンスがはらむ脅威とをお見せしたいと思う。

自分が会社の戦略立案の担当者になった、と想像してみよう。会社がライバルをしのぎ、市場を支配するだけでなく、まったく新しい商品やサービスに手を広げたいからと、10カ年計画をあなたに託しているとする。

まず、今が1957年だと想像してみよう。テレビのホームコメディ「陽気なネルソン」が、完ぺきなライフスタイルのシンボルだ。オジーとハリエットは郊外の家で、いたずらだけど素直な2人の子どもと幸せに暮らしている。近所に住む誰もがよく似た車に乗り、家族そろって食卓を囲み、キャンベル・スープを飲んでいる。どこの家も同じようなつくりで、誰もが同じ店で同じ商品を買う。そしてみんな、チャンネルが3つしかないテレビを観ている。

では、ざっと10年早送りしよう。時は、ヒッピー・ムーブメントたけなわの1967年。かつてのいたずらっ子たちは、今やおおっぴらにドラッグをやり、権威ある大人たちを小ばかにし、人前でセックスをして、親があれほど共感していた企業に疑問を呈している。19

67年という「未来」は、1957年の時点で、見えていただろうか？　答えは「イエス」でもあり「ノー」でもある。

そう、未来につながるいくつかの要素は、すでに芽生えていた。テレビの影響も、ベビーブーム世代のホルモンも、花開く時期を待っていたのだから。公民権運動だって、1950年代にアメリカ南部で広がった抗議運動をベースに発展したものだったし、世界に目を向ければ、ほとんどのアメリカ人が地図で指せなかった東南アジアの国では、ホー・チ・ミンという名の自由の戦士が、母国をフランスから独立させるために戦っていた。

だから、何らかのつながりを引き出して、推理することはできただろうし、「60年代」を予感させるような物語を書くこともできたかもしれない。だが、「これからは社会革命がビジネスのタネになりますよ」と企業に売り込める人間がいたかどうかは疑わしい。

次は、現代の読者に、もっとなじみ深い例を挙げよう。インターネットと、インターネットがもたらしたとてつもない変革の話だ。

今が1989年だと想像してみよう。人里離れた場所に優秀なビジネスマンが集まって、今後10年間に思いを馳せ、成功間違いなしのビジネス戦略を立案しようと頭をひねっている。

コンピューターを相互接続した高度なシステムなら、1969年にアーパネット（米国国防総省の高等研究計画局開発のネットワーク）が、同省のコンピューターシステムを核攻撃から守る目的で、すでに開発されていた。フランスでは、1981年にミニテルが開発され、小型インターネットがすでに実用化されていた。作家たちも、1955年に『現象としての人間』〔みすず書房〕を著した神学者のピエール・テイヤール・ド・シャルダンをはじめ、1984年にSF小説『ニューロマンサー』〔早川書房〕を書いたウィリアム・ギブスンに至るまで、空想力を駆使して、世界をつなぐ通信ネットワークを思い描いていた。それを、「サイバースペース」と名づけたのが、ギブスンだった。

だが実際のところ、デジタル市場が生まれたとき（フランスでミニテルが実用化されたときもそうだったが）、オンライン・ビジネスでどう稼げばいいか、はっきり自覚していた営利団体は、アダルト業界だけだった。驚くには値しないだろうが、1989年の仮想会議の出席者のほとんどが、インターネットも、WWWも、サイバースペースも、eコマースも、それとよく似たどんなアイデアも、10カ年計画に盛り込めはしなかっただろう。

ところで、インターネットは何を変革したのだろう？　むろん、ほぼすべてと言っていい。だが、1989年の時点で、未来――この場合は、わずか4年後の、ところどころでき上がっていた未来――を思い描くことができたのは、一握りのコンピューターの達人だけだった。あなたがその頃、その業界にいたとしても、そう肩を落とすことはない。何しろ達人中の達人であるビル・ゲイツでさえ、当初はチャンスを見逃したくらいなのだから。

正直なところ、あとから振り返ってみても、点と線をつなぐのは、そう簡単ではない。たしかに、ベビーブーム世代のホルモンに経口避妊薬《ピル》の発明が重なって、フリーセックスのヒッピー文化を生んだと言えなくもないけれど、やはり心に留めておくべきだと思うのだ。銃と引き金を引く指があっても、大量殺戮《りく》の文化は生まれなかったということを。

人々のばかげた未来予測を数え上げるときりがないのに、それでもなぜ未来について考えなくてはいけないのだろう?

未来の状況とファイブ・ウェイ・ポジショニング

本書の冒頭でそれとなく伝えたように、ファイブ・ウェイ・ポジショニングの要素(価格、サービス、アクセス、商品、経験価値)は商売の歴史が始まって以来、変わっていないが、各要素の定義は、時代ごとにがらりと変わっている。さて、未来の予測は相当難しく、不可能なのだとしたら、今後オンライン、オフラインでどんな市場が登場するかわからない中で、5つの要素がずっと存在し続けるとなぜ言い切れるのだろう? あるいは、5つの要素の定義がどう変わっていくか、なぜ予想できるのだろう?

歴史を振り返れば、極めてシンプルな答えが得られるが、ひょっとしたら読者に納得してもらうのは難しいかもしれない。私たちはただ、歴史に目を向けても、自由な、もしくはそれに近い市場環境に5つの要素がなかった例を見出すことができないのだ。むろん、これだけでファイブ・ウェイ・ポジショニングのモデルが、未来にも当てはまると保証することはできない。

本書は社会人類学の教科書ではないが、あえて踏み込んで、5つの要素は元来、人々が商売をするのに欠かせないものだ、と主張したい。私たちは何も、商売の「鉄則」を提示したいわけではない。むしろ、5つの要素は、取引の場に欠かせない前提条件として姿を現すものだ、と言いたいのだ。取引の場では、必ず買い手、売り手、交換されるモノやサービス、金などの交換媒体が存在し、そしてそのすべてが交わるのが取引である。取引の場所が、オンライン空間でも、街角の食料品店でも、そこに存在する要素は同じと考えてよいだろう。

人々が自己を認識し、よくも悪くも自己に影響を及ぼす他者の力を認識し、交換のよりどころとなる共通の価値観の必要性を感じること。これが、ファイブ・ウェイ・ポジショニング理論の基礎を成している。何らかの知覚価値〔消費者が商品・サービスに感じる価値〕を持つものが、何らかの知覚価値を持つ別のものと交換されない世の中など、私たちには想像もつかない。そもそもそんな世の中が成立するなら、そこで富を得るためのビジネス本も必要ないだろう。

現時点で未来について断言できること

ヨーナス・リッデルストラレとシェル・ノードストレムは、著書『ファンキービジネス』〔博報堂〕を次のように締めくくっている。

「人々は、良い商品を期待している。コストパフォーマンスに優れた商品やサービスに慣れているからだ。しかもそんな商品は、世界中のほぼすべての企業で手に入れられる。だから今や、優れた商品、というだけでは足りない……ビジネスの基本的な要素にだけ力を入れる企業は、的外れな企業になる危険を冒している。まじめな話、的外れというのは、非効率よりずっとたちが悪いのだ」

まったくその通りだと思う。ただし、私たちがそう考える理由はまったく違う。リッデルストラレとノードストレムは、こう信じている。「実質利益を上げる方法は、1つしかない。消費者と社員の感情や幻想に訴えることで、理性的な彼らではなく、感情的な彼らを惹きつけることだ」

ファイブ・ウェイ・ポジショニングは、今日安定したビジネスを築く鍵であり、今後のビジネスにも欠かせない、という2人の主張には同感するが、私たちは、ファイブ・ウェイ・ポジショニングを定義する力を持っているのは企業よりも顧客だ、と強く信じている。そして、5つの要素すべてを通して、感情が重要だという点にも同意できるが、私たちは、取引の理性的な側面を直ちに切り捨ててしまうつもりもない。では、なぜ今、ファイブ・ウェイ・ポジショニングなのか、考えてみたいと思う。

かつて企業は、あたかも君主のように消費者との取引の条件を独断的に決め、絶対的な力を振るっていたが、私たちはそれが、産業化時代から情報化時代・ポスト情報化時代へと移行する過程で起きた災害だった、と考えている。ファイブ・ウェイ・ポジショニングとは、企業が一方的に提供できるものではなく、企業がリサーチし、理解し、商品やサービスに組み込まなくてはならないものだ。消費者が5つの要素をどう定義しているか、知っているのは消費者だけなのだから。

未来において、ファイブ・ウェイ・ポジショニングがどう機能するかを考える唯一の方法は、私たちがなぜ過去を、時代、年代、時期などと簡単に分類できるのかを考えてみることだ。言い換えれば、未来を考える簡単な方法とは、自分たちが過去をどうとらえているかに、目を向けることだ。

歴史を分類する方法の1つに、主要な社会経済活動に注目する方法がある。狩猟採集時代、農耕時代、産業化時代、情報化時代、といったふうに。あるいは、石器時代、青銅器時代のように、その時代の主な技術や発明で分類する方法もある。もしくは、軍事や統治の面から、カール大帝時代、帝政ローマ時代、冷戦時代、などと歴史を見ていく方法もある。そしてもちろん、ルネサンス時代、大航海時代、原子力時代、などと人々の活動によって分類する試みもある。

私たちは、こうした分類法のすべてに目を通し、分類とは基本的に、共感の問題なのだという考えに至った。つまり、その時代の人々がうなずけるような基準で分けることが分類なのだ。ただし、社会変化のスピードは増しており、もはやある世代が、ある時代を象徴するような社会勢力の台頭や衰退、技術革新を享受する余裕はない。実のところ、すでに情報化時代は過ぎ去った、と私たちは考えている。ほとんどの人がいまだに、情報化時代の影響に、やや不満を感じながら向き合っているとしても。

私たちは、このポスト情報化時代を何と呼ぶかに気をもむより、それをどう認識すべきか、説明するほうを選びたいと思う。どの「時代」にも、独自の言葉とシンボルと象徴《メタファー》するものが存在する。そして、それら1つひとつが商売の言語に組み込まれていく。私たちは、直近の3つの時代に目を向け、それぞれの時代のメタファーを調べ、それがどのようにビジネス、広告のメッセージ、商売のチャンスに転換されているかを提示した（表10・1）。

ある「時代」を生きる人々に対してファイブ・ウェイ・ポジショニングであるには、どう

表10・1　時代別のメタファーとビジネス

社会歴史的な「時代」	時代を象徴する科学	企業の主な訴求ポイント	代表的な広告メッセージ	時代を象徴する科学
産業化時代	化学	商品の効能	「化学による生活の向上」（デュポン）	商品機能の大幅な向上
情報化時代	物理学	商品とサービスの融合	「相互通信能力《コネクティビティ》のパワーを解き放つ」（インターシル）	インターネット・プロバイダーのネットワークによる価値の拡大
ポスト情報化時代	生物学	企業と消費者の互恵関係の共進化	「変わりゆくニーズに対応できるよう成長する」	生命への感謝と敬意

すればいいのだろう？　企業は、自社の言葉や商品・サービスを、その時代の消費者が共感できるものに、変えるすべを学ばなくてはいけない。たとえば、モンサント・カンパニーが、ヨーロッパで遺伝子組み換え食品の販売をめぐって問題を抱えたのは、同社が、商品をもっぱら産業化時代の言葉で表現したから、と言えるかもしれない。穀物の生産高の向上や害虫駆除に力を入れる姿勢は、産業化時代なら人々の共感を得ただろう。当時の消費者は、化学に根ざしたメッセージを、ありがたく受け入れて

いたからだ。
だが、ポスト情報化時代の消費者の目には、恐ろしいものと映った。人々は、企業による汚染や環境毒性を懸念している。でも同社が、世界の飢餓に目を向けるような広告をしていたら、時代に合ったキャンペーンが展開できただろう。とくに飢餓が子どもたちに及ぼす影響や、商品が死や病気を防ぐ可能性に触れていれば、なおよかったかもしれない。どちらのシナリオで展開しても、商品は同じだが、消費者の受け止め方は少し違ったのではないだろうか。

産業化時代によく見られたようなメッセージは、今もちまたにあふれている。「ワンダークリーンで、衣類の白さと輝きを75パーセントアップ！」といったものだ。だが、こうした企業は、ファイブ・ウェイ・ポジショニングを失っている。父親世代が乗っていたのとは違う車が発売されたからと言って、あわてて買いに走らなくてはいけないのだろうか？　そんなメッセージのどこが、ファイブ・ウェイ・ポジショニングに合致するだろうか？（研究所を一歩出れば）大して変わらない効能を持つ商品があふれ返っている世の中で、化学者にしか立証できないような効能を訴える意味が、一体どこにあるのだろう？　本気でそう問いたいと思う。

未来において、いや、今日においても、成功するためには、企業は消費者の思いに沿って、消費者に対応するすべを学ばなくてはいけない。商品の効能を追求するのは素晴らしいことだが、それが大気や土壌、水質を汚染するなら、環境意識の高い人々に対し、ファイブ・ウェイ・ポジショニングにそっているとは言えないだろう。

簡単に駐車場に入れる、というアクセスもたしかに重要だが、ワーキングマザーにとっては、子どもたちを保育園に迎えに行った帰りに、さっとほしいものを見つけられて、子どもたちがぐずり出す前に店を出られることのほうがずっと重要だろう。価格もたしかに重要だが、子どものいない金持ちの夫婦にとっては、安いものより高い値札がついた商品のほうが魅力的に見える場合もある。サービスと経験価値は、産業化時代の厳しい尺度で見ても、もっぱら主観的なものだ。では、企業は一体どうすればいいのだろう？

まずは、新たな可能性、新たな言葉、新たなアイデアを受け入れる、という考えを持つことから始めてみよう。企業は、文字通り、消費者の言葉で話すすべを学ばなくてはいけない。最近私たちは、ニューヨークから戻る飛行機の中で、ある女性と知り合った。彼女は「エスニック・マーケティング（マイノリティ向けのマーケティング）」を得意とする広告代理店に勤めていたが、その会社が先日、ニューヨークに本拠を置くある企業に買収されたという。その企業は、デトロイトに関する会社の知識を求めて、そこに根を下ろしている彼女の会社を買収したのだが、デトロイトを理解するのに四苦八苦していた。「とにかくわかっていないのよ」と、彼女はこぼしていた。「彼らは、アフリカ系アメリカ人のコミュニティにビジネスを広げたいのに、商品を見ても、私たちに見えていることが見えていないのよ。たとえば、ジープを見たら、登山靴をはいて、山のてっぺんで夕日を見詰めている男の姿しか思い浮かばないらしいわ。でもね、都会に住むアフリカ系アメリカ人の消費者に同じ車を見せたら、高級車だって答える。それをニューヨークの人たちに説明しようとしても、アフリカ系アメリカ人の消費者の車との関わり方が、どうもわからないみたい

表10・2　シンボル、意味、慣行の変化――産業化時代～ポスト情報化

分野／対象	産業化時代	情報化時代	ポスト情報化時代
計算	計算尺	コンピューター	ＤＮＡ計算
医学	メス	レーザー手術	ゲノム操作
コミュニケーション	フェデックス	ｅメール	知覚を持つソフトウエア
ビジネスのプレゼンテーション	ＯＨＰ	パワーポイント	バーチャル・リアリティ
理想的な雇用モデル	終身雇用	一時雇用	自由契約
消費者動向の情報源	従来型の長期的な人口統計モデル、フォーカスグループ	スキャンデータ〔小売店のPOSシステムで得られる品目別売上データ〕、インターネット・クッキー〔ウェブサイトが、訪問者のパソコンにそのサイトの閲覧情報などのデータを書き込み、一時的に保存させる仕組み〕	消費者が公開している情報のみ
商品	長持ちするようにつくられている	本質的に陳腐	ユーザーと共に進化する
組織モデル	階層型	チーム型	その都度編成
自動車	輸送手段	ステータス	移動空間
教育モデル	学習	生涯学習	既得の知識を捨て、再学習する
コミュニティ	現実のコミュニティ	オンライン・コミュニティ	現実のコミュニティ/オンライン・コミュニティ
小売店	商品を所有する	商品を売る	消費者に知識を与える
企業間取引のモデル	直線型のサプライチェーン	非直線型のバリューチェーン、ネットワーク	オンラインの販売網
空の旅	ぜいたく品	必需品	慎重に選んだ必需品
主要な金融エキスパート	銀行	ブローカー	個人
社会的目標	所属する	勝る	完全に理解してもらう
企業に対する消費者の姿勢	絶対的信頼と疑念の高まり	不信感	情報に基づいて慎重に信頼する
医学	病気を治療する	病気を予防する	生活の質を向上させ、寿命を延ばす
主要な教材	印刷物	画面	マルチメディア・ストリーミング〔映像や音声などのマルチメディアデータを、インターネットを通じて受信しながら、リアルタイムで再生できる方式〕
マーケティングの手段	マス・マーケティング	マス・カスタマイゼーション	利用者需要《ユーザー・デマンド》
企業の目標	成長と利益	生き残り	進化と学習
時代の産物	工場	チップ	アイデア

なの」

問題ははっきりしている。私たちも何年か前、同じ問題に遭遇した。ある自動車メーカーに、アパレルブランドのフブやファットファームの内装で、低音で地面に穴があきそうなサウンドシステムを備えたド派手なSUVを販売すべきだ、と提案したことがある。すると、「そんな車は都市部でしか受けない」という答えが返ってきた。

そこで、「ミネアポリスの郊外やデモインみたいな片田舎で、ヒップホップが大ヒットしてるのを知っていますか?」と、聞いてみた。ついでに、2000年のあの運命の週に、デトロイトが誇る2人の白人、エミネムとキッド・ロックが、「アフリカ系アメリカ人にしか理解できない」はずのサウンドで、それぞれ全米のアルバム売上で1位と2位を独占したことも、「知っていますか?」と尋ねてみた。

何が言いたいかと言うと、時代が変わり、人が変われば、まったく違うものが、まったく違った意味を帯びてくる、ということ。たしかに少々わかりづらいので、表10・2を作成した。直近の3つの時代の移り変わりがイメージできるだろう。

バーチャルな世界へ：オンラインでのファイブ・ウェイ・ポジショニング

未来の商売の世界、つまり、eコマース中心の世界では——企業間ビジネスでも対消費者ビジネスでも——ファイブ・ウェイ・ポジショニングの5つの要素の中には、輝きを失うも

表10・3　商売の未来の姿

要素	今日の商売	未来の商売
価格	単価	総額
サービス	企業が顧客を認識する	企業が顧客の代理人を務める
アクセス	店舗の場所と店内のナビゲーション	ポータルサイトとのリンク
商品	固有の特徴を持つ	アップグレードしていく
経験価値	企業が提供する環境への顧客の反応	顧客のために環境をカスタマイズする企業の力

のが出てくるだろう、と言う人がいるかもしれない。当然ながら、私たちはそうは思っていない。5つの要素は、それぞれの時代に、今とは違う意味を帯びながらずっと存在するだろう、と私たちは考えている。表10・3では、それぞれの要素の定義がどのように変わっていくかを予想してみた。

もちろん、表に示したのは可能性の1つにすぎない。私たちは、未来を予測できると言っているわけではない。ただ、自社の未来の姿は現在とどう違っているのか、そして、その変化が自社の商品やサービスにどんな影響を及ぼすことになるのか、考える手立てを見つけておくのは、あらゆる企業にとって重要なことだと思うのだ。それを見つける方法の1つは、人類最古のコミュニケーションの道具である、物語に学ぶことだ。

私たちは物語の力を大いに信じているし、企業の語り部の役割は、今後ますます重要になっていくと考えている。企業の物語の例は、多くの書籍に記録されている。たとえば、ロルフ・イェンセンの『物語《ドリーム》を売れ。――ポストIT時代の新六大市場』〔阪急コミュニケーションズ〕から、ジム・テイラーとワッツ・ワッカーの『THE 500-Year Delta What Happens After What Comes Next〔未邦訳：500年のデルタ――次に起こることのあとに起こること〕』、『THE VISIONARY'S HANDBOOK NINE PARADOXES THAT WILL SHAPE THE FUTURE OF YOUR BUSINESS〔未邦訳：ビジョンを持つ人のハンドブック―あなたの会社の未来をつくる9つのパラドックス〕』まで、多岐に渡っている。

だが、ファイブ・ウェイ・ポジショニングの未来を考えるときに、私たちがとくに心惹かれるのは、ある独特な物語（シナリオ）を利用することだ。シナリオの立案は、未来を研究する者たちの道具箱の中で一番活躍しているツールだし、実際そうあるべきだ。

シナリオの立案者たちは例外なく、シナリオ立案のユニークな手法を持っていて、誰もが「このやり方が一番だ」と主張している。ただし、私たちは、誰のやり方が一番かの議論に参戦するつもりはない。その代わりに、今からさまざまな手法の長所を組み合わせて、演習を行うつもりなのだ。そう、ファイブ・ウェイ・ポジショニングの5つの要素に関する、現実的なシナリオを書いてみようと思う。

基本的には、まず次のような問いから始める。未来は予測不可能だとしても、未来の出来事を予想したり、未来を別の角度から考える助けになったり、自分が未来のいくつもの可能性に対処する準備ができているかどうか、検証してくれる方法はあるものだろうか？　シナリオ立案者なら、断固として「イエス」と答えるはずだ。

シナリオの立案には、企業や業界、もしくは政府にさえ影響を及ぼすようなトレンドと不確定要素を特定するための、かなり包括的なプロセスが必要になる。ただし、先ほども話したように、私たちは立案の手法よりも、生み出されるシナリオに興味がある。シナリオ自体は、ある1つの未来（もしくは複数の未来）において、暮らしがこう変わっていくのではないかということを語る、物語にすぎないけれど。

読者のみなさんには、シナリオ立案の手法は飛ばし、その結果だけをお伝えしたいと思う。今から、未来を語る5つの物語《シナリオ》を紹介しよう。5つの要素（価格、サービス、アクセス、商品、経験価値）が、複雑さを増すこれからの世界において、生き残るかどうかを考察していきたい。では、始めよう。

ビジネスの未来予想図

価格：手頃な価格だったけれど……

ルークの指が、ガレージのドアのデジタルパッドの数ミリ上で、ぴたりと止まる。ドアの向こうに何が鎮座しているか、承知しているからだ。バイクスタンドにディスプレイされたぴかぴかと輝く黒とクロームの車体は、グローバル・モーターズ社のロケットバイク、XTRM16。スピードとパワーを象徴するこのバイクは、ルークが世の中についてまだどれほど学び足りないか、絶えず思い出させてくれる。

両親は、「うまい話には裏がある」なんて、情報化時代の決まり文句でさんざん忠告していたけれど、親に何がわかるっていうんだ。親たちは何しろ、パーソナル・ロボットもない時代に育ったんだから。パソロボは、ぼくがほしい、って気づくより早く、商品やサービスを見つけ出すようプログラムされている。しかも、魔法でも使ったの？　ってくらい、ちょうど手が届く価格のものばかり。

ルークのパソロボは、シナ・チベット語族のサイバー・エクスチェンジ、「ラマ・ライン」で、このバイクを見つけてきた。２０２５年製のクラシック・バイクだ。ルークはすっかりうかれて、ぽろりと父親に話してしまい、買ってはいけない理由を山ほど聞かされる羽目になった。お説教は、「危険だよ」という単純なものから、何年か前にラマ・ラインで、「クレジット」（この時代の通貨）を無駄にした人の話に至るまで、延々と続いた。

両親のパソロボは、もぐりのエクスチェンジでは買わないようプログラムされていたが、若者はみんな、「斬新《エボ》」なものが見つかるのは、ラマ・ラインのようなサイバーショップだと心得ていた。それに、ルークは9歳の頃から、自分のウェブサイトで稼いでいる。パソロボだって、買えるからこそ勧めてくるのだ。

そういうわけで、ルークはそのバイクを注文し、広告通りの商品を手に入れた。2015年に制定された「世界消費者保護法」のおかげで、エクスチェンジで虚偽の表示をした店は二度と商売できないことは、ルークの両親でも知っている。この法律は、ルークが「エクスチェンジ」と呼ぶ市場での商売を規制しているのだが、両親は相変わらず究極のレトロ感覚で、「ウェブ」と呼ぶことにこだわっている。

今回はあまりの安さに、さすがのルークもうますぎる話だとは思ったものの、そもそもラマ・ラインのようなショップにログインするのは、掘り出しものが目当てなのだ。格安品にうかれたルークは、点検についての取り決めになど、一切目を通さなかった。そして、間もなく気づく羽目になる。そのバイクは、1万マイル（約1万6000キロメートル）走るたびに、認定販売店で点検を受けなくてはならないものだったのだ。しかもその店は、チベットのラサに1軒あるのみ。おまけに、バイクは格安だったが、点検のための輸送費と実費は、昔ながらのぼったくり料金に設定されていた。だが、点検を受けなければ、路上での安全性は保証されない。保証がなければ、保険に入れない。保険に入れなければ、ナンバープレートはもらえない。ナンバープレートがなければ、運転もできないのだった。

一生に一度の掘り出し物が、結局高くついた。そういうわけで、バイクは今もスタンドに鎮座したまま、ルークがどんな詐欺に遭ったのかを静かに語っている。カンカンに怒ったルークは、「ロボトミー」と呼ばれるプログラム操作で、パソロボの中枢メモリーを消去して、廃ロボにしてしまった。

でも、そんなことをしたって、どうにもならない。ルークは取り返しがつかないほど、「クレジット」を無駄にしてしまったのだから。さらにしゃくに障るのは、パパの言う通りだと認めざるを得ないこと。安い「掘り出し物」なんかより、高くても公正な価格のほうが、やっぱりいいのだ、と。

サービス：ご心配なく。私にお任せください

見事なほど無駄のないキータッチで請求書をチェックしていたアダムは、ウォルワールドマーケットからの請求書に、ふと手を止めた。そして、この会社のおかげで、どれほど楽に暮らせているかを実感する。北欧に転勤になったとき、アダムは少なからず不安を感じたものだ。言葉の壁や、右も左もわからないという思いもさることながら、そこで働いたからと言って、本当にその国になじめるのだろうか、と気をもんでいたのだ。

認めたくはなかったが、やや物悲しく不安な気分で、アダムはストックホルムに着いた翌日、「近所の」ウォルワールドマーケットに出向いた。入り口で「ゲスト」カードをさっと通して、目の前の通路をとぼとぼ歩き始めると、「こんにちは、アダムさん」と後ろから

大きな声で呼び止められた。びっくりして振り返ると、見上げるほど大きな男性が、「すみません」と笑顔で謝った。

「驚かせてしまいましたね。それとも、お客さまのプロフィールを更新したほうがいいでしょうか？　今後も『アダムさん』とお呼びしてよろしいですか？　ああ、うっかりしておりました！　私はヨーナスと言いまして、この店の店長を務めております。えっと……アダムさん？　またどうしてストックホルムへ？　何かお手伝いすることはございませんか？」

アダムは、ふと肩の力が抜けるのを感じた。どうやら新しい町で初めて「出会った」人を、うっかりまごつかせてしまったらしい。まあ、さっきまでまごついていたのは、アダムのほうだったのだけど。「いや、アダムで結構。それに、驚いたわけじゃないんだ。ただ、ぼくを知っている人がいるとは思わなかったものだから。何しろ、きのう越してきたばかりだからね。デジコム・ビジネスを監督するために転勤してきたんだけど、なぜぼくを知っているんだい？」

ややほっとした様子で、ヨーナスは言った。「アダムさんがカードを通されるまでは、存じ上げませんでした。カードから無線周波数信号が私のポケベルに送られて、簡単なプロフィールがもらえるんです。どこのご出身で、何とお呼びすればいいのか、などですね。ところで、コーヒーか紅茶をごちそうさせていただけませんか？」。アダムは、ヨーナスの正直でオープンなところが気に入った。「うれしいね。それにしても、自分の国でこんな接客を受けたことはなかったんだが」

ヨーナスは、笑顔で食堂はこちらだと案内した。「ウォルワールドマーケットでは、お客さまがどなたかを知るだけでなく、お客さまの代理人としてのフルサービスに誇りを持っております。アダムさんのプロフィールによると、アメリカにいらしたときは、私どもの自動注文サービスやデジタル買い物リスト、その他どちらかと言えば受身のサービスをお好みでしたよね」と、ヨーナス。

「私たちはもちろん、アダムさんのお好みに合わせて、必要なものをお届けできるよう努めています。たとえば、お好みに合わない広告や新商品の提案はいたしません。ただ、私どもの経験から言いますと、ご自宅から遠いところへいらしたお客さまは、普段と少し違うものをお求めになることが多いんです。ですから、アダムさんがいらしたとき、私がごあいさつし、驚かせ、お恥ずかしいところをお見せしたのも、ひとえによいサービスを提供したい、という思いからなんです」

アダムは、転勤の内示を受けてから初めて、声を出して笑った。「ヨーナス、君はすごいよ。『会社の人間以外と知り合うことなんて、ないんだろうな』って、思い始めていたんだから。わかってもらえてうれしいなあ。国を離れて知り合いがまったくいないところへ来てみると、人懐っこい笑顔が本当にうれしいものなんだ」

今度は、ヨーナスのほうがにっこり笑った。「実を言いますと、店自体がかなりのことをやってくれるんですよ。通路にあるスキャナーをお使いいただけば、商品パッケージは自動翻訳されますし、価格も世界の12の通貨に換算されます。いくつかのアイテムを除けば、アメリカとほとんど同じ商品が手に入ると思います。ショッピング・アシスタントをおつけして、ショッピング・プロフィールの修正をお手伝いさせましょう。ここで手に入らない商品もわかりますし、代わりに質のよいスウェーデンの商品をご紹介できます。『うちの』お客さまとしてアダムさんをお迎えできて、本当に光栄です」

アダムは、少し考えるとこう言った。「ヨーナス、できれば君がプロフィールの修正を手伝ってくれないかな？　それから、近所にどこか、お勧めのレストランはないかい？　どうも料理は苦手で……最新の『量子オーブン』は持っているんだけどね」。「アダムさん、私でよければ喜んで、プロフィールのお手伝いをさせていただきます。ただしレストランのほうは、今夜私がお連れしてよいなら、お教えいたしましょう。いえ、もちろんアダムさんのご都合がよければですが……」。「それはありがたい」とアダムは言った。「実は今、すごくお腹が空いてるんだ。ようやくいつもの調子が戻ってきたよ。ちょっと時差ぼけしていたのかな？」

アクセス：心地よいつながりを運ぶ空の旅

バージン・トランスグローバル航空の878型機の座席にどっかり身を沈めると、ゲイブリエルは、やるべきことを考えた。ほんの数秒前まで、左手のひじ掛けの下に隠れていたスクリーンにログインすると、キーパッドのメニューに目を走らせる。メニューは、「ボディケア」、「エンタメ」、「ショッピング」といったものから、「ビジネス」のような素っ気ないものまで多岐にわたる。ゲイブリエルはしぶしぶ「ビジネス」を押すと、キーのくたびれ具合から、これが最もよく使われているらしい、と気がついた。

ユーザー・セキュリティコードを入力し、画面が立ち上がるのを見守る。画面のビジュアルを見ながらマウスを動かすと、ゲイブリエルは「経費」のアイコンを選んだ。内蔵スキャナーを使って、2軒のホテルの請求書と航空券の領収書を入力すると、データはすぐさま会社の経費一覧表に組み込まれた。

ゲイブリエルはミネラルウォーターをすすりながら、航空券の領収書を入力すると現れるはずの、礼儀正しいが毅然とした警告が表示されるのを待った。2、3秒後、小さなメッセージが点滅し始めた。「早速経費の入力を済ませてくださって、ありがとうございます。ただ、会社としましては、大陸間の2時間半以内の移動はすべて、867型機もしくはそれ以下の航空機で、エコノミー席をご利用くださるようお勧めしています」

むっとしながら、ゲイブリエルはデジタル・キーボードに手を伸ばすと、「この経費入力については、了承済みの出張理由を参照のこと」と打ち込んだ。そして、参照すればわかるさ、と胸の中でつぶやいた。バージン・トランスグローバル航空の878型機に乗れば、エグゼクティブクラス専用のサービス・ポータルサイトにアクセスできる。そうすれば、最新の翻訳デスクのサービスが利用できて、重宝なことこの上ない。ウランバートルの企業にプレゼンテーションする予定だというのに、モンゴル語がまったくできないのだから！

ほかにもメリットはいろいろとあった。バイカル湖の南側やトルコの東側、中国中央部の西側で、まともなホテルを経営しているのは、バージン・トランスグローバル航空が提携している中央アジアの企業だけだった。同航空のチケットがなければ、そのホテルに宿泊できない。

さらに、このホテルチェーンは、地域で唯一信頼できる交通企業とつながっている。それに、今回は必要ないが、ホテルの宿泊客であれば、通訳ガイドの手配もできる。さらに言えば、ゲイブリエルが普段利用している病院が、ホテルの「健康ネットワーク」と「医療リンク」協定を結んでいるから、万一暴れ馬に足を踏みつけられても、帰国するまで適切な医療が保証される。

こんなあからさまなメリットも、会社の経理担当者には、通用しないかもしれない。うわさによると、彼らは実は、知覚を持つソフトウエア・プログラムで、もう何年も前に経理担当者を征服し、今では支配できそうなありとあらゆる生命体に復讐しているのだという。

「ご要望通り、出張理由を参照しました。追加の出張旅費を、承認いたします。ただし、次のことにご留意ください。通常の場合、大陸間の2時間半以内の移動はすべて、867型機もしくはそれ以下の航空機で、エコノミー席をご利用くださるようお勧めしています」

堅苦しさにイラつきながらも、ゲイブリエルは1人微笑み、キーパッドの「ショッピング」のアイコンをクリックした。そして、バージン・トランスグローバル航空と独占契約している企業が展開する、新しい商品やサービスをスクロールしていく。「ほらね」と、ゲイブリエル。「878型機に乗っていなかったら、このベルーガ・キャビアをホテルの部屋に空輸してもらうのだって、ちょっぴり難しかったはずさ。いやいや、これに乗ったのはひとえに、会社のためだけどね」

商品：鏡よ鏡、手のひらサイズの鏡さん

シエラは、目の前の箱の中にある、ポケットサイズの「ライフマインダー」に目を見張った。シエラは間もなく45歳になるが、1台目を大学卒業時に父親に買ってもらってからというもの、ライフマインダーは常に彼女のそばにあった。

最初の機種は、レトロ社のグラフィックス・ホログラム・ケースに入っていた。このケースには、使うたびに、バックストリート・ボーイズやボーイゾーン、リッキー・マーティンといった、クラシック・オールディーズ・シンガーのアンティークなデジタル映像をダウンロードする機能がついていた。どこからダウンロードするのかって？　地球の周りを回る、460のMTVソニー・メディアステーションのどれかからだ。

機種は違っても、ライフマインダーの機能は、基本的には同じだ。要はデジタルな日記帳で、ユーザーは日々の感想を記録したり、音楽やビデオを取り込んだり、人生の大事なイベントを、デジタル画像やホログラム映像で記録できるのだ。

インプットした文章や音楽、ビデオ映像を呼び出す方法もさまざまだ。「27歳の頃は何を考えていたんだっけ？」と、単純に年代順に呼び出すこともできるし、誕生日などのイベントや、「仕事」「学校」といったトピックで検索することも、「恋愛」「心配ごと」など

パーソナルなテーマで検索することもできる。

シエラが持っているような最新モデルだと、世界貿易や政治哲学など、特定の問題に対するユーザーの考え方の進化をたどることもできる。おかげで、「ヤングアダルト（この時代には、35〜55歳をそう呼んでいる）の好みや関心」とやらの変遷を振り返ることもできる。記録されているから、シエラ自身も、「そうだったわね」と認めざるを得ない。

世界のパーソナル・コミュニケーション業界は競争が激しいため、ライフマインダーのメーカーは、アフターサービスに関して、ほぼ例外なく同じ規約を掲げている。1つ目が、25年間、無償で部品交換と修理を行うが、ユーザーが故意に破損した場合は例外とする、というもの。実際、故意に破損するケースはあとを絶たない。別れた夫や妻、かつての雇い主のデータを再生したせいだろう。

2つ目が、最初の所有者は生涯にわたって、アップグレード版を無償ダウンロードできる、というもの。所有者の確認は、網膜スキャンで行っている。そして3つ目が、最初の所有者の遺言により、異なる「言語ゾーン」に住む直系の子孫に贈与された場合、マシンの寿命が続く限り、無料翻訳サービスが提供される、というものだ。

だが、シエラの父親は、少し余分に料金を払って、シエラが「要らないわ」と言っていたある機能を追加していた。シエラのライフマインダーは、彼女が入力するデータから「学び」、そろそろ必要だと判断すれば、新しいケースを注文するのだ。最初の頃は、ライフマインダーが新しいケースを注文するたび、ちょっぴりうろたえたものだった。「私は変わっていないわよ。年なんか取ってない」と、ぶつぶつ文句を言っていた。けれど、繰り返し、変化を受け入れるよう迫られることになった。

たとえば、バックストリート・ボーイズがダウンロードできなくなっても平気だったが、解像度の高い鏡でできていたケースが〝ソフト・フォーカス〟と呼ばれる、ぼんやりと映る鏡のケースに変わったときは、ちょっとショックだった。だが、結局シエラは納得することになる。ライフマインダーは、優れた商品の例に洩れず、ワンランク上のものが本当に必要な時期が来たら、そんな商品に姿を変えてくれるのだ。

人生の思い出を詰め込んでいくことになる新しいケースに、シエラは微笑んだ。もちろん、またワンランク上のモデルが届くまでの話だけれど。

経験価値：私の世界を色鮮やかに

ザックは1日中、ジムに行きたくてうずうずしていた。186もの法人国家からの調達に関する入札を一気に取りまとめようとして、ストレスで筋肉痛を起こしているのだ。入札に関するトラッキング作業はすべて、むろんデジタルで行われているが、2045年になっても、マイクロ秒単位で変動する市場の微妙な動きをキャッチできるマシンはなかった。

市場変動の原因は、ある日とある会社の全従業員が伝染病に倒れたことかもしれないし、最近ますます増えているデータの伝送エラーや、「ブリンク」のせいかもしれない。若い頃、母親に教わった情報化時代のビジネス用語に敬意を表し、ザックはマシンの故障をこっそりブリンクと呼んでいる。

ザックは市場の微妙な動きを読み取って、リスクヘッジを行い、タイミングよく売り買いして、「クレジット」で一財産を築いた。「よし」と、ザックは胸の中でつぶやく。「今、ブリンクしたろ？　じゃあ、おれは、売り買いしなくちゃな。するると君は、座ったまま首をかしげる。3000キロも5000キロも離れているのに、おれがエアコンの効いた部屋で汗だくになっているって、どうしてわかるんだい？　って」

ザックが直感でやっていることをやらせるための、ますます高度なプログラムが次々と開発されてはいるが、こうしたプログラムは複雑で不具合が絶えない。結局、かつて証券取引で市場の変動パターンを予測するのに使われていた、初期の無秩序な分析ツールと何ら変わりはない。実のところ、ザック自身、自分がどうやって市場を読んでいるのか、よくわからない。ただ、これがいい、こうすればもうかる、と直感でわかるだけなのだ。

成功をほしいままにしているザックは、市内のどんなスポーツクラブにだって入会できただろう。実際、多くのクラブが彼と契約したがった。市で最も活躍している引っ張りだこのファイナンシャル・アドバイザーをメンバーにしたくて、「無料にしますから」と盛んに勧誘してきた。だが、ザックは、ジャングル・クラブが気に入って、会費をきちんと払って入会した。ザックが「払う」と言って聞かなかったからだ。

ジャングル・クラブの商品やサービスが、とくに際立っていたわけではない。大手のスポーツクラブはたいてい、プールをはじめ同じ設備をそろえている。デジタルなパーソナル・トレーナーもいて、消費カロリーや、一部の人には不評だが摂取カロリーを逐一追跡してくれる。どこのクラブも、年齢、体重、運動能力といったさまざまな要素を分析して、翌週のトレーニング・メニューを勧めてくれる。さらに高級なクラブになると、指定の医療者に週別、月別の簡単な報告書を送るところが多い。

ほとんどの点で、ジャングル・クラブはほかのスポーツクラブと同じだが、少なくともザックにとって重要なある1点において、決定的に違っていた。ジャングル・クラブの「ムード・ルーム」が、その日の顧客の気分《ムード》に対応してくれるのだ。ザックがクラブに足を踏み入れると、担当のヘルス・コンシェルジュがあいさつしてくれる。もちろん、名前をきちんと呼んで。

「こんばんは。今日も、『環境設定』をさせていただいてよろしいですか?」と、コンシェルジュが聞く。「ああ」と、ザック。「かしこまりました。では、マシンへどうぞ」。「マシン」とは、最新式の健康測定器で、脈拍数、皮膚温度、網膜反応、その他さまざまな画像データを記録するほか、その日の気分まで測定する。その情報は、クラブの中央メモリー装置へ送られる。そこで過去のデータと比較し、能動的・受動的に作成されたユーザーのデータバンクを検索した上で、ふさわしい環境が用意されることになっている。

クラブへはもう何度となく足を運んでいるが、一度も同じ環境を経験したことはない。同じバンドの曲が流れたとしても、違う年に流行った曲だ。映像が似ていると感じても、立ち位置が微妙に違っている。「きのうとまったく同じ気分だ」とザックが自信を持って言える日でも、香りや湿度、風といった環境要素が、ほんのわずかに違うようプログラムされている。

コンシェルジュによると、毎回寸分たがわぬ環境を用意してもらう人もいるという。「でも、あなたの場合は、毎回違っていなくてはいけません」と、コンシェルジュ。「いつだって、物事の違いを感じようとなさる方ですから。そうですよね？　100パーセント心地よい環境をご用意しても、何となく落ち着かないはずなんです。お客さまは、ちょっとした違いを探すことに、喜びを見出す方なんですよ」

多くの新しいクラブから勧誘を受けても、ここへまた来てしまうのはそのせいだ、とザックは認めざるを得ない。ジャングル・クラブは、ザックがハンターであることを、見抜いているのだから。

消費者の声が力を持つ時代へ

今紹介した物語が、5つの要素が今後どのように生き残り、それぞれの定義がどのように変わっていく可能性があるかを考える助けになればと思う。すでに話したように、私たちには、未来を正確に予測する力はないが、1つたしかなことがある。大昔の誰かが最初に、きらきら光る石と引き換えに鮮やかな色の羽を手に入れたときからずっと、どんな商売上の取引にも、共通の要素がある。それが、私たちの言う5つの要素なのだ。

市場は日々変化を遂げ、業界同士が統合され、eコマースは、商売という舞台で正当な地位を求めて戦っている。消費者は、これまで押し込められてきた人口統計という便利な箱を飛び出して、その箱を燃やしてしまった。だが、私たちが今日向き合っている変化のスピード、幅、深さといった複雑な状況も、今後やってくるであろう変化の前では、すっかりかすんでしまうだろう。

テクノロジーは、私たちの生活の隅々にまであまねく広がっていくだろうし、価値観を求める旅も、ますます複雑に、おそらく今より厳しくなっていくだろう。だが、この変化の海の中で、次の4つの灯台を手がかりに、未来がどうなっていくかを定義できる、と私たちは信じている。

1 この世に人がいる限り、人は集団で何らかの商売に乗り出し、個人として自分の価値観を補強してくれる何かを求め続けるだろう。

2 取引がある限り、5つの要素が存在しているだろう。

3 5つの要素がある限り、それぞれの要素の予測はできる。

4 予測ができる限り、それぞれの要素を軸に、競争力や利益性が高い、成功する商品・サービスを生み出していけるだろう。商品・サービスに、その時代の新しい価値観を組み込んでいくならば。

先進国では、消費者が、自分たちの声のパワーを知るようになった。その声が抑え込まれることはないし、そんなことはできないだろう。消費者の声をただ聞くことは難しくないが、今後ビジネスを有利に進めていけるのは、声を聞くだけではなく、その声にしっかりと耳を傾け、それに沿った商品やサービスを提供できる企業だけだ。そして、私たちが今日までファイブ・ウェイ・ポジショニングに取り組んできた経験から言えば、これこそ「言うは易く、行うは相当難し」なのである。

監修者あとがき　星野リゾートのケーススタディからわかる

ファイブ・ウェイ・ポジショニングの有用性

私は、コトラーの講演会で本書を知った。その当時、私は他の多くの経営者と同じように、コモディティ化と資源の制約への対処方法について悩んでいた。あとがきでは、私が本書を読み、いかにファイブ・ウェイ・ポジショニングを経営に反映させ、これらの難題に挑戦しているかをご紹介したい。

本書に出会う以前、私が考えあぐねていた問題が他にもあった。それは、サービス業にとって商品とは何であるのか、というものだった。多くのポジショニング理論では商品とは物質的な製品であり、商品の周辺における顧客へのケアをサービスと呼んでいる。しかし、ホテル業においては、サービスそのものが商品であると考えるので、その周辺を含めてポジショニング理論を当てはめることが難しいと感じていた。ファイブ・ウェイ・ポジショニングにおいても同じ課題がある。商品、サービス、経験価値は3つの違った要素であり、それはサービス業においては具体的に何なのであろうかと考え込んでしまった。

長く考えた結果、私の解釈は以下の通りとなった。

ホテル・リゾートのサービス業においては、商品＝施設、経験価値＝サービス内容と質、サービス＝カスタマイゼーション、とすることにした。つまり、商品とはホテルや旅館の外観・内観の居心地の良さ、機能性、そしてデザインの斬新さなどハード面の内容であり、経験価値は「リラックスできた」「楽しかった」「美味しかった」とお客様に思っていただけるソフト面とし、サービスは、個別の顧客に合ったサービス内容のカスタマイゼーションとした。こう考えて改めて本書を読んでみるとスッキリ理解できる面が多い。

本書を読んで最も衝撃を受けたのは、アクセスという概念が単独で競争力維持の要素になりうるという事実だ。それまでも多くの経営書で、商品、価格、サービス、経験価値などは、経営の要素としてそれらの重要性は訴えられていた。たとえば、ドン・ペパーズは『ONE to ONE マーケティング　顧客リレーションシップ戦略』〔ダイヤモンド社〕にて、消費者1人ひとりに合わせた商品・サービスを提供することの意義を唱えている。しかし、アクセスを企業競争力維持において重要な要素としてあつかった理論をそれまで目にしたことはなかった。コトラーの講演ではアクセスを"Ease of Access"と定義していた。つまり、「買い易さ」という意味だ。買い易い環境が企業競争力を維持するという発想が私には新鮮であった。限られた資源の中で、脱コモディティの戦略をたてようとしていた時に、私はアクセスをレベルII、つまり差別化の要素にした。ホテル業界におけるアクセスとは「予約の容易さ」ということである。

ファイブ・ウェイ・ポジショニング理論に照らし合わせて、星野リゾートの経営では、経験価値を第1位の要素とし、アクセスで差別化をはかり、商品・サービス・価格においては業界水準を維持するということを考えてみた。どうやってそれを達成するのかは別として、この理論を信じるならば、これによりコモディティ化に埋没することなく、競争力を持続できるはずなのである。これは私にしてみると大変ありがたい出発点であった。普通はどういう状態にしたら競争力を維持できるのかわからないから困っているのであり、そういう厄介な心配をすることなくスタートできる。そうなると持てる資源を全て集中して、第1位の要素と差別化ポイントを作り上げ、同時にその他の3要素のレベルを一定に保つ、という選択と集中の方向性が見えてきたのだ。

経験価値を第1位の要素に選んだということは、この分野で市場を圧倒しなければならない。ホテル・リゾートにおいて、経験価値とはソフト力、いわゆるサービスの質である。サービス業においてサービスの質が重視されるのは当たり前であり、経験価値を選択するのは王道ではあるが、この要素でどうやって競争優位を維持するのかという点が難しい。現時点で、競合他社と比較して星野リゾートの競争力は、優秀な人材のリクルーティング力とフラットな組織と呼んでいる独特な組織文化だ。

経験価値を第1位の要素に選択することで、リクルーティング力と組織文化がより重要な位置づけになるだけではなく、経験価値を高めるための新しい仕組みの開発に資源を優先して当てるということが正当化できる。顧客満足度調査の精度の向上、分析ツールの開発、スタッフへのタイムリーな情報提供、「サービス品質重視の企業」という社内ブランディングなど、経験価値を上げるための仕組みが生まれ、それらに迷わず投資してくることができた。星野リゾートというブランドの認知度が高まっていく過程で、「良いサービス」という知覚品質を同時に獲得することができ、それは現在の業績に大いに貢献している。

差別化の要素としてはアクセスを選択した。他の要素での差別化が難しいと感じる一方で、ネット上での予約や海外からの予約など、旅行商品の買い易さが大きく変化している過程にあり、業界スタンダードがしっかりと確立されていない分野と言えた。

自社ホームページ上では情報の見やすさや予約の機能がかつてないほど重要になってきていて、タブレット機器が登場すればそれにも対応する必要があった。海外からの観光客に対応するためには、言語対応だけではなく情報の中身も変えていく必要がある。同時に予約チャネルが増加していくことに対応するためのシステム開発も大切だ。これらへの投資の内容と規模を判断する際、ファイブ・ウェイ・ポジショニング理論を採用し、アクセスを第2位の要素として設定するという覚悟を持っていると正当化しやすいし、期待される成果も設定しやすい。

これがまさにファイブ・ウェイ・ポジショニングの教えである。第1位と第2位の要素には妥協なく注力し、残り3要素は業界水準を下回らないようにすれば良いのだ」と言い切れるところがこの理論の長所であり、本書は資源の制約がある中でのコモディティ化に対応するアプローチを提案している。

近年、グローバリゼーションは進み、コモディティ化は不可避であり、同時にその問題にどう対処するための資源が限られていることはどの企業にとっても共通の課題となっている。

今一度、読者の皆さんが抱えている経営課題を見つめてもらいたい。

コモディティ化にどう対処すればいいのか？
限られた資源をどう有効に利用すればいいのか？
どう競争優位のポジションを確立すればいいのか？

これらの課題に対して、ファイブ・ウェイ・ポジショニングはわかりやすいアプローチを提案しており、試してみる価値の高い理論であると考えている。

星野リゾート　星野佳路

競争優位を実現する
ファイブ・ウェイ・ポジショニング戦略

2013年9月30日　第1刷発行
2021年7月15日　第7刷発行

著　者　フレッド・クロフォード／ライアン・マシューズ

監修者　星《ほし》野《の》佳路《よしはる》

翻訳協力　長澤《ながさわ》あかね／仲田《なかた》由《ゆ》美《み》子《こ》
株式会社トランネット
http://www.trannet.co.jp/

校　正　鷗来堂

ブックデザイン　吉岡秀典（セプテンバーカウボーイ）

本文DTP　臼田彩穂

編　集　寺谷栄人
発行人　北畠夏影
発行所　株式会社イースト・プレス
〒101-0051
東京都千代田区神田神保町2-4-7 久月神田ビル
電話：03-5213-4700　FAX：03-5213-4701
https://www.eastpress.co.jp/

印刷・製本所　中央精版印刷株式会社

ISBN978-4-7816-0936-2 C0034

フレッド・クロフォード Fred Crawford
経営コンサルティングとシステムインテグレーションの国際的大企業、キャップ・ジェミニ・アーンスト＆ヤング（CGEY）の取締役副社長。世界的に認められた戦略家であり、さまざまな世界企業と仕事をしてきた。現在はCGEYで、消費財、小売店、流通業務の担当責任者を務め、同社のとくに重要な大手クライアントを担当している。業界イベントで引く手あまたの講演者であり、業界紙・誌にもたびたび記事を寄稿している。

ライアン・マシューズ Ryan Mathews
デトロイトに本拠をかまえる未来学者・著述家。独創的かつ斬新なビジネスソリューションを提供することで知られている。講演者、コンサルタントとして国際的に人気があり、消費財に関する専門知識と理解、人口統計やライフスタイルによる分析、eコマースや情報経済の分野での仕事ぶりを評価されている。キャップ・ジェミニ・アーンスト＆ヤング（CGEY）、コカ・コーラ、ユニリーバ、ゼネラルモーターズ、P&Gなど、さまざまな世界企業へのコンサルティング・サービスや助言を行っている。

星野佳路（ほしの・よしはる）
1960年生まれ。慶應義塾大学卒業。米国コーネル大学ホテル経営大学院で経営学修士号を取得。91年、家業である老舗旅館「星野温泉旅館」の4代目社長に就任。日本の観光業が変革期を迎えていることを見通し、施設所有にこだわらない運営特化戦略を進める。95年に社名を星野リゾートに変更。その後、日本各地でホテルや旅館の運営に取り組む。

長澤あかね（ながさわ・あかね）
関西学院大学社会学部卒業。広告代理店に勤務したのち、通訳を経て翻訳者に。訳書に『マドンナの素顔』（ぶんか社）、『銀幕に夢をみた』（PHP研究所）、『心の部屋の片付けかた』（講談社）などがある。

仲田由美子（なかた・ゆみこ）
東京都出身。津田塾大学卒業後、外資系企業勤務、翻訳者養成コースを経て、2005年に翻訳家としてデビュー。訳書に『グラマーな猫たち――猫用ウィッグでおしゃれに変身』（グラフィック社）、『世界アニメーション歴史事典』（ゆまに書房）などがある。